VENTURE CAPITAL DEVELOPMENT IN CHINA 2022

中国创业投资发展报告 2022

主编 刘冬梅 解鑫 贾敬敦 副主编 张旭 郭戎 郑健健 张明喜 张俊芳

科学技术文献出版社
SCIENTIFIC AND TECHNICAL DOCUMENTATION PRESS

·北京·

图书在版编目（CIP）数据

中国创业投资发展报告. 2022 = VENTURE CAPITAL DEVELOPMENT IN CHINA 2022 / 刘冬梅，解鑫，贾敬敦主编. —北京：科学技术文献出版社，2022. 11
ISBN 978-7-5189-8931-7

Ⅰ . ①中⋯ Ⅱ . ①刘⋯ ②解⋯ ③贾⋯ Ⅲ . ①创业投资—研究报告—中国—2022
Ⅳ . ① F832.48

中国版本图书馆 CIP 数据核字（2022）第 213266 号

中国创业投资发展报告2022

策划编辑：郝迎聪　　责任编辑：韩　晶　　责任校对：王瑞瑞　　责任出版：张志平

出 版 者	科学技术文献出版社	
地　　址	北京市复兴路15号　　邮编　100038	
编 务 部	(010) 58882938，58882087（传真）	
发 行 部	(010) 58882868，58882870（传真）	
邮 购 部	(010) 58882873	
官 方 网 址	www.stdp.com.cn	
发 行 者	科学技术文献出版社发行　　全国各地新华书店经销	
印 刷 者	北京时尚印佳彩色印刷有限公司	
版　　次	2022 年 11 月第 1 版　　2022 年 11 月第 1 次印刷	
开　　本	889×1194　1/16	
字　　数	384千	
印　　张	15.25	
书　　号	ISBN 978-7-5189-8931-7	
定　　价	150.00元	

委员会

主编

刘冬梅　解　鑫　贾敬敦

副主编

张　旭　郭　戎　郑健健　张明喜　张俊芳

常务编委（按姓氏笔画排序）

丁飞燕	马　敏	马秀娟	马俊理	马德庆
王　元	王　衡	王松奇	王征宇	王树勋
王品高	王秋颖	王润田	元文芳	艾　静
史大棱	成　功	曲恬松	朱欣乐	华裕达
刘　鹏	刘小燕	刘名祝	次仁平措	寿学平
苏　牧	李　庆	李　静	李　鑫	李文雷
李希义	李爱民	李培林	李雪婧	李新光
李福来	杨晓阳	杨敏华	肖令强	吴　健
吴勇利	何国杰	沈文京	宋黄俊	张　华
张　弛	张　念	张　莉	张　捷	张书军
张世杰	张世豪	张秀萍	张建红	张俊芳
陈　伟	陈　勇	陈工孟	陈君玉	陈振权
陈晓明	范　毅	林宏权	尚朝秋	罗　丹
周代数	孟凡博	赵　英	赵文君	胡　焱
钟家安	胥和平	骆献文	贾维红	高常安
郭爽爽	郭滕达	崔宝川	崔稷华	葛　晶
董　梁	韩　亮	韩　梅	韩　瑜	傅丽枫
曾　梅	曾　蓉	蒲毅蕻	蒙　巍	管　泉
黎苑楚	黎集怡	戴朝敏	魏世杰	

调研分析组

组　　长：郭　戎　　　副组长：张俊芳

执笔分工：

第 1 章　张俊芳	第 2 章　朱欣乐
第 3 章　周代数	第 4 章　魏世杰
第 5 章　朱欣乐	第 6 章　李希义
第 7 章　张俊芳	第 8 章　郭滕达
第 9 章　苏　牧	

附录整理　苏　牧（附录 A）

　　　　　英　英（附录 B）

　　　　　王秋颖（附录 C）

创业投资调查员（按姓氏笔画排序）

马　宁	马　宇	马晨征	王　娜	王　皓
王海宁	王鑫磊	邓　玲	邓　敏	邓韵然
左　俊	申　龙	田恒波	邢慧婧	毕亚华
庄鹭虹	刘　丽	刘　明	刘　森	刘爱华
闫东升	关情雯	祁　锡	纪博乐	苏森森
李　诚	李　玲	李红玉	李宜璇	李莲靖
李新旭	杨　蕊	杨　燕	杨文育	连　坤
连　静	吴叶红	何　磊	张　伟	张　鑫
张艳丽	张雪梅	陈　娟	陈雪峰	陈静韵
武　赟	武卫华	罗小韵	周　萍	周立波
周灵峰	赵　婧	郝殿伦	胡　祎	胡　舵
侯　锐	姜宁朋	祝　涛	晋美诺布	贾　敏
徐　月	徐　佳	徐　涛	徐艺嘉	徐东升
徐溪红	郭　晓	郭璐璐	唐孝举	曹庆海
曹建胜	博晓秋	彭俊峰	蒋有文	韩田慧
谭轩嘉	潘荣翠	薛　润	魏　帅	魏欣月

参与和支持单位（排名不分先后）

科学技术部资源配置与管理司
中国科学技术发展战略研究院
科学技术部火炬高技术产业开发中心
科学技术部科技经费监督管理服务中心
国家科技风险事业开发中心
商务部外国投资管理司
国家开发银行投资业务局
中国进出口银行业务开发与创新部
中国社会科学院金融研究中心
中国科技金融促进会
中国台湾创业风险投资商业同业公会
亚洲创业基金期刊集团（中国香港）
中国风险投资研究院
中国风险投资有限公司
《中国科技投资》杂志社
北京清科创业风险投资顾问有限公司
北京市科学技术委员会、中关村科技园区管理委员会
北京创业投资协会
北京首都科技发展集团有限公司
北京市科技金融促进会
天津市科技局
天津市科技创新发展中心
上海市创业投资行业协会
重庆市科技局
重庆市科技创业投资协会
河北省科技厅
河北省科学技术情报研究院
河北省石家庄高新技术产业开发区科技局
山西省科技厅
山西省创新创业服务中心
山西省科技基金发展有限公司
内蒙古自治区生产力促进中心
内蒙古自治区科技风险基金管理办公室
四川省科技厅
四川省高新技术产业金融服务中心
四川省成都生产力促进中心
四川省成都高新区财政金融局
四川省绵阳高新区科技统计局
贵州省科技厅
贵州省科技评估中心
贵州省贵阳高新技术创业服务中心

云南省科技厅
云南省科学技术院
辽宁省科技厅
辽宁省重要技术创新与研发基地建设工程中心、企业科技创新服务部
辽宁省股权和创业投资协会
辽宁省大连市科技局
辽宁省大连市创新创业创投服务中心
辽宁省大连高新技术产业园区金融办
辽宁省阜新高新技术产业开发区管理委员会科技局
辽宁省沈阳科技风险投资有限公司
辽宁省阜新市高新技术产业开发区管理委员会
吉林省科技厅
吉林省长春市科技局
黑龙江省科技厅
黑龙江省科技资源共享服务中心
黑龙江省哈尔滨市创业投资协会
湖北省科技厅
湖北省创业投资同业公会
湖北省武汉市科技局
湖北省武汉市企业科技创新服务中心
湖北省武汉东湖新技术开发区科技创新与新经济发展局
河南省科技厅
河南省科研生产试验基地管理服务中心
河南省郑州高新技术产业开发区管理委员会
湖南省科技厅
湖南省技术产权交易中心
山东省科技厅
山东省科技服务发展推进中心
山东省青岛市科技服务中心
江苏省科技厅
江苏省创业投资协会
江苏省高新技术创业服务中心
浙江省科技厅
浙江省创业投资协会
浙江省宁波市科技局
浙江省宁波市科技金融服务中心
安徽省科技厅
安徽省科技成果转化服务中心
江西省高新技术产业促进中心
福建省高新技术创业服务中心

福建省厦门市科技局
福建省厦门火炬高技术产业开发区管委会
福建省厦门火炬集团创业投资有限公司
广东省科技厅
广东省风险投资促进会
广东省广州高新技术产业开发区科技创新局
广东省广州火炬高新技术创业服务中心
深圳市中小科技企业发展促进中心
广东省佛山高新区管委会
广东省珠海高新区科技创新和产业发展局
海南省科技厅
甘肃省科技厅
甘肃省兰州高科创业投资担保有限公司
甘肃兰白试验区创新基金管理有限公司
宁夏回族自治区科技厅
宁夏回族自治区生产力促进中心
陕西省科技厅

陕西省创业投资协会
陕西科技控股集团
陕西省西安高新技术产业开发区管理委员会金融服务办公室
陕西省杨凌农业高新技术产业示范区地方金融监督管理局
陕西省宝鸡高新区科技创新局
新疆维吾尔自治区科技厅
新疆维吾尔自治区新科源科技风险投资管理有限公司
广西壮族自治区科技厅
广西科技情报研究所
西藏自治区科技厅
西藏自治区科技信息研究所
青海省国有科技资产经营管理有限公司
青海国科创业投资基金（有限合伙）
青海汇富科技成果转化投资基金（有限合伙）

2021 年中国创业投资市场八大看点

全国创业投资调查组[①]

2021 年以来，全球创业投资市场持续活跃，中国创业投资市场强劲反弹，"募投管退"均有所提升，创业投资环境不断改善。

一、创业投资行业强劲反弹，总量快速增长

2021 年，尽管受到国内和国际环境的影响，但是创业投资行业依然保持较高的活跃度，市场行情较 2020 年有所回升。据统计，截至 2021 年底，中国创业投资机构达到 3568 家（其中，创业投资基金 2496 家，创业投资管理机构 1072 家），较 2020 年增加 278 家，增幅为 8.4%；管理的创业投资资本规模达到 13 035.3 亿元，较 2020 年增加 1876.9 亿元，增幅达 16.8%。自 2012 年以来，中国创业投资机构数年均增速达 12.6%，管理资本年均增速达 14.3%（图 1）。

[①] 写作组人员：郭戎、张俊芳、张明喜、李希义、魏世杰、朱欣乐、郭滕达、周代数、苏牧等。本报告执笔人：张俊芳。

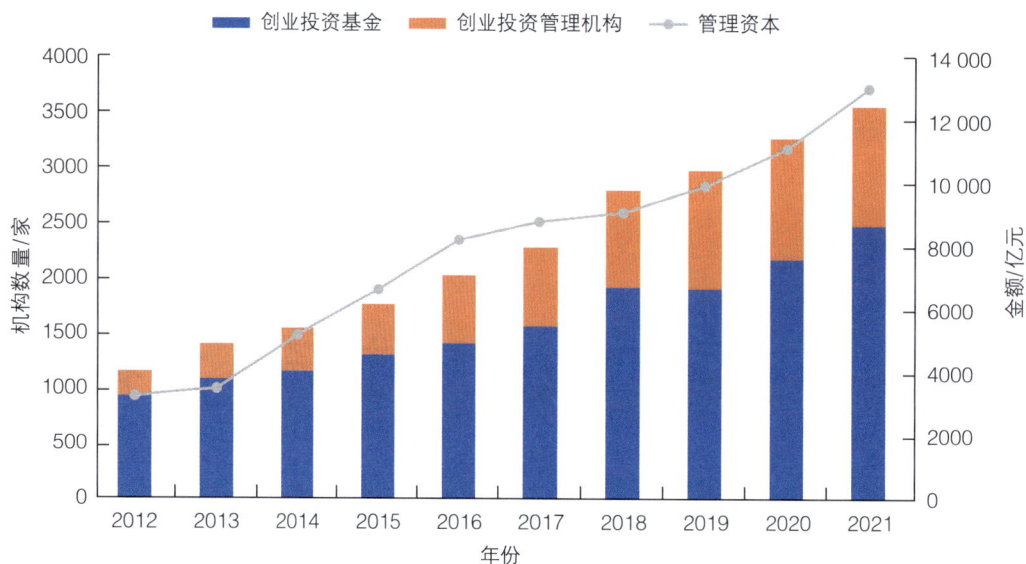

图 1　中国创业投资总量（2012—2021 年)

二、投资布局不断优化，"硬科技"成为行业投资新热点

创业投资行业以高科技领域企业为主要投资对象。截至 2021 年底，中国创投累计投资高新技术企业项目 12 937 项，投资金额达 2585.8 亿元，占全部投资的比重分别为 40.4% 和 35.5%。以独角兽企业为例，根据对全球独角兽 500 强企业 [①] 获得投资的不完全统计，共有 637 家创业投资机构参与其中。近年来的统计显示，投资行业类型从软件逐步转向"硬科技"。2021 年，受国内外形势影响，以半导体芯片为代表的计算机硬件、通信等电子设备制造业投资金额占比达 22.05%，居首位（表 1）。

表 1　中国创业投资的行业分布（金额占比）(2012—2021 年)

行业大类	2012 年	2013 年	2014 年	2015 年	2016 年	2017 年	2018 年	2019 年	2020 年	2021 年
计算机、通信和其他电子设备制造业	9.66%	9.81%	21.15%	21.74%	4.03%	3.15%	8.24%	13.81%	17.91%	22.05%
医药生物业	7.65%	12.31%	11.03%	7.50%	5.54%	17.00%	15.27%	11.81%	19.37%	15.71%
信息传输、软件和信息服务业	9.28%	7.86%	15.41%	16.12%	47.55%	7.11%	23.84%	13.61%	13.93%	12.37%
新能源和环保业	18.05%	18.88%	9.55%	11.00%	6.84%	5.72%	10.82%	15.13%	8.77%	10.65%
其他制造业	14.93%	12.49%	10.95%	7.44%	3.64%	6.96%	11.88%	16.91%	7.35%	10.81%
其他行业	40.43%	38.65%	31.91%	36.20%	32.40%	60.06%	29.95%	28.73%	8.82%	9.53%

资料来源：根据《中国创业投资发展报告》历年报告整理。

[①]　截至 2020 年底，全球共有 515 家独角兽企业，总市值超过 1.64 万亿美元。

三、融资渠道多元化，国有力量成为中流砥柱

近年来，随着行业发展，创业投资资本来源日益多元化，但国有资本仍是其主要资金来源。特别是 2018 年以来，市场资金持续缩紧，国有资本再次成为中流砥柱。统计显示，2021 年募资主要来源于国有独资投资机构（24.41%）、政府引导基金（18.33%）、其他政府财政资金（5.56%），合计占比为 48.30%。此外，个人出资占比为 8.51%，外资企业出资占比为 2.19%，非营利机构出资占比为 0.04%（图 2）。

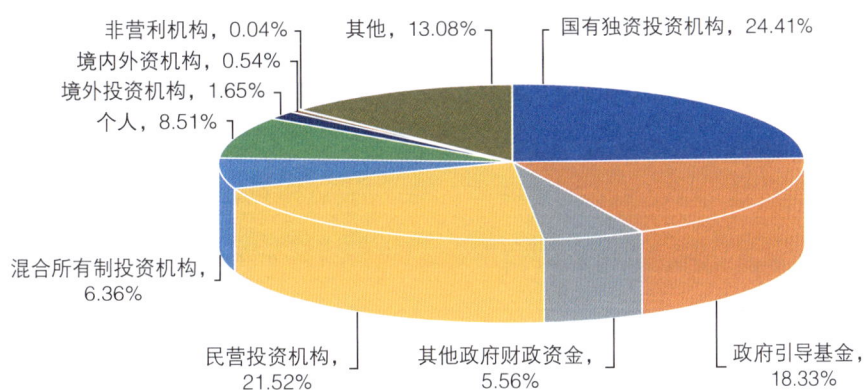

图 2　中国创业投资资本来源占比（2021 年）（按机构性质）

从募资的金融属性来看，自 2016 年"资管新规"实施以来，来自银行的资本大幅下滑，保险资本渐入市场。2021 年，来自银行、保险、证券等金融机构的资本合计仅占 4.97%。此外，来自基金的资本来源占比高达 40.39%（图 3）。

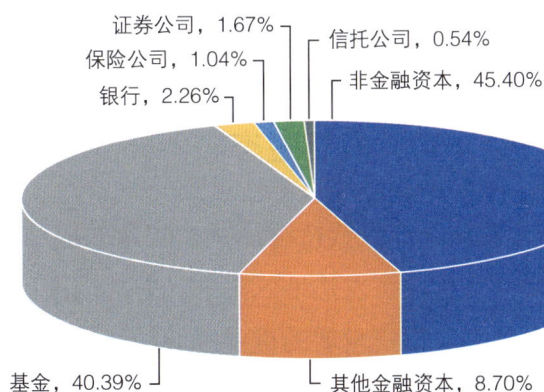

图 3　中国创业投资资本来源占比（2021 年）（按金融属性）

四、混业经营渐成趋势，头部机构布局全产业链

近年来，随着创业投资的发展与市场竞争的加剧，部分早期发展起来的头部机构开始延伸产业链布局，发起后端私募股权投资、并购投资等交易；部分股权投资机构开始重视长期价值投资，不断延伸前端早期投资。创业投资与私募股权投资、并购投资等业务间的界限日渐模糊，混业经营成为行业发展大势所趋。行业头部效应越发凸显，优胜劣汰加剧。2021 年，管理资本规模在 5 亿元以上的机构占 15.3%，掌握了行业 86.5% 的资产（图 4）。

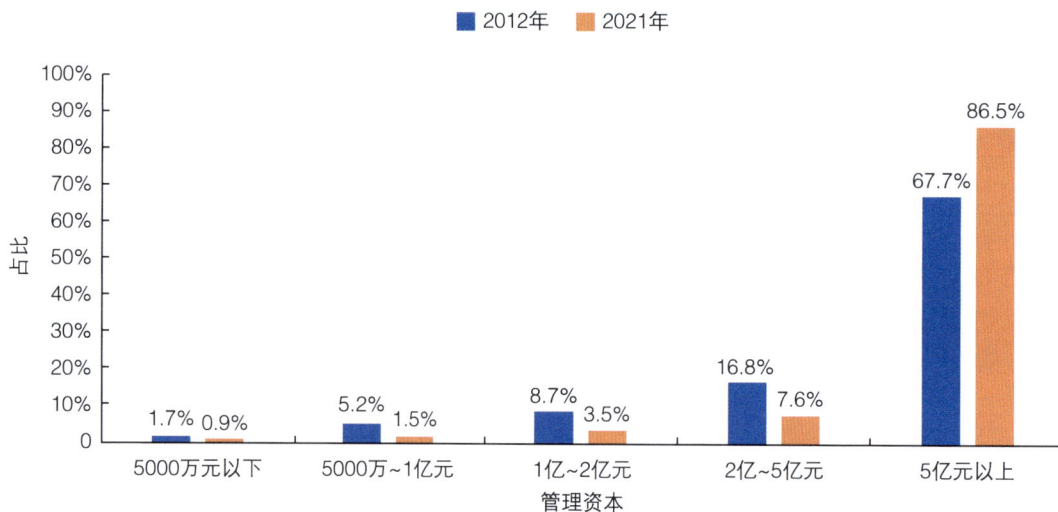

图 4　中国不同规模创业投资机构管理资本分布

此外，一些大型企业，如腾讯、百度等，通过并购投资上下游产业，深度整合产业链。据业内不完全统计，我国目前公司型创业投资机构约占整个创投市场规模的 16%。

五、城市集群效应明显，创业投资生态圈不断完善

从区域布局来看，一线城市募资、投资持续活跃，集聚效应凸显，创业投资生态圈不断完善。行业整体呈现出东部沿海和经济发达地区集中、中部地区稳步发展的态势。北京、江苏、浙江、广东已经成为中国创业投资发展的重要区域。2021 年，4 个地区的机构数量、管理资本额、投资项目合计分别占全国总量的 67.4%、64.2%、64.7%（图 5）。

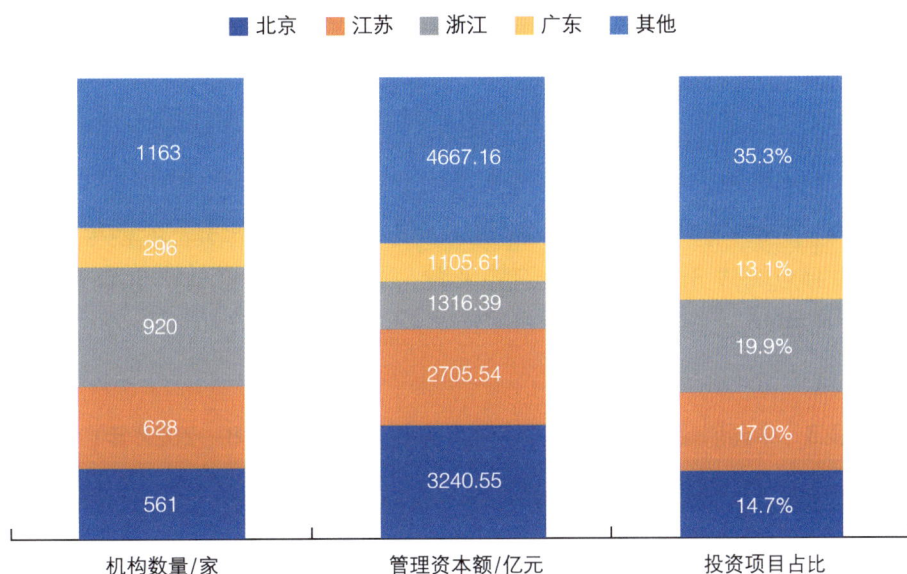

图 5 中国创业投资地域分布情况（2021 年）

六、资本市场不断完善，为上市退出拓宽通道

近年来，我国资本市场建设加速完善，科创板、北交所相继开市，S 基金推出试点，中介机构职责、投资者结构、退市机制与行政执法等一整套制度体系全面铺开，为创业投资的退出提供了良好的外部环境。统计显示，2021 年，披露退出信息的创业投资项目中有31.28% 通过科创板实现退出，科创板已经成为创业投资行业的重要退出渠道（表 2）。

表 2　中国创业投资 IPO 退出的市场分布（2012—2021 年）

年份	境内主板上市	境内创业板上市	境内中小板上市	境内科创板上市	境外上市	北交所上市
2012	21.74%	38.26%	36.52%	—	3.48%	—
2013	21.26%	40.94%	30.71%	—	7.09%	—
2014	22.33%	42.72%	21.36%	—	13.59%	—
2015	48.48%	28.28%	16.16%	—	7.07%	—
2016	48.51%	29.70%	18.81%	—	2.97%	—
2017	31.31%	15.15%	48.48%	—	5.05%	—
2018	49.60%	29.60%	9.60%	—	11.20%	—
2019	51.23%	28.40%	12.96%	1.23%	6.17%	—
2020	42.99%	24.77%	9.81%	18.69%	3.74%	—
2021	36.02%	29.86%	—	31.28%	—	2.84%

七、行业景气指数偏低，投资前景乐观

对于 2022 年投资前景[①]，中国创业投资机构整体上给出较为谨慎的预测。其中，40.0%的机构认为 2022 年投资前景"好"和"非常好"，较上年降低了 14.1 个百分点；预期"不好"和"非常不好"的机构占比提高到 12.4%，此外，对未来预期"不确定"的占比也较上年提高了 0.8 个百分点（表 3）。从近年趋势来看，行业发展前景处于近年来较低位的水平，仅好于对 2020 年的预期。

表 3　中国创业投资机构对投资前景的预测分布（2018—2022 年）

年份	非常好	好	一般	不好	非常不好	不确定
2018	7.4%	53.7%	31.3%	2.4%	0.3%	4.8%
2019	2.4%	43.5%	41.1%	4.6%	0.7%	7.6%
2020	1.7%	25.2%	44.6%	17.3%	3.5%	7.7%
2021	4.2%	49.9%	36.0%	4.6%	1.3%	4.1%
2022	2.8%	37.2%	42.7%	10.0%	2.4%	4.9%

此外，2021 年超过 70% 的机构认为"目前宏观经济对创投业的影响大"，其中 15.6%的机构认为影响"非常大"；只有不到 5% 的机构认为"目前宏观经济对创投业的影响小"。

八、中国创业投资行业政策不断优化，为行业发展保驾护航

2016 年，国务院出台《国务院关于促进创业投资持续健康发展的若干意见》（国发〔2016〕53 号），为行业发展指明方向。近年来，各项政策不断完善落地。一是扩大公司型创业投资企业所得税试点政策范围。继 2020 年中关村试点之后，2021 年 4 月，《中共中央　国务院关于支持浦东新区高水平改革开放打造社会主义现代化建设引领区的意见》提出，在浦东特定区域开展公司型创业投资企业所得税优惠政策试点；同时提出，适时研究在浦东依法依规开设私募股权和创业投资股权份额转让平台，推动私募股权和创业投资股权份额二级交易市场发展。二是放宽创业投资基金股东减持条件，引导行业"投早""投小"。2020 年 3 月，证监会出台《上市公司创业投资基金股东减持股份的特别规定》（2020 年修订）（中国证券监督管理委员会公告〔2020〕17 号），对前期减持政策继续放宽，简化反向挂钩政策适用标准，鼓励行业向早前期项目投资。三是促进资本市场健康发展。近年来，

---

① 有效样本数为 2412 份。

我国资本市场改革进程加快，注册制、科创板、北交所、新三板精选层等制度改革先后落地，拓宽了创业投资市场退出通道。四是不断优化创新创业环境，营造外商投资的良好环境。当前我国面临复杂严峻的国际形势，为进一步做好外资工作，2020 年 8 月发布的《国务院办公厅关于进一步做好稳外贸稳外资工作的意见》（国办发〔2020〕28 号）提出，给予重点外资企业金融支持等优惠政策。2020 年 9 月发布的《国务院关于深化北京市新一轮服务业扩大开放综合试点建设国家服务业扩大开放综合示范区工作方案的批复》（国函〔2020〕123 号）进一步提出，支持社会资本在京设立并主导运营人民币国际投贷基金，不断优化外商投资环境。五是加强私募监管。为加强行业监管，引导行业健康发展，证监会发布一系列政策，以规范行业发展。2021 年 1 月，证监会发布《关于加强私募投资基金监管的若干规定》，形成了私募基金管理人及从业人员等主体的"十不得"禁止性要求，进一步引导私募基金行业良性发展。

Eight Highlights of China's Venture Capital Market in 2021

National Venture Capital Investigation Group[1]

Since 2021, the global venture capital market has continued to be active, the Chinese venture capital market has rebounded strongly, "fund-raising, investment, management and withdrawal" have been improved, and the venture capital environment has been improving.

I. The VC industry rebounded strongly, and the total volume grew rapidly

In 2021, despite the impact of the domestic and international environment, the venture capital industry still maintains a high degree of activity, and the market will recover from 2020. According to statistics, by the end of 2021, the number of venture capital institutions in China has reached 3568, an increase of 278 or 8.4% year on year; The scale of venture capital assets under management reached 1303.53 billion yuan, with a year-on-year increase of 187.69 billion yuan, or 16.8%. Since 2012, the average annual growth rate of China's venture capital institutions has been 12.6%, and the average annual growth rate of managed capital has been 14.3% (Figure 1).

---

[1] Writers of National Venture Capital Investigation Group: Guo Rong, Zhang Junfang, Zhang Mingxi, Li Xiyi, Wei Shijie, Zhu Xinyue, Guo Tengda, Zhou Daishu, Su Mu, etc. This report is written by Zhang Junfang.

Figure 1   Total venture capital in China （2012—2021）

Ⅱ. The investment layout has been continuously optimized，and "hard technology" has become a new hot spot for industry investment

The development of venture capital mainly focuses on high-tech enterprises. By the end of 2021，China venture capital has invested 12 937 high-tech enterprise projects，with an investment amount of 258.58 billion yuan，accounting for 40.4% and 35.5% respectively. Taking Unicorn enterprises as an example，according to incomplete statistics，on the investment obtained by the global top 500 Unicorn enterprises，637 venture capital institutions participated in it. Statistics in recent years show that the type of investment industry has gradually shifted from software to "hard technology". In 2021，the investment in computer hardware，communications and other electronic equipment manufacturing industries represented by semiconductor chips will account for 22.05%，ranking first（Table 1）.

Table 1　Industries of venture capital in China（proportion of amount）（2012—2021）

Industry category	2012	2013	2014	2015	2016	2017	2018	2019	2020	2021
Computer, communication and other electronic equipment manufacturing	9.66%	9.81%	21.15%	21.74%	4.03%	3.15%	8.24%	13.81%	17.74%	22.05%
Pharmaceutical and biological industry	7.65%	12.31%	11.03%	7.50%	5.54%	17.00%	15.27%	11.81%	19.14%	15.71%
Information transmission, software and information service industry	9.28%	7.86%	15.41%	16.12%	47.55%	7.11%	23.84%	13.61%	13.76%	12.37%
New energy and environmental protection industry	18.05%	18.88%	9.55%	11.00%	6.84%	5.72%	10.82%	15.13%	8.92%	10.65%
Other manufacturing	14.93%	12.49%	10.95%	7.44%	3.64%	6.96%	11.88%	16.91%	9.48%	14.16%
Other industries	40.43%	38.65%	31.91%	36.20%	32.40%	60.06%	29.95%	28.73%	30.96%	25.06%

Source：According to *the development report of China's venture capital investment* over the years.

III.Diversified financing channels, with state-owned power becoming the mainstay

In recent years, with the development of the industry, the sources of venture capital are increasingly diversified, but state-owned capital is still its main source of funds. Especially since 2018, market funds have been shrinking, and state-owned capital has once again become the mainstay. Statistics show that the funds raised in 2021 will mainly come from wholly state-owned investment institutions（24.41%）, government guidance funds（18.33%）and other government financial funds（5.56%）, accounting for 48.30% in total. In addition, personal investment accounted for 8.51%, foreign-funded enterprises accounted for 2.19%, and non-profit institutions accounted for 0.04%（Figure 2）.

non-profit institutions, 0.04%
domestic foreign-funded institutions, 0.54%
foreign invested enterprises, 1.65%
individuals, 8.51%
others, 13.08%
state-owner investment institutions, 24.41%
mixed ownership enterprises, 6.36%
private investment agencies, 21.52%
other government financial funds, 5.56%
government guidance funds, 18.33%

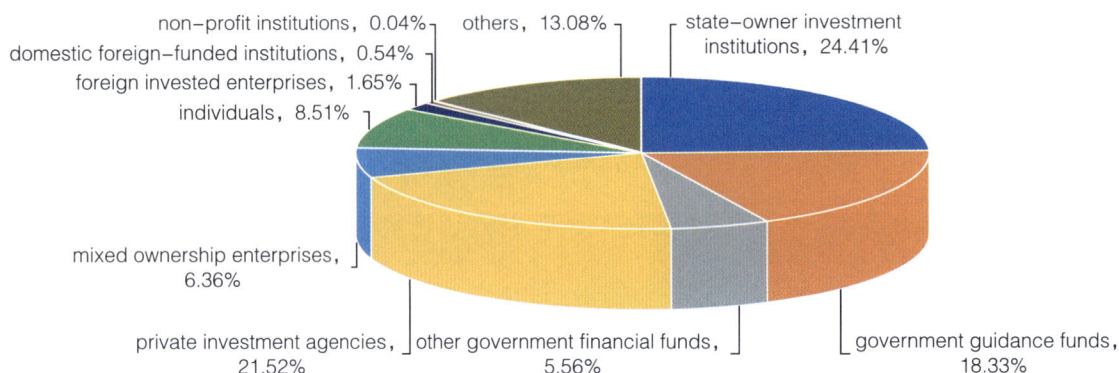

Figure 2　Proportion of venture capital sources in China（2021）（by the nature of the organization）

On the other hand，from the perspective of the financial capital attribute of the raised capital，since the "New Regulations on Asset Management"（2016），the capital from banks has declined significantly，and insurance capital has gradually entered the market. In 2021，the total capital from banks，insurance，securities，and other financial institutions will only account for 4.97%. In addition，the proportion of capital sources from other funds is as high as 40.39%（Figure 3）.

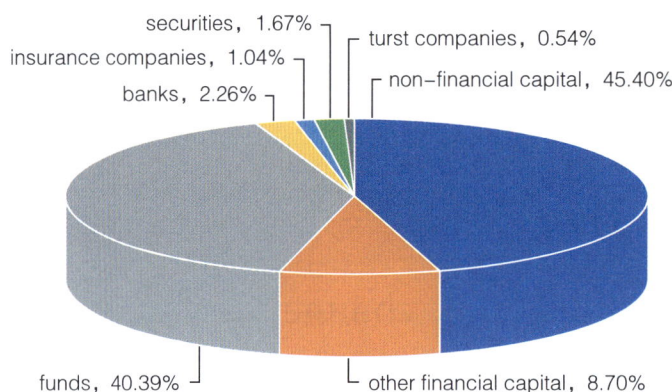

securities，1.67%
insurance companies，1.04%
banks，2.26%
turst companies，0.54%
non-financial capital，45.40%
funds，40.39%
other financial capital，8.70%

Figure 3　Proportion of venture capital sources in China（2021）（by financial attribute）

IV. Mixed operation is gradually becoming a trend，and the large institutions are distributed throughout the industry chain

In recent years，with the development of venture capital and the intensification of market competition，some early developed head venture capital began to extend the layout of the industrial chain，launching private equity investment，M&A investment and other transactions；Some equity investment institutions began to attach importance to long-term value investment and continued to extend early investment. The boundary between venture capital, private equity investment, M&A investment and other businesses is increasingly blurred, and mixed operation has become the trend of industry development. The head effect of the industry has become increasingly prominent, and the survival of the fittest has intensified. In 2021, the institutions with more than 500 million funds under management will account for 15.3% of the total, and have 86.5% of the industry's assets (Figure 4).

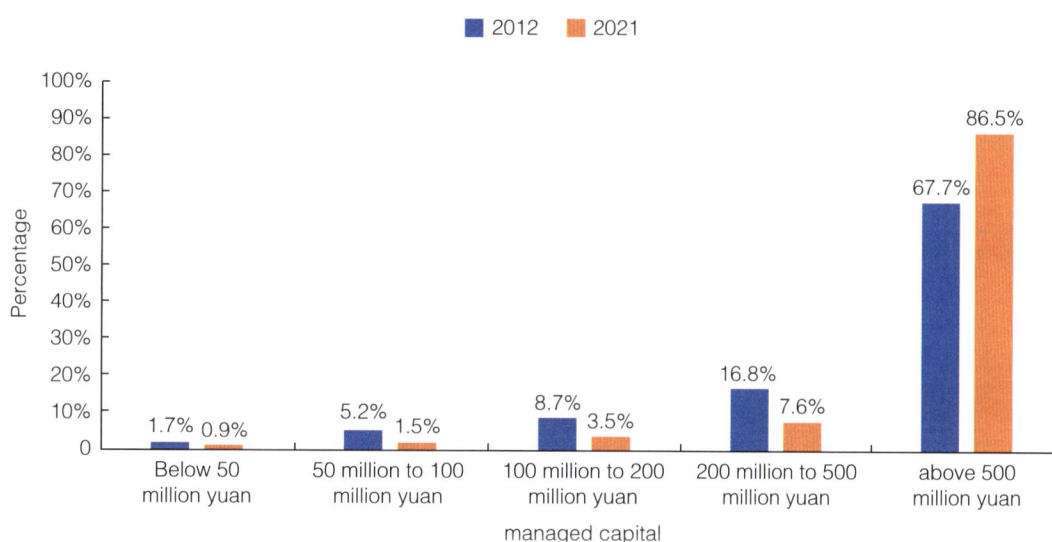

Figure 4   Distribution of managed capital of VC institutions of different sizes in China

In addition, some large enterprises, such as Tencent and Baidu, have invested in upstream and downstream industries through mergers and acquisitions to deeply integrate the industrial chain. According to incomplete statistics in the industry, China's current CVC institutions account for about 16% of the total venture capital market.

V. The urban cluster effect is obvious, and the venture capital ecosystem is constantly improved

From the perspective of regional layout, the first-tier cities continue to actively raise funds and invest, with prominent agglomeration effects, and the venture capital ecosystem continues to improve. The industry shows a trend of concentration in the eastern coastal areas and economically developed regions, and steady development in the central region. Beijing, Jiangsu, Zhejiang, and

Guangdong have become important regions for the development of venture capital in China. In 2021, the number of institutions, total management capital and investment projects in the four regions will account for 67.4%, 64.2% and 64.7% of the national total (Figure 5).

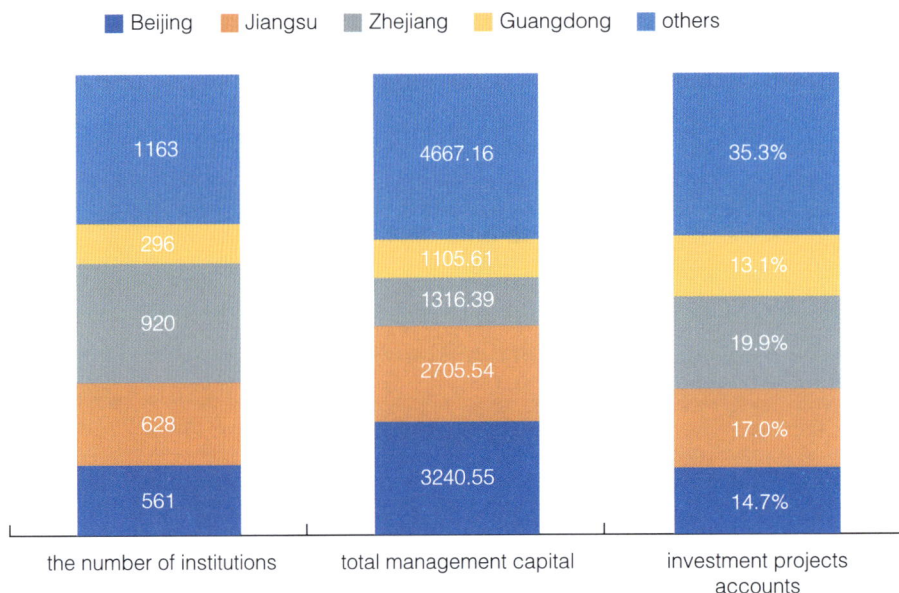

Beijing　Jiangsu　Zhejiang　Guangdong　others

the number of institutions	total management capital	investment projects accounts
1163	4667.16	35.3%
296	1105.61	13.1%
920	1316.39	19.9%
628	2705.54	17.0%
561	3240.55	14.7%

Figure 5　Regional distribution of venture capital in China (2021)

VI. The capital market continues to improve, widening the channel for listing and withdrawal

In recent years, the construction of China's capital market has been accelerated and improved. The S&T Innovation Board and the Beijing Stock Exchange have been opened one after another. The S Fund has been launched as a pilot. A complete set of institutional systems, including intermediary responsibilities, investor structure, delisting mechanism, and administrative law enforcement, have been fully developed, providing a good external environment for the withdrawal of venture capital. Statistics show that 31.28% of venture capital projects will exit through the S&T Innovation Board in 2021, which has become an important exit channel for the venture capital industry (Table 2).

Table 2　Market distribution of venture capital IPO exit in China（2012—2021）

Year	Domestic Main Board	Domestic Growth Enterprise Board	Domestic SME Board	Domestic S&T Innovation Board	Overseas Board	Beijing Stock Exchange
2012	21.74%	38.26%	36.52%	—	3.48%	—
2013	21.26%	40.94%	30.71%	—	7.09%	—
2014	22.33%	42.72%	21.36%	—	13.59%	—
2015	48.48%	28.28%	16.16%	—	7.07%	—
2016	48.51%	29.70%	18.81%	—	2.97%	—
2017	31.31%	15.15%	48.48%	—	5.05%	—
2018	49.60%	29.60%	9.60%	—	11.20%	—
2019	51.23%	28.40%	12.96%	1.23%	6.17%	—
2020	42.99%	24.77%	9.81%	18.69%	3.74%	—
2021	36.02%	29.86%	—	31.28%	—	2.84%

Ⅶ. The industry prosperity index is low, and the investment prospect is optimistic

As for the investment prospect in 2022, Chinese venture capital institutions generally give a more cautious forecast. Among them, 40.0% of the institutions think that the investment prospect in 2022 is "Good" and "Very good", a decrease of 14.1% over the previous year; The proportion of institutions expected to be "Bad" and "Very bad" increased to 12.4%. In addition, the proportion of institutions expected to be "Uncertain" in the future also increased by 0.8 percentage points over the previous year（Table 3）. According to the trend in recent years, the industry development prospect is at a relatively low level in recent years, which is only better than the expectation for 2020.

Table 3　Forecast distribution of investment prospects of Chinese venture capital institutions (2018—2022)

Year	Very good	Good	Generally	Bad	Very bad	Uncertain
2018	7.4%	53.7%	31.3%	2.4%	0.3%	4.8%
2019	2.4%	43.5%	41.1%	4.6%	0.7%	7.6%
2020	1.7%	25.2%	44.6%	17.3%	3.5%	7.7%
2021	4.2%	49.9%	36.0%	4.6%	1.3%	4.1%
2022	2.8%	37.2%	42.7%	10.0%	2.4%	4.9%

In addition, in 2021, more than 70% of institutions believe that "the current macro-economic impact on the venture capital is great", of which 15.6% believe that the impact is "very big"; Only less than 5% of the institutions believe that "the current macro-economic impact on venture capital is small".

Ⅷ. China's venture capital industry policy has been continuously optimized to ensure the development of the industry

In 2016, the State Council issued *Several Opinions of the State Council on Promoting the Sustainable and Healthy Development of Venture Capital* (GF〔2016〕No. 53), which pointed out the direction for the development of the industry. In recent years, various policies have been continuously improved. First, expand the scope of corporate venture capital enterprise income tax pilot policies. Following the Zhong-guan-cun pilot project in 2020, in April 2021, *the Opinions of the Central Committee of the Communist Party of China and the State Council on Supporting the High level Reform and Opening up of Pu-dong New Area to Build a Leading Area for the Socialist Modernization Construction* proposed to carry out the pilot project of corporate venture capital enterprise income tax preferential policies in specific areas of Pudong; At the same time, it is proposed to timely study the establishment of a private equity and venture capital share transfer platform in Pudong according to laws and regulations, and promote the development of the secondary trading market of private equity and venture capital share. The second is to relax the conditions for reducing the shareholding of venture capital fund shareholders and guide the industry to "invest early" and "invest small". In March 2020, the CSRC issued *the Special Provisions on the Reduction of Shares Held by Shareholders of Venture Capital Funds of Listed Companies* (Revised in 2020）（China Securities Regulatory Commission Announcement〔2020〕No. 17），continuing to relax the early stage reduction policy, simplifying the applicable standard of reverse linkage policy, and encouraging the industry to invest in early stage projects. Third, promote the healthy development of the capital market. In recent years, the reform process of China's capital market has been accelerated. The reform of the registration system, the S&T Innovation Board, the Beijing Stock Exchange, and the New Third Board have been implemented successively, widening the exit channel of the venture capital market. Fourth, we will continue to optimize the environment for innovation and entrepreneurship and create a good environment for foreign investment. At present, China is facing a complex and severe international situation. In order to further improve the work of foreign investment, issued *the Opinions of the State Council on Further Stabilizing Foreign Trade and Foreign Investment*（GBF〔2020〕No. 28）in August 2020, proposing preferential policies such as financial support for key foreign-funded enterprises. In September 2020, issued *the Official Reply of the State Council on the Work Plan for Deepening the New Round of Comprehensive Pilot Construction of Beijing's Service Industry to Expand Opening up and Building a Comprehensive Demonstration Zone for the National Service Industry to Expand Opening up*（GH〔2020〕No. 123）, which further proposed to support social capital in setting up and leading the operation of RMB international investment and loan funds in Beijing and other policies, and constantly optimize the good environment for foreign investment. Fifth, strengthen the supervision of private placement. To strengthen industry supervision and guide the healthy development of the industry, the CSRC issued a series of policies to standardize the development of the industry. In January 2021, the CSRC issued *Several Provisions on Strengthening the Supervision of Private Investment Funds*, which formed the "Ten Don'ts" prohibitive requirements for private fund managers and practitioners, and further guided the benign development of the private fund industry.

目 录

中国创业投资机构与资本

1.1 中国 2021 年度调查概述

2022 年 1—5 月，科技部启动第 20 次全国创业投资年度调查工作，按照国家统计局要求（国统制〔2022〕11 号）和《科技部关于开展 2021 年度科技统计调查工作的通知》（国科发规〔2022〕14 号）的部署，组织了全国 34 个省（自治区、直辖市）、58 个调查实施机构和 134 名调查员开展全国创业风险投资机构的网上填报工作 [①]。本报告所调查的创业投资机构主要包括两类：①创业投资企业（基金），包括政府引导基金；②创业投资管理机构，其受创业投资基金委托进行投后管理。创业投资机构的组织形式主要包括公司制、合伙制和契约制。

随着行业的发展与规模的壮大，行业混业经营者"未实际经营"的企业越来越多，因此，根据创业投资的标准概念，科技部统计了处于"在营"状态，且有实际投资行为，并以创业投资为主业的企业，剔除以下样本：①行业性和综合性投资公司，如电力投资、工交投资集团及其他投资主业模糊不清的投资类公司等；②以基建、房地产等大建设投资为主业的产业投资基金；③以并购、夹层融资等为主业的私募股权投资（PE）基金；④主要从事担保业务、信托业务的金融机构，但持续地开展了创业投资业务的机构除外；⑤在境外注册设立、在境内仅以办公室形式开展商业活动的私募股权投资机构。

本项统计调查工作为中央引导地方科技发展专项资金、科技成果转化引导基金申报，以及创业投资年度评奖等工作提供了有效的数据支持，也为我国创业投资业内重要政策的出台提供了有力支撑，成为我国科技金融工作的重要组成部分。

---

① 由于 2022 年 1—5 月我国上海市新冠肺炎疫情较为严重，未能开展调查统计工作，因此上海市创业投资开展情况主要采用科技部创业投资动态调查数据库数据进行统计。

1.2　中国创业投资机构和管理资本

整体看来，尽管受到国内、国际环境的影响，创业投资行业依然保持了较高的活跃度，2021 年的市场行情较 2020 年有所回升。2021 年，中国创业投资机构达到 3568 家[①]，较 2020 年增加 278 家，增幅为 8.4%。其中，创业投资基金 2496 家，创业投资管理机构 1072 家（表 1–1、图 1–1）。

表 1-1　中国创业投资机构总量、增量（2012—2021 年）[②]

类别	2012年	2013年	2014年	2015年	2016年	2017年	2018年	2019年	2020年	2021年
现存的创业投资机构/家	1183	1408	1551	1775	2045	2296	2800	2994	3290	3568
其中：创业投资基金/家	942	1095	1167	1311	1421	1589	1931	1916	2192	2496
其中：创业投资管理机构/家	241	313	384	464	624	707	869	1078	1098	1072
当年新募集基金/家[③]	204	147	230	283	248	196	252	92	288	525
创业投资机构增长率	7.9%	19.0%	10.2%	14.4%	15.2%	12.3%	22.0%	6.9%	9.9%	8.4%

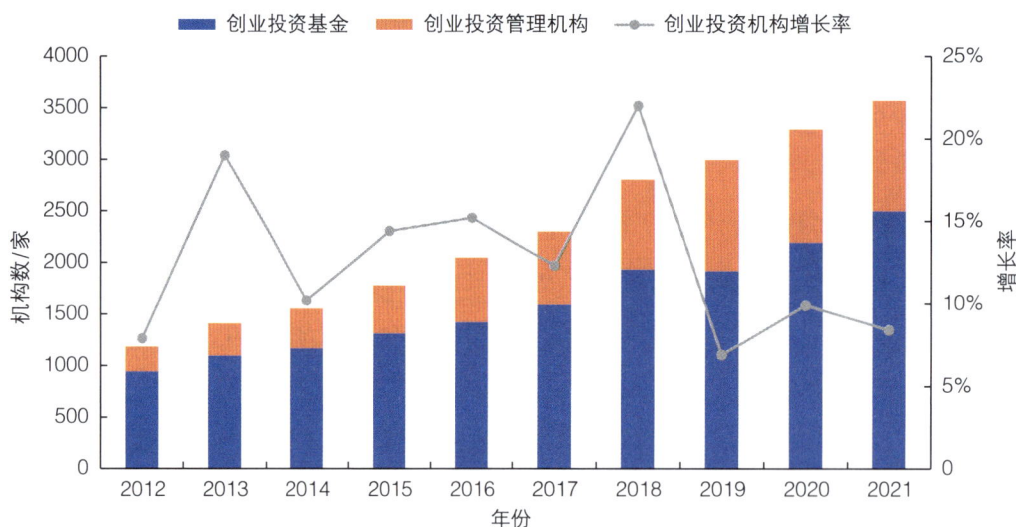

图 1-1　中国创业投资机构总量、增量（2012—2021 年）

[①]　指在营机构数，主要包括创业投资企业（基金）、创业投资管理机构。该数据已剔除不再经营创业投资业务或注销的机构数。

[②]　由于我国创业投资行业发展迅猛、基金形态日趋多样，从 2010 年起，按照国际惯例区分基金和基金管理公司，并对前期数据进行了追溯调整。

[③]　这里仅指创业投资基金，不包括创业投资管理机构。

从管理资本规模来看，2021 年全国创业投资管理资本总量达到 13 035.3 亿元^①，较 2020 年增加 1877.8 亿元，增幅达 16.8%；2021 年基金平均管理资本规模为 3.65 亿元，单笔募资规模较前两年有所增长（表 1–2、图 1–2）。

表 1–2　中国创业投资管理资本总额（2012—2021 年）

类别	2012 年	2013 年	2014 年	2015 年	2016 年	2017 年	2018 年	2019 年	2020 年	2021 年
管理资本 / 亿元	3312.9	3573.9	5232.4	6653.3	8277.1	8872.5	9179.0	9989.1	11 157.5	13 035.3
较上年增长率	3.6%	7.9%	46.4%	27.2%	24.4%	7.2%	3.5%	8.8%	11.7%	16.8%
基金平均管理资本规模 / 亿元	3.52	3.26	4.48	4.66	4.05	3.86	3.28	3.34	3.39	3.65

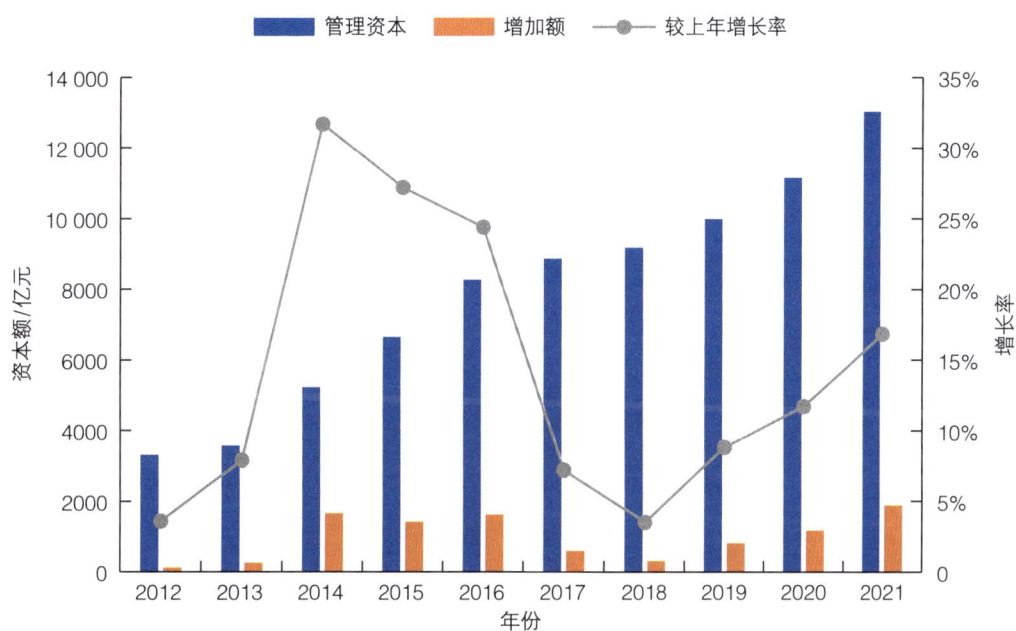

图 1-2　中国创业投资管理资本总额（2012—2021 年）

1.3　中国创业投资的资本来源

延续历年的分类方式，我们采用两个维度对我国创业投资的资本来源进行划分。

第一个维度按照资本来源的机构性质划分：①政府引导基金；②其他政府财政资金，包括各级政府（包括事业单位）对创业风险资本的直接资金支持；③国有独资投资机构，

---

① 我国创业投资的业态不断复杂化，存在大量的资嵌套。因此，在计算管理资本量时，我们对母子基金，以及基金与受托管理公司之间重复的资本量进行了剔除。

指国有独资公司直接提供的资金，包括企业和银行等国有金融机构；④混合所有制投资机构；⑤民营投资机构；⑥非营利机构；⑦个人；⑧境内外资机构，指通过在中国大陆境内注册并运作的外商独资（含港、澳、台）和合资合作企业取得的创业投资资本；⑨境外投资机构，指境外机构获得的创业投资资本；⑩其他。

据统计，2021 年中国创业投资的资本中，最多的资金仍然来源于国有独资投资机构，占比为 24.41%，较 2020 年有所增长；其次是政府引导基金，出资占比达到 18.33%，较 2020 年增长了 7.75 个百分点；其他政府财政资金出资占比为 5.56%，较往年大幅下滑。三者合计占比为 48.30%，与 2020 年相比略有下滑。此外，个人出资占比为 8.51%，外资企业出资占比为 2.19%，均较 2020 年有所回升，非营利机构出资占比为 0.04%（表 1-3、图 1-3）。

表 1-3　中国创业投资资本来源占比（2020—2021 年）（维度一）[①]

年份	国有独资投资机构	政府引导基金	其他政府财政资金	民营投资机构	混合所有制投资机构	个人	境外投资机构	境内外资机构	非营利机构	其他
2020	23.00%	10.58%	16.79%	20.57%	4.56%	7.39%	0.22%	0.23%	—	16.66%
2021	24.41%	18.33%	5.56%	21.52%	6.36%	8.51%	1.65%	0.54%	0.04%	13.08%

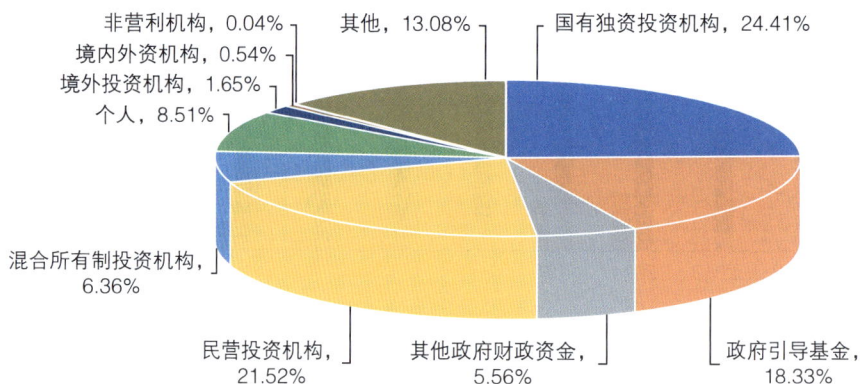

图 1-3　中国创业投资资本来源占比（2021 年）（维度一）

第二个维度按照资本来源的金融属性划分。来自基金的资本来源占比达到 40.39%，较 2020 年大幅提升。可见，以母基金的形式进行投资的现象更加普遍。银行、保险公司、证券公司等金融机构资本合计仅占 4.97%，较 2020 年有所提升。此外，非金融资本占比为 45.40%，尽管较 2020 年大幅下滑，但仍是资本来源最重要的渠道（表 1-4、图 1-4）。

_____

① 有效样本数为 2517 份。

表 1-4   中国创业投资资本来源占比（2020—2021 年）（维度二）①

年份	非金融资本	其他金融资本	基金	银行	保险公司	证券公司	信托公司
2020	62.88%	5.86%	27.12%	2.54%	0.50%	0.27%	0.83%
2021	45.40%	8.70%	40.39%	2.26%	1.04%	1.67%	0.54%

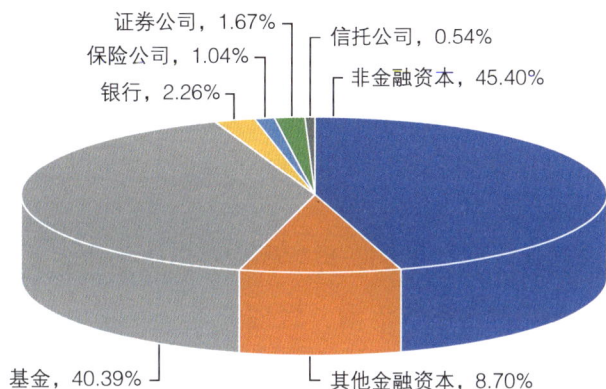

图 1-4   中国创业投资资本来源占比（2021 年）（维度二）

1.4   中国创业投资机构的资本规模及分布

总体而言，2021 年创业投资机构平均管理资本规模略有上升。从资金分布情况看，管理资本规模在 5000 万元以下的创业投资机构占机构总数的 31.7%，与 2020 年相比基本持平；管理资本规模在 5000 万～1 亿元的机构占比为 15.8%，略有下滑；相比而言，管理资本规模在 1 亿～2 亿元、2 亿～5 亿元及 5 亿元以上的机构占比均有所上升（表 1-5、图 1-5）。

表 1-5   中国不同规模的创业投资机构分布占比（2020—2021 年）

年份	5000 万元以下	5000 万～1 亿元	1 亿～2 亿元	2 亿～5 亿元	5 亿元以上
2020	31.4%	19.2%	16.6%	18.0%	14.5%
2021	31.7%	15.8%	18.7%	18.5%	15.3%

---

① 有效样本数为 2503 份。

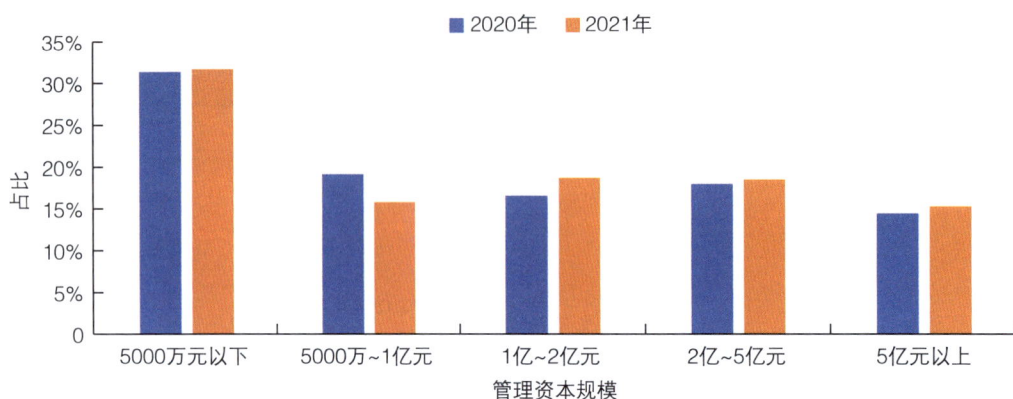

图 1-5　中国不同规模的创业投资机构分布占比（2020—2021 年）^①

　　按机构的管理资本规模划分，2021 年创业投资管理机构的管理资本与 2020 年相比略有收缩，管理资本规模在 5 亿元以上的占比略有下滑，管理资本规模在 1 亿~5 亿元的占比上升较多（表 1-6、图 1-6）。

表 1-6　中国不同规模创业投资机构的管理资本分布（2020—2021 年）^②

年份	5000 万元以下	5000 万 ~ 1 亿元	1 亿 ~ 2 亿元	2 亿 ~ 5 亿元	5 亿元以上
2020	0.9%	1.8%	2.9%	6.6%	87.8%
2021	0.9%	1.5%	3.5%	7.6%	86.5%

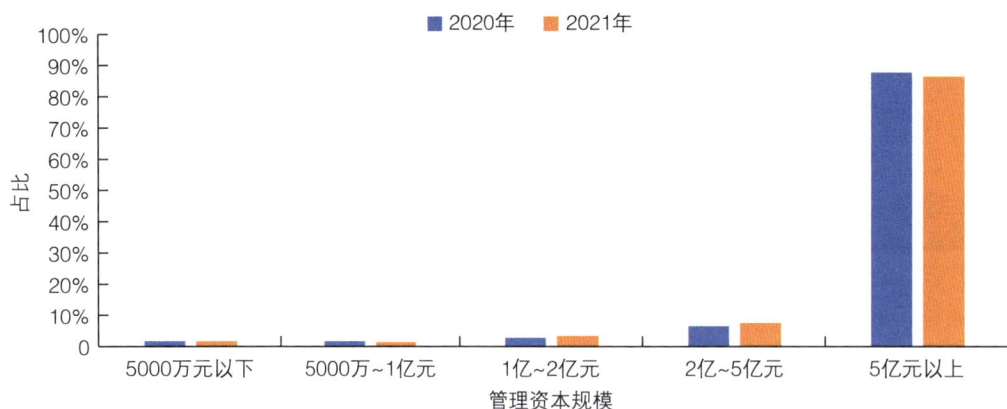

图 1-6　中国不同规模创业投资机构的管理资本分布（2020—2021 年）

　　2021 年，中国创业投资机构披露的投资项目达到 3851 项，披露项目投资金额为 1011.2 亿元，达到历史最高水平；项目平均投资金额为 2626 万元。其中，投资于高新技术企业的

---

① 有效样本数为 2675 份。

② 有效样本数为 2675 份。

项目为 1702 项，投资金额为 425.1 亿元，占全部投资的比重分别为 44.2%、42.0%；无论是高新技术企业投资金额、项目数，还是高新技术企业投资占比，均较 2020 年大幅上升；高新技术企业项目平均投资金额为 2498 万元（表 1-7）。

表 1-7　中国创业投资当年投资情况（2012—2021 年）[①]

年份	当年投资项目数 / 项		当年投资金额 / 亿元	
	全部企业	高新技术企业	全部企业	高新技术企业
2012	1903	850	356.0	172.6
2013	1501	590	279.0	109.0
2014	2459	689	374.4	124.8
2015	3423	820	465.6	117.2
2016	2744	634	505.5	92.1
2017	2687	825	845.3	153.8
2018	2740	682	527.2	134.3
2019	3015	921	866.8	186.9
2020	2734	1035	636.0	216.6
2021	3851	1702	1011.2	425.1

截至 2021 年底，全国创业投资机构披露的累计投资项目达到 31 996 项，累计投资金额为 7283.0 亿元，其中，投资高新技术企业的项目为 12 937 项，投资金额为 2585.8 亿元，占全部投资的比重分别为 40.4% 和 35.5%（表 1-8）。

表 1-8　中国创业投资累计投资情况（2012—2021 年）[②]

年份	累计投资项目数 / 项		累计投资金额 / 亿元	
	全部企业	高新技术企业	全部企业	高新技术企业
2012	11 112	6404	2355.1	1193.1
2013	12 149	6779	2634.1	1302.1
2014	14 118	7330	2933.6	1401.9

① 有效样本数为 2678 份。
② 本表格涉及样本数：累计投资项目的企业样本数为 2032 份，其中高新技术企业样本数为 1702 份；累计投资金额的企业样本数为 2031 份，其中高新技术企业样本数为 1697 份。

年份	累计投资项目数 / 项		累计投资金额 / 亿元	
	全部企业	高新技术企业	全部企业	高新技术企业
2015	17 376	8047	3361.2	1493.1
2016	19 296	8490	3765.2	1566.8
2017	20 674	8851	4310.2	1627.3
2018	22 396	9279	4769.0	1757.2
2019	25 411	10 200	5635.8	1944.1
2020	28 145	11 235	6271.8	2160.7
2021	31 996	12 937	7283.0	2585.8

2

中国创业投资的投资分析

2.1 中国创业投资行业特征

2.1.1 中国创业投资行业分布 [①]

2021 年，随着国内外经济形势的变化，创业投资机构更加关注以半导体为代表的"硬科技"。整体看中国创业投资行业分布情况，2021 年排名前十位的行业都具有很高的科技创新属性，特别是半导体、医药保健、生物科技、软件产业等都是国家重点支持发展的领域。

具体而言，从投资金额看，2021 年半导体超过医药保健行业，吸引了更多的投资，与 2020 年相比，半导体在投资金额上增幅明显，增长了 5.54 个百分点。与位列第二的医药保健相比，多了 5.8 个百分点。2020 年在投资金额上排名第三的消费产品和服务下降较多，占比从 2020 年的 5.89% 下降到了 2021 年的 3.52%。从投资项目看，2021 年的半导体、医药保健和生物科技也是投资项目较多的行业（表 2-1）。

表 2-1 中国创业投资行业分布（按投资金额与投资项目）（2020—2021 年）[②]

行业	2021 年		2020 年	
	投资金额	投资项目	投资金额	投资项目
半导体	16.36%	11.19%	10.82%	9.39%
医药保健	10.56%	10.20%	14.46%	10.67%
生物科技	5.15%	7.54%	4.91%	7.00%
软件产业	5.15%	7.13%	5.49%	7.13%

① 有效样本数为 3422 份。
② 表格中数据按 2021 年投资金额占比从大到小排序。表格中将"其他制造业""其他行业""其他 IT 产业"统一放在最后。表 2-2、表 2-3 采用相同的处理方式。

续表

行业	2021 年		2020 年	
	投资金额	投资项目	投资金额	投资项目
科技服务	4.98%	5.35%	3.47%	4.31%
IT 服务业	4.85%	6.20%	3.96%	6.23%
新材料工业	4.84%	5.93%	4.68%	6.02%
新能源、高效节能技术	4.34%	4.91%	2.94%	3.93%
消费产品和服务	3.52%	3.01%	5.89%	3.63%
传统制造业	3.35%	2.83%	2.27%	3.07%
计算机硬件产业	2.26%	1.58%	4.28%	3.29%
通信设备	2.21%	1.84%	1.43%	2.01%
网络产业	1.90%	2.40%	4.30%	2.86%
金融保险业	1.70%	2.02%	2.11%	2.43%
环保工程	1.46%	1.67%	1.03%	1.45%
交通运输仓储和邮政业	1.25%	0.50%	2.36%	0.47%
光电子与光机电一体化	1.22%	1.87%	1.38%	2.26%
批发和零售业	1.01%	1.20%	0.86%	1.02%
传播与文化娱乐	0.86%	0.94%	1.01%	1.37%
社会服务	0.85%	0.61%	4.13%	1.41%
建筑业	0.54%	0.32%	0.76%	0.81%
农林牧副渔	0.52%	0.85%	0.83%	0.90%
水电煤气	0.25%	0.12%	0.25%	0.13%
采掘业	0.02%	0.03%	0.18%	0.13%
房地产业	0.02%	0.06%	0.05%	0.13%
核应用技术	0.01%	0.03%	0.12%	0.09%
其他制造业	10.81%	7.95%	7.35%	8.66%
其他行业	9.53%	10.93%	8.52%	8.79%
其他 IT 产业	0.47%	0.82%	0.18%	0.43%

  无论是从投资金额看还是从投资项目看，半导体、医药保健和软件产业都是近年来投资的重点。从图 2-1 和图 2-2 可以发现，半导体是近年来投资金额和投资项目数增长最快的行业。此外，受新冠肺炎疫情影响，在医药保健和生物科技领域的投资也呈现增长态势（表 2-2、表 2-3）。

表 2-2 中国创业投资主要投资领域分布（按投资金额）（2012—2021 年）

行业	2012 年	2013 年	2014 年	2015 年	2016 年	2017 年	2018 年	2019 年	2020 年	2021 年
半导体	1.44%	1.40%	1.35%	0.65%	0.96%	0.84%	3.00%	8.53%	10.73%	16.36%
医药保健	4.85%	10.04%	7.35%	5.37%	3.65%	8.96%	10.79%	8.11%	14.31%	10.56%
生物科技	2.80%	2.27%	3.68%	2.13%	1.89%	8.04%	4.48%	3.70%	4.83%	5.15%
软件产业	2.41%	2.02%	7.37%	7.54%	9.58%	2.16%	5.70%	3.48%	5.41%	5.15%
科技服务	1.64%	1.02%	2.18%	1.76%	1.61%	1.33%	2.91%	3.94%	3.43%	4.98%
IT 服务业	3.14%	3.58%	3.00%	3.03%	3.30%	2.68%	9.54%	3.63%	3.90%	4.85%
新材料工业	7.81%	7.13%	3.72%	5.66%	3.36%	1.91%	3.78%	6.11%	4.61%	4.84%
新能源、高效节能技术	7.19%	8.69%	2.94%	2.95%	1.97%	2.02%	5.23%	7.15%	3.12%	4.34%
消费产品和服务	6.27%	5.00%	1.57%	2.14%	1.43%	2.86%	2.03%	2.19%	5.80%	3.52%
传统制造业	10.10%	7.19%	7.64%	3.77%	1.99%	3.99%	5.79%	8.13%	2.24%	3.35%
计算机硬件产业	1.10%	0.68%	4.15%	1.65%	1.27%	0.84%	2.26%	0.84%	4.21%	2.26%
通信设备	3.63%	3.11%	13.76%	18.59%	0.95%	0.67%	1.19%	2.15%	1.41%	2.21%
网络产业	2.05%	1.90%	4.02%	5.07%	34.03%	1.95%	5.13%	6.02%	4.28%	1.90%
金融保险业	5.42%	10.12%	2.86%	5.71%	6.97%	5.12%	3.60%	3.87%	2.08%	1.70%
环保工程	2.81%	2.89%	2.83%	2.31%	1.47%	1.78%	1.80%	1.77%	1.07%	1.46%
交通运输仓储和邮政业	0.35%	2.57%	0.18%	1.86%	1.60%	0.89%	0.68%	0.77%	2.33%	1.25%
光电子与光机电一体化	3.49%	4.62%	1.89%	0.85%	0.85%	0.80%	1.79%	2.29%	1.39%	1.22%
批发和零售业	0.85%	0.50%	3.82%	1.24%	0.43%	0.47%	1.65%	0.96%	0.85%	1.01%
传播与文化娱乐	6.35%	6.16%	5.44%	5.50%	3.02%	1.85%	2.66%	5.35%	0.99%	0.86%
社会服务	1.09%	1.86%	2.36%	3.42%	0.90%	2.70%	4.19%	0.57%	4.07%	0.85%
建筑业	1.94%	1.32%	0.62%	0.76%	1.98%	14.37%	0.63%	0.56%	0.74%	0.54%
农林牧副渔	6.07%	6.33%	2.00%	1.94%	0.96%	2.37%	0.97%	1.13%	0.81%	0.52%
水电煤气	0.29%	0.25%	0.44%	0.46%	0.24%	0.26%	0.08%	0.37%	0.24%	0.25%
采掘业	1.30%	0.51%	0	0.06%	0.01%	20.19%	0.38%	0.15%	0.17%	0.02%
房地产业	1.24%	0.21%	1.99%	0.94%	0.37%	0.14%	0.78%	0.31%	0.05%	0.02%
核应用技术	0.24%	0.17%	0.06%	0.08%	0.04%	0.01%	0.01%	0.10%	0.12%	0.01%
其他制造业	4.83%	5.30%	3.31%	3.67%	1.65%	2.97%	6.09%	8.78%	7.24%	10.81%
其他行业	7.62%	2.65%	8.45%	10.41%	12.90%	7.52%	9.40%	7.52%	9.37%	9.53%
其他 IT 产业	1.68%	0.36%	1.02%	0.48%	0.64%	0.32%	3.47%	0.48%	0.17%	0.47%

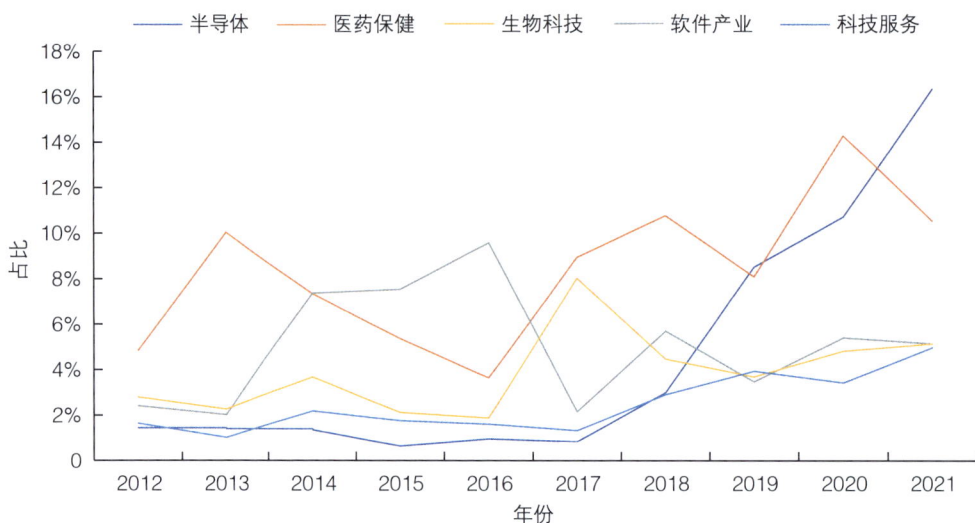

图 2-1 中国创业投资主要投资领域分布（按投资金额）（2012—2021 年）

表 2-3 中国创业投资主要投资领域分布（按投资项目）（2012—2021 年）

行业	2012 年	2013 年	2014 年	2015 年	2016 年	2017 年	2018 年	2019 年	2020 年	2021 年
半导体	1.44%	2.51%	1.78%	1.16%	1.30%	3.09%	3.49%	5.64%	9.39%	11.19%
医药保健	6.18%	9.99%	5.28%	4.05%	5.44%	6.09%	7.38%	8.67%	10.67%	10.20%
生物科技	4.80%	4.17%	4.11%	3.47%	4.37%	5.26%	5.61%	5.59%	7.00%	7.54%
软件产业	3.12%	5.32%	9.40%	7.41%	7.58%	7.18%	6.79%	5.11%	7.13%	7.13%
IT 服务业	3.42%	4.17%	5.67%	5.75%	6.70%	5.13%	8.78%	5.06%	6.23%	6.20%
新材料工业	8.76%	7.61%	5.93%	5.48%	5.53%	4.39%	4.35%	5.37%	6.02%	5.93%
科技服务	2.58%	1.94%	2.60%	3.05%	4.51%	5.35%	4.53%	7.79%	4.31%	5.35%
新能源、高效节能技术	7.20%	6.75%	4.16%	4.17%	3.77%	3.74%	3.89%	4.14%	3.93%	4.91%
消费产品和服务	3.54%	3.45%	2.56%	2.66%	3.07%	4.92%	3.76%	4.10%	3.63%	3.01%
传统制造业	8.82%	6.03%	4.98%	4.44%	3.58%	4.70%	4.21%	3.30%	3.07%	2.83%
网络产业	2.82%	3.74%	8.88%	10.61%	11.35%	4.52%	5.30%	5.77%	2.86%	2.40%
金融保险业	4.20%	6.54%	3.59%	5.17%	3.12%	3.48%	2.85%	4.05%	2.43%	2.02%
光电子与光机电一体化	3.78%	4.89%	2.86%	2.05%	2.14%	1.74%	2.04%	2.60%	2.26%	1.87%
通信设备	3.72%	3.16%	8.32%	5.79%	2.00%	1.48%	2.04%	2.47%	2.01%	1.84%
环保工程	3.06%	3.95%	3.03%	3.09%	3.12%	3.39%	1.86%	2.51%	1.45%	1.67%

行业	2012 年	2013 年	2014 年	2015 年	2016 年	2017 年	2018 年	2019 年	2020 年	2021 年
计算机硬件产业	1.50%	1.22%	1.69%	1.81%	1.91%	2.39%	2.58%	1.85%	3.29%	1.58%
批发和零售业	0.72%	0.36%	1.86%	1.08%	0.70%	1.44%	1.90%	1.32%	1.02%	1.20%
传播与文化娱乐	5.28%	5.24%	3.81%	4.32%	5.26%	5.13%	3.89%	2.51%	1.37%	0.94%
农林牧副渔	4.74%	3.66%	2.73%	2.01%	1.91%	1.78%	1.22%	0.79%	0.90%	0.85%
社会服务	2.34%	1.87%	1.65%	3.09%	1.95%	1.87%	3.21%	0.97%	1.41%	0.61%
交通运输仓储和邮政业	0.24%	1.15%	0.17%	0.89%	0.88%	1.39%	0.91%	0.75%	0.47%	0.50%
建筑业	1.62%	1.22%	0.56%	0.58%	0.56%	1.39%	0.59%	0.40%	0.81%	0.32%
水电煤气	0.42%	0.29%	0.22%	0.31%	0.05%	0.30%	0.09%	0.22%	0.13%	0.12%
房地产业	0.54%	0.29%	0.22%	0.35%	0.23%	0.22%	0.36%	0.31%	0.13%	0.06%
采掘业	0.48%	0.57%	0.04%	0.04%	0.09%	0.43%	0.09%	0.09%	0.13%	0.03%
核应用技术	0.48%	0.29%	0.04%	0.04%	0.09%	0.09%	0.05%	0.09%	0.09%	0.03%
其他制造业	4.98%	4.67%	4.11%	5.25%	4.09%	7.22%	6.47%	8.63%	8.66%	7.95%
其他行业	7.26%	3.74%	8.14%	10.85%	13.67%	10.44%	9.01%	7.88%	8.79%	10.93%
其他 IT 产业	1.92%	1.01%	1.60%	1.04%	1.02%	1.44%	2.76%	1.23%	0.43%	0.82%

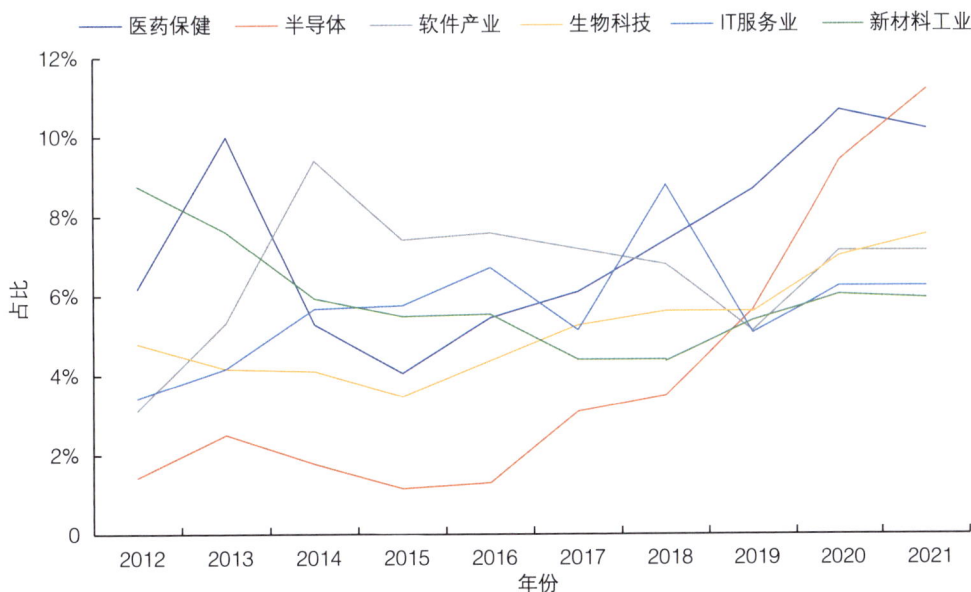

图 2-2　中国创业投资主要投资领域分布（按投资项目）（2012—2021 年）

按行业大类统计，半导体所在的"计算机、通信和其他电子设备制造业"成为 2021 年投资最热的行业，投资金额占比较 2020 年提高了 4.14 个百分点。在投资金额占比方面，"医药生物业""信息传输、软件和信息服务业"分别位列第二、第三，但热度有所下滑。"新能源和环保业"投资项目和投资金额的占比均较 2020 年略有提升（表 2-4）。

表 2-4　中国创业投资主要投资领域分布（2020—2021 年）[①]

代码	行业划分		2021 年		2020 年	
			投资金额	投资项目	投资金额	投资项目
C9	新能源和环保业	核应用技术	10.65%	12.54%	8.77%	11.54%
		环保工程				
		新材料工业				
		新能源、高效节能技术				
C7	计算机、通信和其他电子设备制造业	半导体	22.05%	16.48%	17.91%	16.94%
		光电子与光机电一体化				
		计算机硬件产业				
		通信设备				
I	信息传输、软件和信息服务业	IT 服务业	12.37%	16.55%	13.93%	16.59%
		其他 IT 产业				
		软件产业				
		网络产业				
C8	医药生物业	生物科技	15.71%	17.74%	19.37%	17.66%
		医药保健				
C12	其他制造业		10.81%	7.95%	7.35%	8.63%
CA	传统制造业		3.35%	2.83%	2.27%	3.06%
O	其他行业		9.53%	10.93%	8.82%	8.89%
N	传播与文化娱乐		0.86%	0.94%	1.01%	1.36%
J	金融保险业		1.70%	2.02%	2.11%	2.42%

---

① 表格中 2021 年有效样本数为 2351 份。

2021 年，针对概念板块的投资情况进行统计后发现[1]，物联网与大数据、人工智能、绿色经济仍然是投资机构关注的热门概念板块[2]。在投资金额上，物联网与大数据超过人工智能，但人工智能的投资项目占比领先于物联网与大数据（表 2-5、图 2-3、图 2-4）。

表 2-5　中国创业投资项目概念板块分布（按投资金额与投资项目）（2021 年）[3]

概念板块	投资金额	投资项目
物联网与大数据	8.14%	9.87%
人工智能	7.37%	10.90%
绿色经济	4.13%	5.45%
金融科技	2.31%	2.83%
一二三产融合	0.93%	0.81%
互联网教育	0.55%	0.42%
共享经济	0.38%	0.71%
扶贫	0.13%	0.18%
其他	76.06%	68.83%

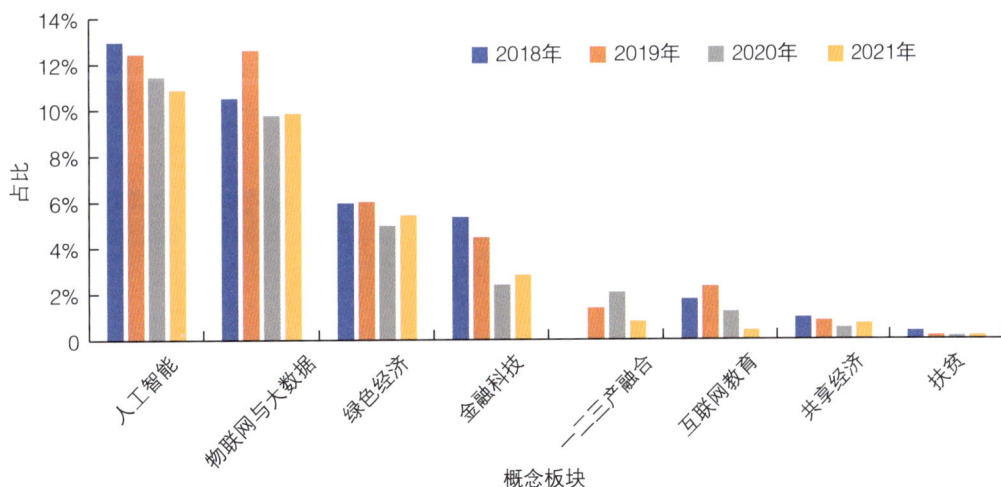

图 2-3　中国创业投资项目概念板块分布（按投资项目）（2018—2021 年）

---

① 近年来，由于新技术的出现，许多行业已经难以再采用传统的行业分类方式进行划分。比如，金融科技产业可能部分属于网络产业，部分属于金融保险业，而人工智能产业则可能分布于多个领域。因此，从 2017 年调查起，除了按照传统的行业进行划分统计，另采用了概念板块进行投资分布统计。

② 有效样本数为 2826 份。

③ 表格中数据按投资金额占比从大到小排序。

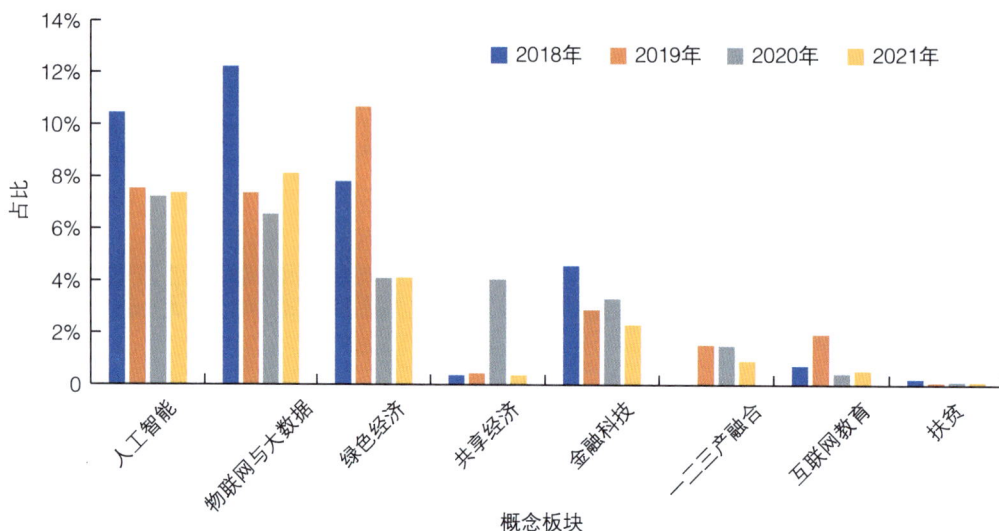

图 2-4　中国创业投资项目概念板块分布（按投资金额）（2018—2021 年）

2.1.2　中国创业投资对高新技术产业的投资与对传统产业的投资比较 [①]

2021 年，创业投资机构的投资重点仍然聚焦在高新技术产业。从投资金额看，高新技术产业投资占比较 2020 年略有上升，从 67.2% 上升至 68.7%，且与传统产业投资占比差距进一步拉大，从 2020 年的 34.4% 拉大到 37.4%（表 2-6、图 2-5）。从投资项目看，2021 年高新技术产业投资占比连续三年呈上升趋势，与传统产业投资占比差距也进一步拉大（表 2-7、图 2-6）。

表 2-6　中国高新技术产业与传统产业投资分布（按投资金额）（2012—2021 年）

产业	2012 年	2013 年	2014 年	2015 年	2016 年	2017 年	2018 年	2019 年	2020 年	2021 年
高新技术产业	55.3%	61.3%	65.4%	59.0%	60.9%	55.7%	61.5%	64.0%	67.2%	68.7%
传统产业	44.7%	38.7%	34.6%	41.0%	39.1%	44.3%	38.5%	36.0%	32.8%	31.3%

---

① 有效样本数：高新技术产业项目样本数为 2350 份，传统产业项目样本数为 1072 份。

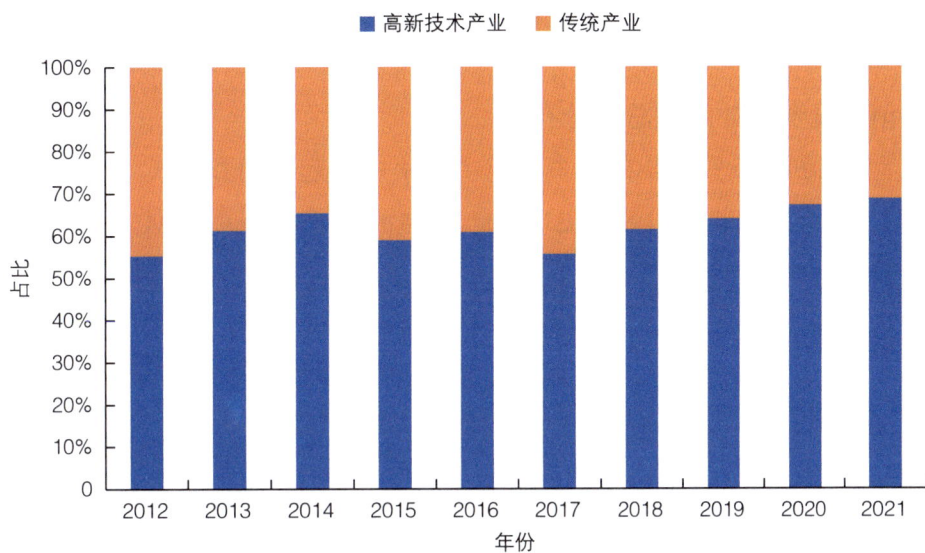

图 2-5　中国高新技术产业与传统产业投资分布（按投资金额）（2012—2021 年）

表 2-7　中国高新技术产业与传统产业投资分布（按投资项目）（2012—2021 年）

产业	2012 年	2013 年	2014 年	2015 年	2016 年	2017 年	2018 年	2019 年	2020 年	2021 年
高新技术产业	47.6%	50.4%	59.3%	58.2%	65.6%	54.5%	61.5%	58.5%	63.2%	65.8%
传统产业	52.4%	49.6%	40.7%	41.8%	34.4%	45.5%	38.5%	41.5%	36.8%	34.2%

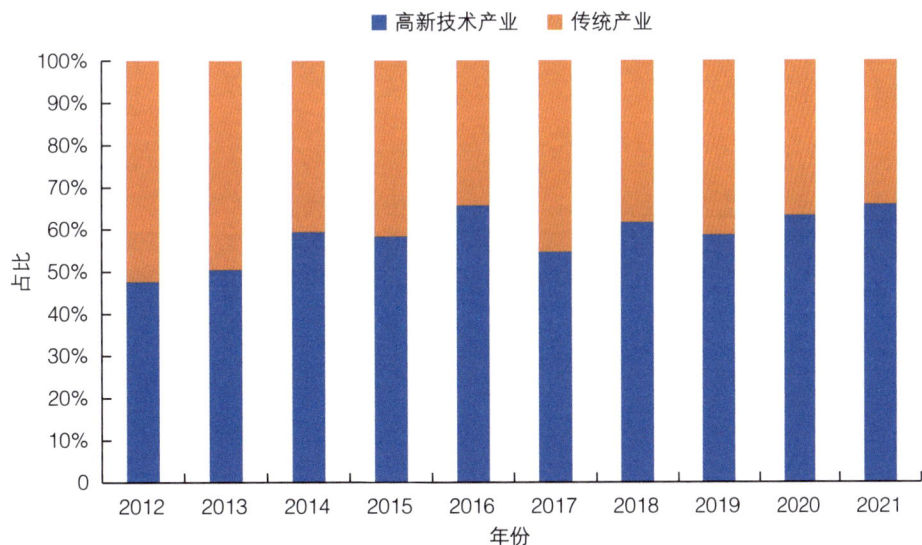

图 2-6　中国高新技术产业与传统产业投资分布（按投资项目）（2012—2021 年）

2.2 中国创业投资的投资阶段

2.2.1 中国创业投资所处阶段总体分布 ①

2021 年，中国创业投资机构的投资仍然主要集中在起步期和成长（扩张）期，按投资金额划分，在这两个阶段占比分别为 27.99%、43.51%；按投资项目划分，在这两个阶段占比分别为 32.54%、37.74%（表 2-8）。

表 2-8　中国创业投资所处阶段分布（按投资金额与投资项目）（2021 年）

阶段	投资金额	投资项目
种子期	13.22%	23.63%
起步期	27.99%	32.54%
成长（扩张）期	43.51%	37.74%
成熟（过渡）期	14.56%	5.67%
重建期	0.71%	0.41%

从投资金额看，2021 年投资于种子期和起步期的金额占比有所增加，分别从 2020 年的 9.09% 和 23.85% 提高至 13.22% 和 27.99%，其中种子期提高了 4.13 个百分点（表 2-9、图 2-7）。从投资项目看，2021 年投资于种子期和起步期的项目占比也较 2020 年有较大提升，从 18.42% 和 31.93% 提高至 23.63% 和 32.54%，其中种子期增幅较大，提高了 5.21 个百分点（表 2-10、图 2-8）。

表 2-9　中国创业投资所处阶段分布（按投资金额）（2012—2021 年）

阶段	2012 年	2013 年	2014 年	2015 年	2016 年	2017 年	2018 年	2019 年	2020 年	2021 年
种子期	6.55%	12.22%	5.63%	8.11%	4.33%	4.54%	10.94%	15.57%	9.09%	13.22%
起步期	19.32%	22.38%	25.23%	21.53%	30.30%	20.76%	32.96%	34.80%	23.85%	27.99%
成长（扩张）期	52.00%	41.42%	59.04%	54.40%	38.50%	44.66%	44.61%	35.68%	55.61%	43.51%
成熟（过渡）期	21.56%	22.82%	10.05%	15.24%	26.31%	29.86%	10.42%	13.71%	11.23%	14.56%
重建期	0.57%	1.16%	0.05%	0.72%	0.55%	0.17%	1.07%	0.24%	0.21%	0.71%

---

① 有效样本数为 3402 份。

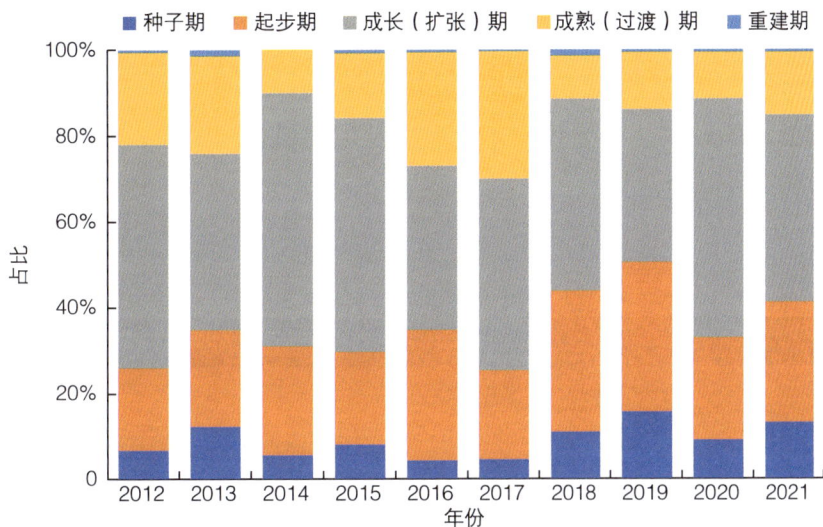

图 2-7　中国创业投资所处阶段分布（按投资金额）（2012—2021 年）

表 2-10　中国创业投资所处阶段分布（按投资项目）（2012—2021 年）

阶段	2012 年	2013 年	2014 年	2015 年	2016 年	2017 年	2018 年	2019 年	2020 年	2021 年
种子期	12.33%	18.36%	20.76%	18.22%	19.62%	17.77%	24.07%	22.22%	18.42%	23.63%
起步期	28.66%	32.46%	36.55%	35.55%	38.92%	39.51%	40.32%	39.43%	31.93%	32.54%
成长（扩张）期	44.98%	38.21%	35.94%	40.15%	35.00%	36.22%	29.46%	32.04%	42.62%	37.74%
成熟（过渡）期	13.24%	10.00%	6.49%	5.41%	5.71%	5.91%	5.36%	6.04%	6.67%	5.67%
重建期	0.79%	0.97%	0.26%	0.66%	0.75%	0.59%	0.79%	0.27%	0.35%	0.41%

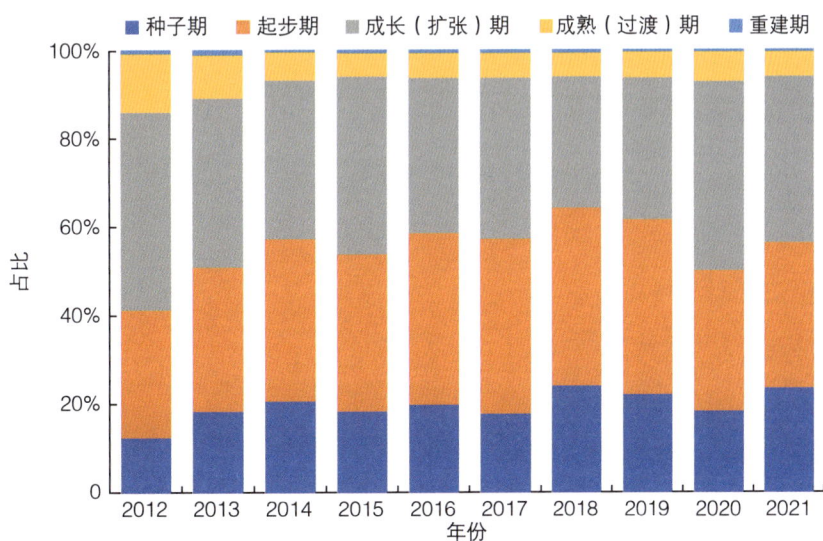

图 2-8　中国创业投资所处阶段分布（按投资项目）（2012—2021 年）

2.2.2 中国创业投资在主要行业投资项目的阶段分布

按照投资行业划分，从投资金额看，2021 年半导体、科技服务、软件产业、生物科技等行业在种子期投入的较多，半导体、医药保健及生物科技这三个行业在起步期和成长（扩张）期投入的也较多（表 2-11）。

表 2-11 中国主要行业投资阶段分布（按投资金额）（2021 年）[①]

行业	种子期	起步期	成长（扩张）期	成熟（过渡）期	重建期
半导体	26.74%	31.18%	33.65%	8.43%	0
科技服务	19.54%	32.84%	43.90%	3.72%	0
软件产业	18.38%	38.10%	38.74%	4.77%	0
生物科技	15.63%	34.50%	47.47%	2.40%	0
社会服务	15.46%	17.95%	14.21%	52.38%	0
金融保险业	14.97%	38.12%	41.37%	5.54%	0
网络产业	12.13%	39.06%	32.11%	14.61%	2.09%
其他行业	12.07%	18.13%	55.20%	13.42%	1.18%
IT 服务业	11.55%	29.32%	52.52%	5.92%	0.69%
新能源、高效节能技术	11.16%	20.99%	49.65%	6.98%	11.22%
农林牧副渔	11.12%	2.73%	80.57%	2.94%	2.65%
新材料工业	10.90%	19.70%	49.81%	19.39%	0.20%
消费产品和服务	9.28%	22.52%	46.13%	22.07%	0
其他制造业	6.85%	15.59%	28.63%	48.94%	0
其他 IT 产业	6.48%	68.75%	21.78%	2.99%	0
批发和零售业	5.88%	9.21%	68.14%	16.77%	0
环保工程	5.80%	54.54%	23.33%	16.33%	0
医药保健	4.90%	38.41%	51.78%	4.91%	0
通信设备	4.23%	19.44%	41.50%	34.83%	0
计算机硬件产业	4.17%	19.99%	66.81%	9.04%	0
光电子与光机电一体化	3.52%	45.51%	50.97%	0	0
传统制造业	3.39%	20.94%	54.00%	20.82%	0.85%
交通运输仓储和邮政业	3.18%	56.56%	36.97%	3.29%	0
传播与文化娱乐	1.67%	52.29%	16.41%	29.64%	0

[①] 有效样本数为 3348 份。表格中数据按种子期占比从大到小排序，表 2-12 至表 2-14 同此。

从投资项目看，2021 年创业投资机构投资最多的半导体、医药保健及生物科技这三个行业领域的项目主要集中在起步期和成长（扩张）期（表 2-12）。

表 2-12　中国主要行业投资阶段分布（按投资项目）（2021 年）^①

行业	种子期	起步期	成长（扩张）期	成熟（过渡）期	重建期
其他行业	39.45%	22.74%	31.78%	5.21%	0.82%
社会服务	35.00%	20.00%	35.00%	10.00%	0
金融保险业	31.34%	43.28%	19.40%	5.97%	0
环保工程	30.36%	21.43%	39.29%	8.93%	0
科技服务	29.28%	38.67%	29.28%	2.76%	0
网络产业	29.27%	31.71%	30.49%	6.10%	2.44%
生物科技	28.16%	37.14%	33.06%	1.63%	0
建筑业	27.27%	9.09%	54.55%	9.09%	0
软件产业	26.23%	40.16%	32.79%	0.82%	0
消费产品和服务	25.49%	31.37%	37.25%	5.88%	0
计算机硬件产业	25.00%	23.08%	40.38%	11.54%	0
传播与文化娱乐	25.00%	43.75%	25.00%	6.25%	0
新能源、高效节能技术	23.49%	31.93%	36.75%	6.63%	1.20%
IT 服务业	20.10%	34.93%	37.80%	5.74%	1.44%
批发和零售业	20.00%	20.00%	52.50%	7.50%	0
新材料工业	19.31%	30.20%	39.60%	10.40%	0.50%
通信设备	17.74%	27.42%	40.32%	14.52%	0
交通运输仓储和邮政业	17.65%	23.53%	47.06%	11.76%	0
其他制造业	17.42%	29.55%	43.18%	9.85%	0
医药保健	17.17%	39.46%	39.46%	3.92%	0
半导体	15.87%	35.71%	43.12%	5.29%	0
传统制造业	15.63%	18.75%	53.13%	10.42%	2.08%
其他 IT 产业	14.29%	57.14%	25.00%	3.57%	0
光电子与光机电一体化	13.11%	39.34%	47.54%	0	0
农林牧副渔	10.34%	10.34%	68.97%	6.90%	3.45%

① 有效样本数为 3422 份。

按照投资的概念板块划分，从投资金额看，2021 年一二三产融合和金融科技的早前期（种子期和起步期）投资累计占比超过了 50%，而物联网与大数据、人工智能、绿色经济等板块的投资金额主要集中在起步期和成长（扩张）期，互联网教育和扶贫的投资阶段更为集中，多数的投资金额布局在了成长（扩张）期。这可能与创业投资机构的持续跟踪投入有关（表 2-13）。

表 2-13　中国创业投资概念板块投资阶段分布（按投资金额）（2021 年）[①]

概念板块	种子期	起步期	成长（扩张）期	成熟（过渡）期	重建期
一二三产融合	33.24%	22.51%	41.18%	3.07%	0
共享经济	22.95%	6.26%	70.80%	0	0
金融科技	21.52%	33.14%	40.09%	5.25%	0
物联网与大数据	14.24%	20.27%	56.10%	8.87%	0.51%
人工智能	12.80%	36.47%	45.82%	4.90%	0
绿色经济	8.19%	25.79%	43.22%	9.21%	13.59%
其他	7.69%	29.01%	45.27%	17.66%	0.36%
互联网教育	0	15.16%	84.84%	0	0
扶贫	0	8.96%	91.04%	0	0

从投资项目看，2021 年除互联网教育外，其他概念板块的早前期（种子期和起步期）投资累计占比都不低于 50%，其中金融科技早前期（种子期和起步期）投资累计占比为 66.25%，人工智能早前期（种子期和起步期）投资累计占比为 62.29%（表 2-14）。

表 2-14　中国创业投资概念板块投资阶段分布（按投资项目）（2021 年）[②]

概念板块	种子期	起步期	成长（扩张）期	成熟（过渡）期	重建期
一二三产融合	34.78%	21.74%	39.13%	4.35%	0
共享经济	30.00%	20.00%	50.00%	0	0
金融科技	28.75%	37.50%	30.00%	3.75%	0
物联网与大数据	23.10%	29.24%	39.35%	7.58%	0.72%
绿色经济	21.57%	32.68%	37.25%	7.19%	1.31%

---

① 有效样本数为 2791 份。

② 有效样本数为 2826 份。

概念板块	种子期	起步期	成长（扩张）期	成熟（过渡）期	重建期
人工智能	19.34%	42.95%	36.39%	1.31%	0
互联网教育	0	41.67%	58.33%	0	0
其他	23.28%	32.20%	38.57%	5.43%	0.52%

2.3　中国创业投资的投资强度

2.3.1　中国创业投资强度的变化趋势与行业差异 [①]

数据显示，我国创业投资强度自 1995 年以来总体呈上升趋势，到 2011 年达到顶峰，此后逐年下滑，2016 年达到谷底后于 2017 年开始出现探底回升。2021 年继续延续上升趋势，投资强度从 2020 年的 1426.36 万元 / 项提升到了 1493.46 万元 / 项（表 2-15、图 2-9）。

表 2-15　中国创业投资强度（2012—2021 年）　　　　　　单位：万元 / 项

类别	2012 年	2013 年	2014 年	2015 年	2016 年	2017 年	2018 年	2019 年	2020 年	2021 年
投资强度	1322.66	1282.12	1129.53	1089.26	1014.76	1085.55	1222.06	1231.60	1426.36	1493.46

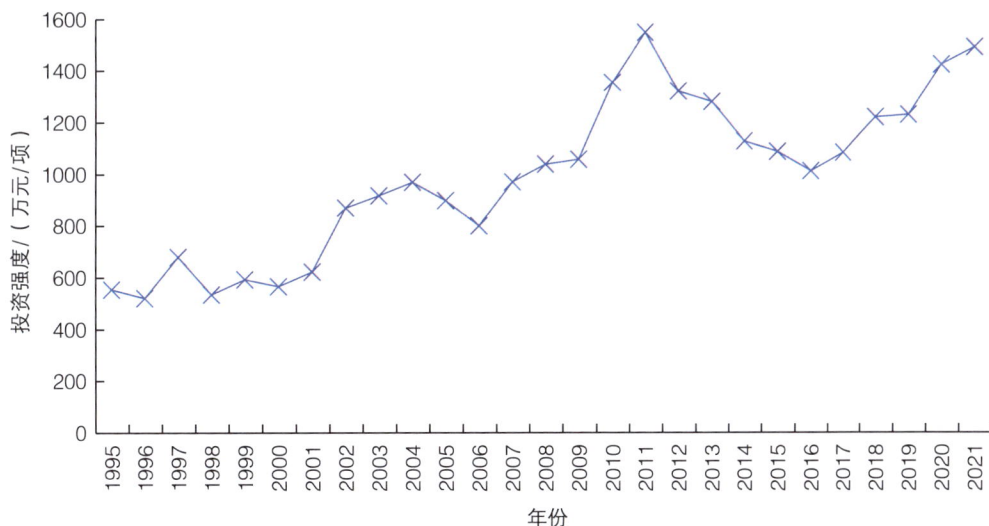

图 2-9　中国创业投资强度（1995—2021 年）

---

① 有效样本数为 2291 份。

按行业划分①，2021 年投资强度较高的前三个行业分别为采掘业、传统制造业和网络产业。与 2020 年相比，2021 年半导体行业投资强度略有上升，但医药保健和生物科技的投资强度略有下降（表 2-16、图 2-10）。

表 2-16　中国不同行业的投资强度（2012—2021 年）　　　　单位：万元 / 项

行业	2012 年	2013 年	2014 年	2015 年	2016 年	2017 年	2018 年	2019 年	2020 年	2021 年
采掘业	2130.40	1537.80	200.00	3002.00	290.00	1968.40	6000.00	3750.00	3146.70	2000.00
传统制造业	1390.30	1409.10	1032.40	1115.10	1122.40	1356.70	1239.20	1593.70	1586.80	1892.40
网络产业	1028.80	721.00	742.80	794.40	1007.90	891.10	1022.30	772.40	1070.70	1703.90
半导体	1312.60	963.90	1322.80	856.40	1064.90	892.60	1133.00	1399.60	1666.70	1675.90
光电子与光机电一体化	1288.30	1294.20	863.40	769.80	708.20	1290.40	1113.10	1353.70	1190.20	1668.00
医药保健	1144.50	1351.00	1429.60	1190.40	1212.90	1321.30	1805.70	1445.90	1772.60	1656.20
交通运输仓储和邮政业	2244.70	1432.40	1762.50	1633.90	1148.40	1198.30	825.90	1032.40	1084.30	1635.80
通信设备	1439.30	1704.30	1540.40	1268.50	1200.50	948.50	899.00	1100.20	1633.50	1609.10
其他制造业	1483.50	959.40	1181.20	1107.60	921.10	1031.70	999.40	1291.40	1522.50	1606.30
社会服务	728.50	1370.10	1147.20	752.70	771.40	977.30	1058.30	885.60	1410.60	1585.90
消费产品和服务	2036.90	1712.80	1053.30	1260.20	781.00	877.30	833.20	889.60	1654.30	1564.20
农林牧副渔	1836.00	1516.60	1036.70	1517.00	1073.90	1107.30	1217.90	996.90	883.20	1551.20
IT 服务业	1216.50	963.00	843.40	895.50	854.10	1005.40	1064.50	1087.30	1209.30	1522.80
新材料工业	1224.50	1444.00	1006.40	1416.60	1033.10	1194.90	1176.00	1280.60	1510.30	1517.90
软件产业	1029.80	677.80	945.00	907.70	751.30	939.70	1031.60	1063.00	1062.40	1502.30
新能源、高效节能技术	1373.00	1420.20	1059.20	1054.30	1089.90	1430.00	1390.40	1204.50	1352.90	1492.00
计算机硬件产业	799.60	581.50	1225.90	1067.80	908.00	991.10	1294.70	1002.20	1599.10	1451.70
批发和零售业	1810.30	2410.00	1638.70	947.80	1075.60	1069.30	762.80	1063.60	1292.30	1441.50
科技服务	842.40	944.00	903.10	854.10	708.90	709.20	990.50	1036.70	1227.90	1419.00
生物科技	904.50	960.50	1059.20	1130.90	1091.20	1110.00	1227.10	1249.80	1534.10	1377.60
其他 IT 产业	1171.20	616.40	971.10	849.40	695.70	729.30	1342.80	868.50	1050.80	1357.40
核应用技术	757.40	1008.30	2500.00	4000.00	1176.00	352.50	180.00	2600.00	3263.00	1260.00

①　有效样本数为 3472 份。

行业	2012 年	2013 年	2014 年	2015 年	2016 年	2017 年	2018 年	2019 年	2020 年	2021 年
建筑业	1834.00	1989.30	1346.90	1181.10	700.30	1809.10	1644.50	1244.40	1433.20	1166.70
环保工程	1402.30	1268.60	1559.30	1311.40	1184.60	1291.80	846.10	947.20	1290.70	1106.80
金融保险业	1653.00	1885.60	929.00	1216.90	1469.10	931.30	1166.40	1579.40	1235.50	1099.20
传播与文化娱乐	1398.60	1441.90	1543.30	961.00	907.50	872.30	865.40	859.40	1044.10	1071.80
其他行业	1110.40	1075.70	1400.50	1156.70	1179.80	1204.10	1135.00	962.40	1240.40	1043.80
房地产业	1523.90	1237.50	511.00	2193.60	365.00	2160.00	634.30	2223.50	980.30	795.50
水电煤气	1050.00	1512.50	1232.50	1845.40	—	2790.00	1315.90	1698.30	699.30	425.00

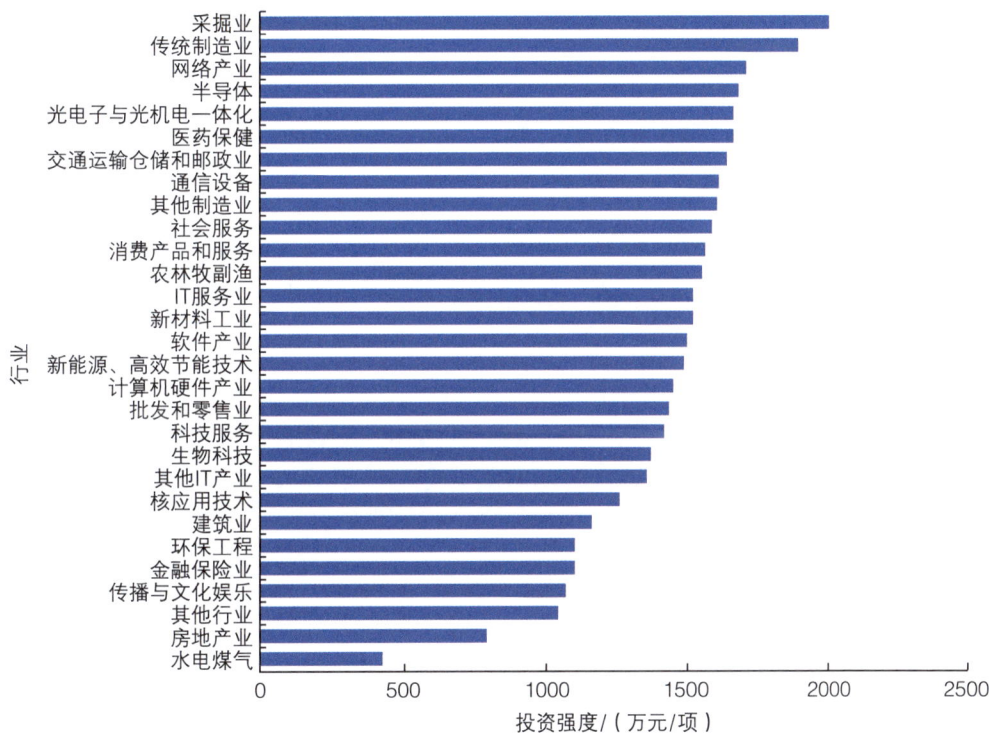

图 2-10　中国不同行业的投资强度（2021 年）

从概念板块看投资强度①，2021 年概念板块的投资强度分配较为均匀，其中，互联网教育的投资强度有了大幅提升，而共享经济的投资强度则由 2020 年的 14 387.70 万元 / 项降到 1325.29 万元 / 项（表 2-17）。

---

① 有效样本数为 2826 份。

表 2-17　中国概念板块的投资强度（2020—2021 年）　　　　单位：万元 / 项

概念板块	2020 年	2021 年
互联网教育	650.05	3221.44
一二三产融合	1332.34	2835.74
其他	1980.44	2738.64
物联网与大数据	1229.53	2042.15
金融科技	2541.73	2022.84
绿色经济	1509.81	1877.51
扶贫	1485.00	1786.00
人工智能	1157.38	1676.71
共享经济	14 387.70	1325.29

2.3.2　中国创业投资机构单项投资规模分布 [①]

　　2021 年，创业投资机构单项投资金额分布较为平均，主要集中在 500 万元以上，累计占比 69.50%，单项投资金额超过 2000 万元的项目占比进一步上升；而单项投资金额小于 500 万元的项目占比较 2020 年有所下降，从 33.5% 下降了 3.1 个百分点至 30.4%（表 2-18）。

表 2-18　中国创业投资机构单项投资金额分布（2012—2021 年）

年份	100 万元以下	100 万 ~ 300 万元	300 万 ~ 500 万元	500 万 ~ 1000 万元	1000 万 ~ 2000 万元	2000 万元以上
2012	10.20%	13.10%	11.30%	21.20%	24.70%	19.50%
2013	8.40%	17.60%	14.60%	20.00%	20.10%	19.30%
2014	12.30%	19.10%	13.90%	18.30%	20.40%	15.90%
2015	14.50%	17.50%	15.30%	19.90%	17.20%	15.60%
2016	15.90%	18.10%	15.50%	20.90%	15.80%	13.80%
2017	10.70%	18.00%	17.70%	21.20%	18.10%	14.20%
2018	8.90%	18.10%	16.90%	20.00%	18.30%	17.90%
2019	8.90%	16.00%	16.10%	23.10%	19.50%	16.40%
2020	7.40%	12.00%	14.10%	22.20%	22.70%	21.50%
2021	9.90%	9.50%	11.00%	23.10%	23.50%	22.90%

---

① 有效样本数为 3472 份。

2.3.3 中国创业投资机构联合投资的单项投资规模分布

2021 年，联合投资的单项投资金额分布较 2020 年更为平均，除小于 100 万元的天使投资项目以外，其余各个投资金额分布段的占比均在 20% 左右（表 2-19）。

表 2-19　中国创业投资机构联合投资的单项投资金额分布（2012—2021 年）[①]

年份	100 万元以下	100 万 ~ 500 万元	500 万 ~ 1000 万元	1000 万 ~ 2000 万元	2000 万元以上
2012	10.20%	24.40%	21.20%	24.70%	19.50%
2013	8.40%	32.20%	20.00%	20.10%	19.30%
2014	12.30%	33.00%	18.30%	20.40%	15.90%
2015	14.50%	32.80%	19.90%	17.20%	15.60%
2016	15.90%	33.60%	20.90%	15.80%	13.80%
2017	10.70%	35.70%	21.20%	18.10%	14.20%
2018	8.90%	35.00%	20.00%	18.30%	17.90%
2019	8.90%	32.10%	23.10%	19.50%	16.40%
2020	7.40%	26.10%	22.20%	22.70%	21.50%
2021	9.90%	20.50%	23.10%	23.50%	22.90%

2.4　中国创业投资项目的首轮投资和后续投资

2021 年，中国创业投资项目的首轮投资和后续投资[②] 占比分别为 61.3% 和 38.7%。与 2020 年相比，首轮投资从 64.3% 下降到了 61.3%，下降了 3 个百分点；后续投资从 35.7% 上升至 38.7%。总体来看，2021 年我国创业投资机构仍然以发现新项目的首轮投资为主，但占比已经连续 5 年呈下降趋势，而后续投资占比呈上升趋势（表 2-20、图 2-11）。

表 2-20　中国创业投资项目的首轮投资和后续投资占比（2012—2021 年）

类别	2012 年	2013 年	2014 年	2015 年	2016 年	2017 年	2018 年	2019 年	2020 年	2021 年
首轮投资	80.1%	77.5%	68.1%	62.7%	69.0%	72.7%	70.9%	70.3%	64.3%	61.3%
后续投资	19.9%	22.5%	31.9%	37.3%	31.0%	27.3%	29.1%	29.7%	35.7%	38.7%

①　有效样本数为 3472 份。
②　有效样本数为 2688 份。

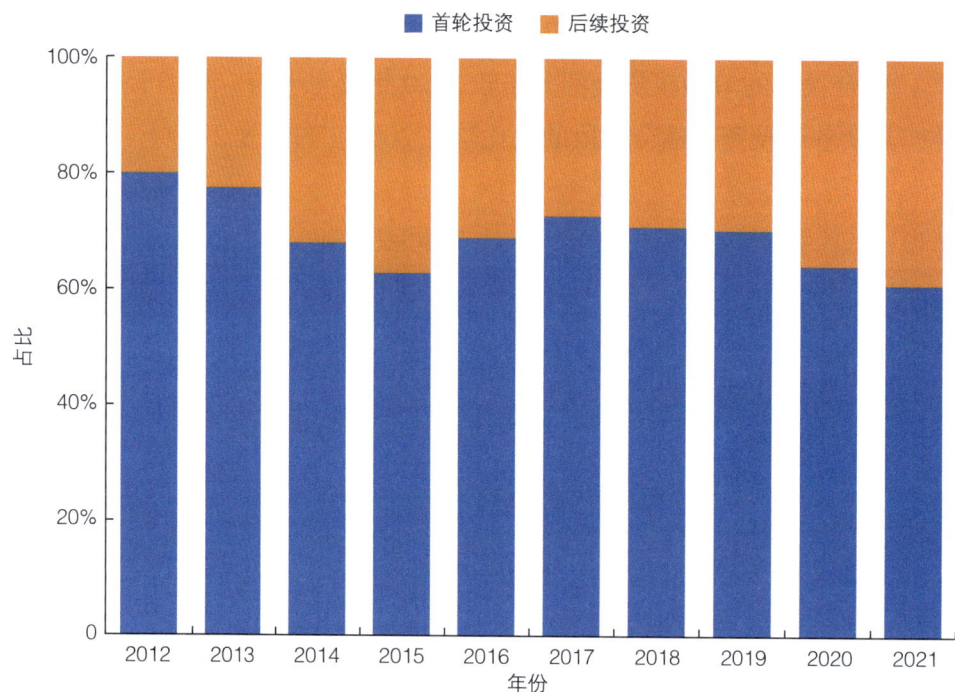

图 2-11　中国创业投资项目的首轮投资和后续投资占比（2012—2021 年）

2.5　中国创业投资机构持股结构

2021 年中国创业投资机构的持股结构 [①] 仍然以参股为主，且小额投资占比不断提升，持股比例在 10% 以下的项目首次突破 80%，从 2020 年的 78.82% 提升至 2021 年的 80.82%（表 2-21、图 2-12）。

表 2-21　中国创业投资机构持股结构分布（2012—2021 年）

年份	10% 以下	10%～20%	20%～30%	30%～40%	40%～50%	50% 以上
2012	56.29%	22.57%	9.07%	4.70%	3.00%	4.37%
2013	50.32%	25.60%	11.60%	4.40%	2.88%	5.20%
2014	50.79%	26.43%	9.30%	5.55%	4.60%	3.33%
2015	63.47%	21.88%	6.10%	2.96%	2.14%	3.46%
2016	66.97%	19.16%	5.03%	3.29%	2.41%	3.13%
2017	68.57%	18.12%	5.67%	3.11%	2.20%	2.33%
2018	66.98%	16.88%	5.77%	3.40%	2.42%	4.56%

---

① 有效样本数为 3399 份。

年份	10% 以下	10% ~ 20%	20% ~ 30%	30% ~ 40%	40% ~ 50%	50% 以上
2019	69.96%	17.54%	5.42%	2.54%	1.71%	2.83%
2020	78.82%	12.17%	3.30%	1.84%	1.41%	2.47%
2021	80.82%	11.47%	2.79%	1.62%	1.41%	1.88%

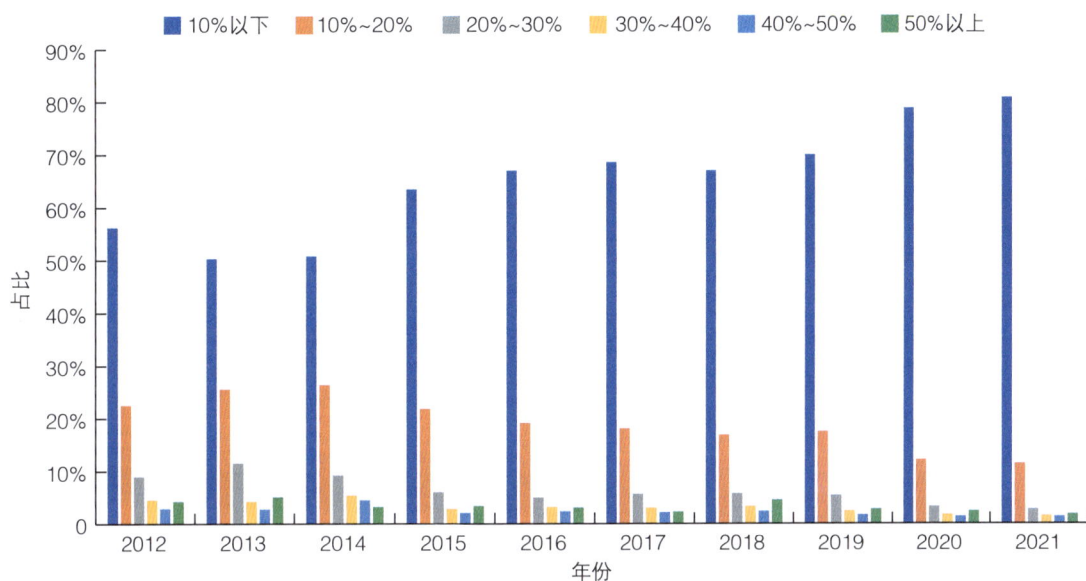

图 2-12 中国创业投资机构持股结构分布（2012—2021 年）

2.6 中国创业投资项目平均 R&D 投入

2.6.1 中国创业投资行业的平均 R&D 投入

从整体看，2021 年不同行业的平均 R&D 投入较 2020 年略有下降。2021 年，半导体仍然是投资项目中研发投入最高的行业，但平均 R&D 投入较 2020 年下降了 3768.94 万元。生物科技的投资强度则较 2020 年略有提高（表 2-22）[①]。

---

① 2021 年有效样本数为 1201 份。

表 2-22　中国创业投资不同行业的平均 R&D 投入（2020—2021 年）　　单位：万元

行业	平均 R&D 投入	
	2021 年	2020 年
半导体	8759.36	12 528.30
生物科技	8753.84	8463.03
新能源、高效节能技术	5271.67	6398.20
IT 服务业	3825.51	6363.27
软件产业	3433.81	5746.88
传统制造业	3353.24	3967.75
医药保健	3275.99	3666.82
科技服务	3274.72	3619.71
计算机硬件产业	3056.33	3411.80
通信设备	2481.43	2803.92
其他制造业	2344.46	2288.56
网络产业	1908.97	1974.13
社会服务	1876.15	1946.02
新材料工业	1598.72	1831.73
光电子与光机电一体化	1536.53	1677.15
批发和零售业	1462.88	1632.13
其他 IT 产业	1368.55	1384.58
农林牧副渔	1299.32	1271.14
建筑业	1057.70	778.91
消费产品和服务	836.24	590.69
环保工程	688.09	544.08
金融保险业	419.20	366.50
交通运输仓储和邮政业	370.95	347.00
传播与文化娱乐	285.67	173.06

2.6.2　中国创业投资概念板块的平均 R&D 投入

从概念板块看，2021 年互联网教育板块的平均 R&D 投入最多，达到 4399.66 万元；较 2020 年投入增幅较大的还有人工智能、物联网与大数据、金融科技和一二三产融合板块。

而共享经济则成为投资项目中平均 R&D 投入最少的板块，较 2020 年的投入大幅减少（表 2-23）[①]。

表 2-23　中国创业投资不同概念板块的平均 R&D 投入（2020—2021 年）　　单位：万元

概念板块	平均 R&D 投入	
	2021 年	2020 年
互联网教育	4399.66	540.31
人工智能	4301.15	3364.09
物联网与大数据	3377.54	1303.08
绿色经济	2598.88	3941.25
金融科技	2149.75	1708.21
一二三产融合	1014.88	249.86
共享经济	195.33	5109.76

2.6.3　中国创业投资不同成长阶段的平均 R&D 投入

2021 年，种子期项目的平均 R&D 投入较 2020 年大幅提升，从 2020 年的 524.31 万元提高至 2021 年的 1318.52 万元。此外，成长（扩张）期的平均 R&D 投入也有所提升。而起步期、成熟（过渡）期和重建期的平均 R&D 投入则略有下降（表 2-24）[②]。

表 2-24　中国创业投资不同成长阶段的平均 R&D 投入（2020—2021 年）　　单位：万元

阶段	平均 R&D 投入	
	2021 年	2020 年
种子期	1318.52	524.31
起步期	1917.60	2387.85
成长（扩张）期	5051.14	3884.72
成熟（过渡）期	20 548.34	31 132.30
重建期	1279.61	1335.00

---

① 2021 年有效样本数为 395 份。
② 有效样本数为 1288 份。

3

中国创业投资的退出

3.1 中国创业投资退出的基本情况 [①]

2021 年，面对纷繁复杂的国内外形势和各种风险挑战，我国高质量发展取得新成效，经济发展保持全球领先。2021 年末，A 股上市公司数量增长至 4682 家，总市值达 96.53 万亿元，规模稳居全球第二。2021 年 A 股首发上市公司共 524 家，IPO 募集资金总额达 5426 亿元，分别较 2020 年增长 20% 和 13%，数量及金额均创近年来新高，创业投资通过上市渠道退出更加便捷。2021 年，中国创业投资行业共披露了 1296 项退出项目，较 2020 年增长 165 项。从退出项目实现的收入分布情况来看，2021 年收入在 2000 万元以上的退出项目占 27.5%，较上年度略有下降；收入在 1000 万 ~ 2000 万元的退出项目占 13.7%，较上年度下降了 2.5 个百分点；而收入在 1000 万元以下的退出项目占比较上年度有所增长，这表明2021 年创业投资市场的整体收益稍有下滑（表 3-1、图 3-1）。

表 3-1　中国创业投资项目退出收入分布（2012—2021 年）

年份	100 万元以下	100 万 ~ 500 万元	500 万 ~ 1000 万元	1000 万 ~ 2000 万元	2000 万元以上
2012	19.2%	17.1%	10.5%	17.4%	35.9%
2013	21.8%	19.8%	10.6%	11.8%	35.9%
2014	15.7%	24.7%	14.4%	12.7%	32.4%
2015	10.3%	22.4%	13.8%	19.3%	34.2%
2016	16.8%	22.3%	15.3%	16.2%	29.3%

---

① 有效样本数为 1131 份。

续表

年份	100 万元以下	100 万 ~ 500 万元	500 万 ~ 1000 万元	1000 万 ~ 2000 万元	2000 万元以上
2017	15.3%	23.3%	12.6%	17.6%	31.2%
2018	12.7%	24.6%	12.5%	15.9%	34.3%
2019	15.9%	24.4%	14.6%	14.0%	31.0%
2020	16.8%	23.7%	15.6%	16.2%	27.7%
2021	16.6%	24.7%	17.5%	13.7%	27.5%

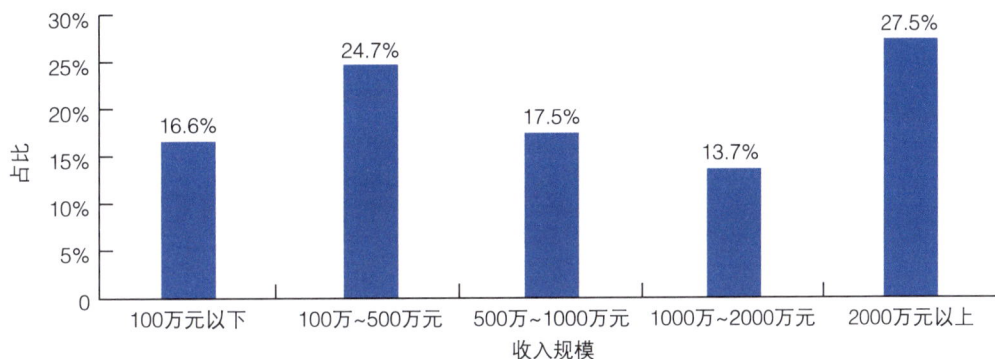

图 3-1 中国创业投资项目退出收入分布（2021 年）

3.2 中国创业投资的退出方式 [①]

3.2.1 中国创业投资的主要退出方式

按照退出方式划分（表 3-2、图 3-2），2021 年创业投资的企业项目中通过上市方式实现退出的占比为 19.51%，与 2020 年基本持平。相对而言，回购仍然是退出的主要渠道，项目占比高达 51.31%。值得注意的是，并购退出项目较上一年下降了 10.79 个百分点，而回购退出项目较上一年增长了 11.58 个百分点，这在一定程度上表明行业并购退出情况不乐观。

表 3-2 中国创业投资的退出方式分布（2012—2021 年）

年份	上市	并购	回购	清算	新三板
2012	29.41%	15.86%	45.01%	6.65%	3.07%
2013	24.33%	23.75%	44.83%	4.60%	2.49%
2014	20.72%	36.02%	36.02%	4.83%	2.41%

---

① 有效样本数为 1148 份。

年份	上市	并购	回购	清算	新三板
2015	15.51%	31.02%	37.52%	6.50%	9.45%
2016	17.32%	29.67%	40.14%	8.06%	4.80%
2017	13.66%	32.65%	34.84%	8.88%	9.97%
2018	16.23%	32.99%	39.22%	9.87%	1.69%
2019	16.75%	27.43%	42.30%	10.99%	2.51%
2020	19.28%	25.77%	39.73%	10.90%	4.32%
2021	19.51%	14.98%	51.31%	12.20%	2.00%

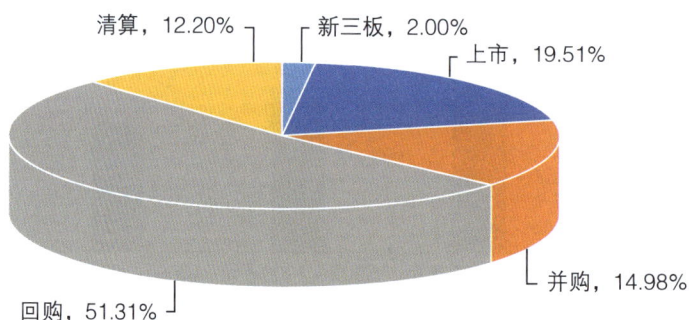

图 3-2　中国创业投资的退出方式分布（2021 年）

3.2.2　中国创业投资的 IPO 退出情况

2021 年，我国资本市场建设加速完善，中介机构职责、投资者结构、退市机制与行政执法等一整套制度体系全面铺开，为创业投资的退出提供了良好的外部环境。2021 年境内主板依然是 IPO 退出的主要渠道[①]，占比达到 36.02%，与 2020 年相比减少了 6.97 个百分点；29.86% 的企业通过境内创业板退出。值得注意的是，披露退出信息的创业投资项目中，有 31.28% 是通过境内科创板退出的，比 2020 年大幅增加了 12.59 个百分点，科创板成为创业投资行业的主流退出渠道之一。此外，受中美竞争态势影响[②]，此次调查的创业投资机构 2021 年无境外上市退出的项目（表 3-3、图 3-3）。

---

① 2021 年 4 月 6 日，深交所主板与中小板正式合并，因为中小板在发行上市、信息披露、交易机制、投资者适当性要求等主要制度安排上与主板基本保持一致，中小板经历多年发展，在部分板块特征上也与主板趋同。实施两板合并是顺应市场发展规律的现实需要，也是构建简明清晰市场体系的内在要求。

② 美国推出了《外国公司问责法案》，对赴美上市或已上市的中概股强化财务底稿核查和数据审查，企业赴美上市意愿受到一定影响。

表 3-3　中国创业投资 IPO 退出的市场分布（2012—2021 年）[①]

年份	境内主板上市	境内创业板上市	境内中小板上市	境内科创板上市	境外上市	北交所上市
2012	21.74%	38.26%	36.52%	—	3.48%	—
2013	21.26%	40.94%	30.71%	—	7.09%	—
2014	22.33%	42.72%	21.36%	—	13.59%	—
2015	48.48%	28.28%	16.16%	—	7.07%	—
2016	48.51%	29.70%	18.81%	—	2.97%	—
2017	31.31%	15.15%	48.48%	—	5.05%	—
2018	49.60%	29.60%	9.60%	—	11.20%	—
2019	51.23%	28.40%	12.96%	1.23%	6.17%	—
2020	42.99%	24.77%	9.81%	18.69%	3.74%	—
2021	36.02%	29.86%	0	31.28%	0	2.84%

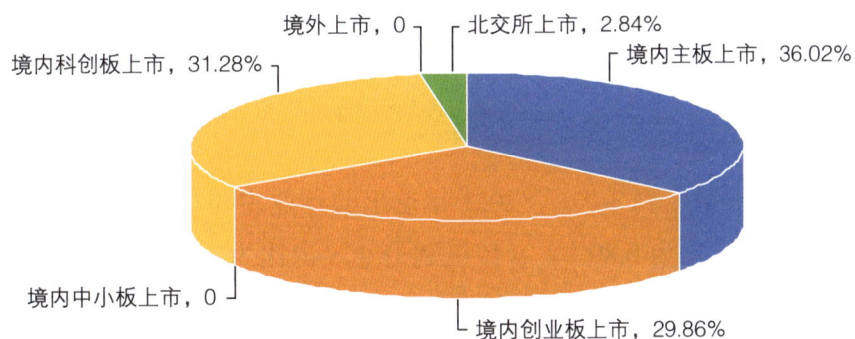

图 3-3　中国创业投资 IPO 退出的市场分布（2021 年）

3.3　中国创业投资退出项目的行业分布[②]

从一级行业划分情况来看（表 3-4），2021 年中国创业投资退出项目的行业分布基本保持稳定。其中，软件和信息服务业的退出项目合计达到 19.1%，比 2020 年增加了 1.1 个百分点，是退出最多的行业。医药生物业的退出项目占比也有所增加，达到 13.1%，位居第二。随着国家"双碳"战略的提出，新能源和环保业的退出项目合计达到 13.0%，比 2020 年增加了 2.1 个百分点。其他行业和科技服务的退出项目也有所增多。相比而言，传统制造业、其他制造业、传播与文化娱乐、金融保险业、社会服务、农林牧副渔等的退出项目占比有所下降。

---

①　有效样本数为 211 份。

②　有效样本数为 1307 份。

表 3-4　中国创业投资退出项目的行业分布（2012—2021 年）

行业	2012 年	2013 年	2014 年	2015 年	2016 年	2017 年	2018 年	2019 年	2020 年	2021 年
软件和信息服务业[①]	9.4%	11.5%	11.6%	20.3%	15.9%	18.4%	20.2%	16.1%	18.0%	19.1%
新能源和环保业[②]	22.2%	16.2%	15.2%	15.7%	17.6%	15.9%	14.8%	12.1%	10.9%	13.0%
计算机、通信设备制造业[③]	10.6%	14.0%	14.2%	9.9%	10.9%	11.2%	11.4%	11.0%	13.9%	8.2%
医药生物业[④]	11.1%	12.5%	8.3%	8.7%	10.8%	7.3%	10.0%	8.3%	10.9%	13.1%
传统制造业	14.3%	17.5%	12.2%	9.3%	8.5%	8.3%	8.9%	7.5%	7.4%	6.8%
其他行业	6.2%	3.9%	8.7%	7.3%	12.5%	11.1%	7.2%	9.4%	12.1%	12.7%
其他制造业	6.2%	8.2%	4.1%	7.5%	4.7%	6.5%	5.4%	9.1%	8.7%	7.5%
传播与文化娱乐	3.0%	2.7%	5.5%	2.3%	5.9%	3.9%	5.0%	5.0%	3.5%	3.4%
金融保险业	2.2%	3.9%	1.8%	2.9%	1.6%	2.4%	3.9%	2.8%	2.1%	1.7%
科技服务	2.2%	0.6%	1.2%	2.8%	2.4%	3.5%	3.7%	2.8%	4.1%	5.0%
农林牧副渔	6.5%	3.7%	4.3%	3.2%	3.3%	2.8%	1.1%	1.5%	1.9%	1.1%
社会服务	1.6%	0.8%	1.4%	1.5%	1.6%	2.4%	1.1%	1.6%	1.5%	1.1%

从二级细分行业来看（表 3-5），2021 年退出的行业主要集中在其他制造业（占比为 7.50%）、软件产业（占比为 6.89%）、传统制造业（占比为 6.81%）等，主要源于我国基础设施条件良好、整体投资环境稳定、制造业生产要素齐全，同时产业数字化趋势明显，相关软件企业具有良好的盈利能力和成长空间。

表 3-5　中国创业投资退出项目的行业分布（2021 年）

行业	分布比例
其他制造业	7.50%
软件产业	6.89%
传统制造业	6.81%
生物科技	6.73%

---

① 包括原有的网络产业、IT 产业、软件产业、其他 IT 产业 4 个细分的二级行业。

② 包括原有的新材料工业，新能源、高效节能技术，核应用技术，环保工程 4 个细分的二级行业。

③ 包括原有的通信设备、半导体、计算机硬件产业、光电子与光机电一体化 4 个细分的二级行业。

④ 包括原有的医药保健、生物科技 2 个细分的二级行业。

续表

行业	分布比例
医药保健	6.35%
新材料工业	6.20%
IT 服务业	6.04%
科技服务	4.97%
网络产业	4.82%
新能源、高效节能技术	4.13%
消费产品和服务	3.90%
传播与文化娱乐	3.44%
半导体	3.21%
环保工程	2.60%
光电子与光机电一体化	2.52%
金融保险业	1.68%
其他 IT 产业	1.38%
计算机硬件产业	1.30%
通信设备	1.15%
社会服务	1.07%
交通运输仓储和邮政业	1.07%
批发和零售业	1.07%
农林牧副渔	1.07%
建筑业	0.69%
水电煤气	0.31%
房地产业	0.23%
核应用技术	0.08%
采掘业	0.08%
其他行业	12.70%

3.4 中国创业投资退出项目的地区分布 [①]

近年来，中国创业投资退出项目的地区分布总体上没有明显波动，其分布与创业投资机构投资分布情况较为一致。东部地区创业投资发展相对成熟，退出项目占比也较高，其中江苏、浙江、广东、北京、上海等地区退出项目占比长期处于领先地位。

2021 年，退出项目占比排名前 10 的地区合计占比为 85.41%，较上一年度（84.59%）增加 0.82 个百分点，区域集聚效应较为明显（表 3-6、图 3-4）。

表 3-6　中国创业投资退出项目的地区分布前 10 名（2012—2021 年）

2012 年	地区	江苏	浙江	广东	湖北	北京	上海	河北	天津	安徽	湖南
	占比	35.6%	9.8%	8.4%	7.6%	7.3%	5.4%	3.8%	3.8%	3.8%	3.5%
2013 年	地区	江苏	浙江	上海	广东	北京	天津	安徽	山东	湖北	重庆
	占比	35.0%	10.6%	8.1%	7.7%	5.4%	5.2%	3.3%	3.1%	2.9%	2.7%
2014 年	地区	江苏	浙江	广东	上海	北京	湖北	辽宁	湖南	山东	天津
	占比	20.4%	13.5%	13.3%	10.2%	9.8%	3.8%	3.3%	3.1%	2.9%	2.7%
2015 年	地区	江苏	北京	浙江	广东	上海	河南	安徽	天津	湖北	四川
	占比	24.3%	13.2%	10.4%	8.6%	5.3%	4.2%	4.2%	4.1%	3.6%	3.1%
2016 年	地区	江苏	浙江	北京	广东	上海	山东	天津	安徽	福建	湖南
	占比	29.7%	12.7%	11.8%	8.0%	6.1%	4.3%	4.0%	3.5%	2.9%	2.8%
2017 年	地区	江苏	广东	浙江	北京	上海	湖南	山东	福建	重庆	湖北
	占比	20.08%	11.44%	10.88%	8.51%	7.67%	4.32%	3.91%	3.77%	3.63%	3.49%
2018 年	地区	江苏	浙江	广东	北京	上海	湖南	福建	安徽	山东	四川
	占比	17.20%	13.04%	12.90%	11.16%	6.85%	5.11%	4.97%	3.49%	3.36%	3.09%
2019 年	地区	江苏	浙江	广东	上海	北京	湖南	福建	安徽	湖北	天津
	占比	22.99%	14.00%	13.58%	8.67%	7.42%	3.97%	3.87%	3.13%	2.82%	2.72%
2020 年	地区	江苏	浙江	上海	广东	北京	安徽	山东	陕西	福建	湖北
	占比	20.03%	16.10%	10.41%	9.80%	8.05%	4.64%	4.46%	4.11%	3.67%	3.32%
2021 年	地区	江苏	浙江	北京	广东	上海	山东	湖北	湖南	陕西	福建
	占比	19.92%	19.92%	10.95%	9.13%	6.62%	5.48%	4.94%	3.73%	2.59%	2.13%

---

① 有效样本数为 1143 份。

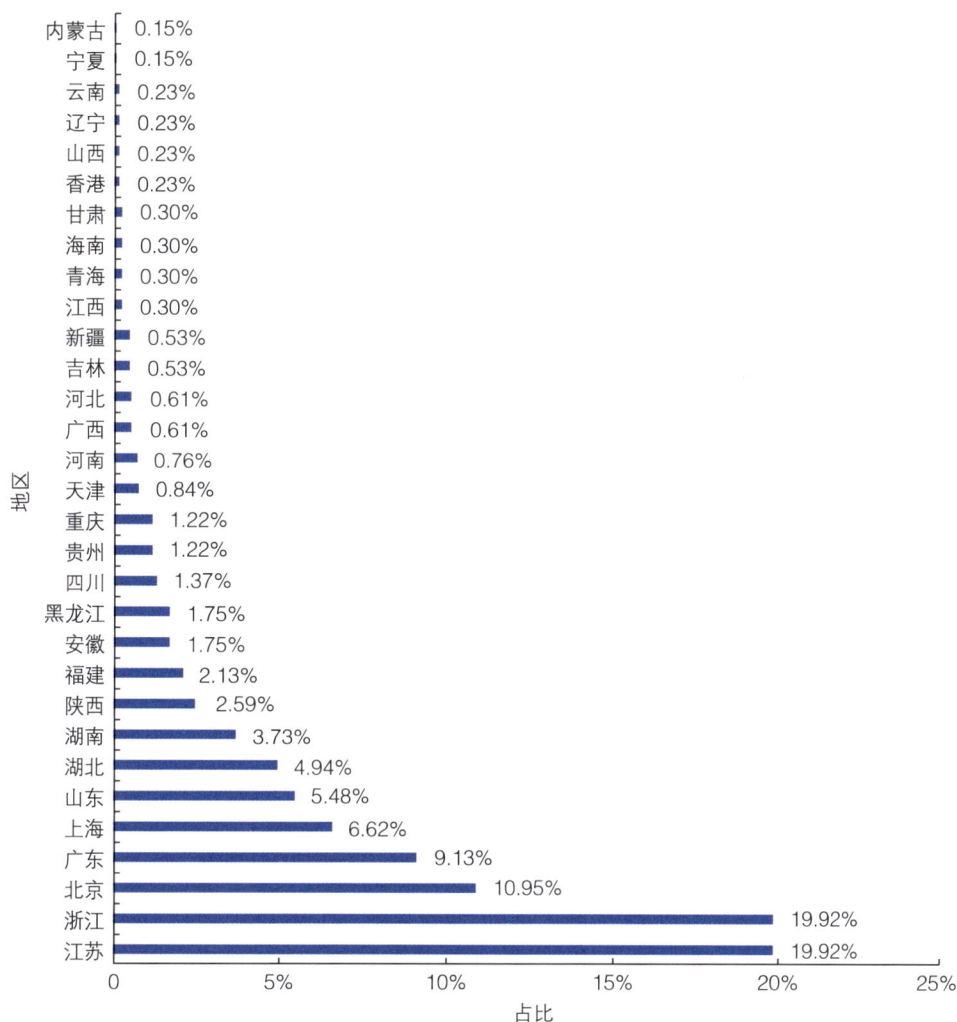

图 3-4　中国创业投资退出项目的地区分布（2021 年）

3.5　中国创业投资项目的退出绩效

3.5.1　中国创业投资项目退出的总体绩效表现

　　2021 年，监管部门继续推进注册制改革、修订退市制度，资本市场改革持续全面深化，科创板继续扩容，北京证券交易所于 2021 年 11 月 15 日正式开市运营。在面对新冠肺炎疫情给资本市场带来严重影响的挑战下，全行业的项目退出收益率仍然达到了 114.87%，较 2020 年（159.28%）下降了 44.41 个百分点。全行业投资退出步伐有所放缓，项目平均退出时间为 5.03 年（图 3-5）；行业年均收益率为 22.84%（表 3-7）。

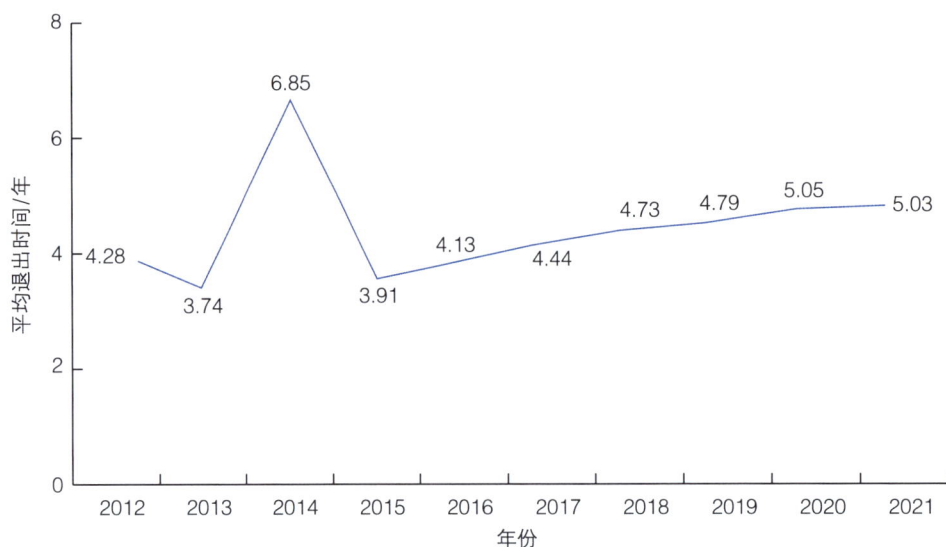

图 3-5　中国创业投资项目平均退出时间（2012—2021 年）

表 3-7　中国创业投资项目退出的投资收益率（2012—2021 年）[①]

类别	2012 年	2013 年	2014 年	2015 年	2016 年	2017 年	2018 年	2019 年	2020 年	2021 年
总体收益率	196.35%	117.70%	123.00%	260.18%	225.73%	243.35%	205.78%	236.01%	159.28%	114.87%
年均收益率	44.01%	13.85%	23.46%	32.39%	29.69%	38.33%	31.12%	41.51%	24.13%	22.84%

　　创业投资项目退出收益率分布显示（表 3-8、图 3-6）：2021 年创业投资机构发生亏损的退出项目占比为 54.9%，较 2020 年的 52.3% 增加 2.6 个百分点。此外，与 2020 年相比，收益率在 0~15%、15%~20%、20%~50%、100% 以上的项目占比有所减少，但是收益率在 50%~100% 的项目占比有所增加。

表 3-8　中国创业投资项目退出收益率分布（2012—2021 年）[②]

年份	亏损	0 ~ 15%	15% ~ 20%	20% ~ 50%	50% ~ 100%	100% 以上
2012	47.0%	8.6%	3.5%	10.5%	4.5%	25.9%
2013	67.1%	2.4%	2.7%	8.7%	2.2%	16.9%
2014	56.9%	4.7%	4.1%	9.4%	11.6%	13.3%
2015	48.9%	12.1%	3.5%	11.8%	7.4%	16.2%

---

① 　有效样本数为 6825 份。

② 　有效样本数为 1296 份。

年份	亏损	0 ~ 15%	15% ~ 20%	20% ~ 50%	50% ~ 100%	100% 以上
2016	57.0%	9.7%	2.6%	9.9%	5.8%	15.1%
2017	53.0%	7.5%	3.1%	9.4%	7.7%	19.3%
2018	45.9%	8.0%	2.3%	13.6%	11.2%	19.0%
2019	51.3%	10.0%	2.7%	13.6%	6.4%	16.0%
2020	52.3%	7.8%	3.1%	12.4%	7.0%	17.4%
2021	54.9%	6.9%	2.7%	10.8%	7.5%	17.2%

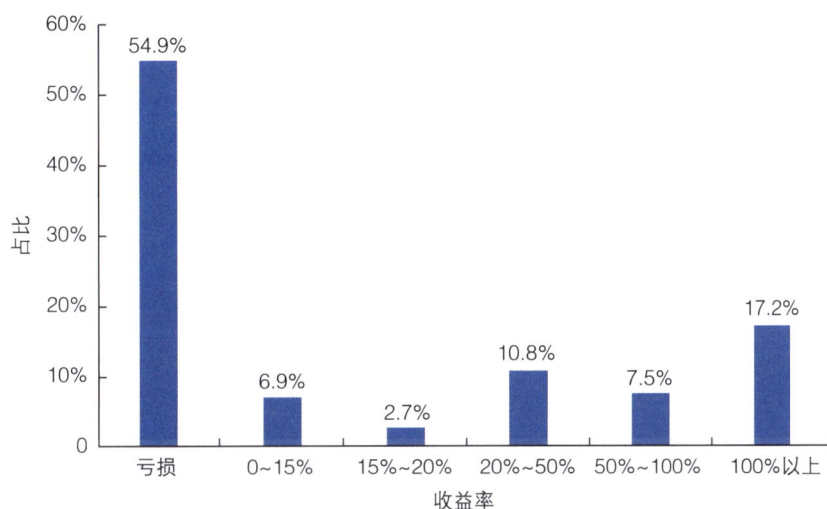

图 3-6　中国创业投资项目退出收益率分布（2021 年）

3.5.2　中国创业投资项目不同退出方式的绩效表现

总体上看，上市退出仍是收益率最高的退出方式，2021 年平均账面退出回报率达到 3.23 倍。相较而言，并购、新三板、回购等模式的退出收益率有所提升，但是值得注意的是，出现清算的项目亏损率大幅提升至 25.28%（表 3-9、图 3-7）。

表 3-9　中国不同渠道的创业投资退出项目总体收益率（2012—2021 年）[①]

年份	回购	清算	上市	并购	新三板
2012	29.18%	−15.34%	492.06%	198.29%	−32.48%
2013	−33.91%	−43.47%	448.03%	15.27%	89.79%

---

① 有效样本数为 6691 份。

续表

年份	回购	清算	上市	并购	新三板
2014	−6.93%	−34.43%	601.66%	63.53%	27.23%
2015	19.01%	−15.60%	779.27%	136.27%	16.86%
2016	−1.37%	−43.62%	891.14%	144.08%	251.10%
2017	−0.67%	−38.91%	603.08%	159.84%	50.34%
2018	9.50%	−18.49%	318.39%	90.46%	164.70%
2019	23.85%	−22.95%	594.25%	75.42%	−0.07%
2020	30.12%	−9.58%	473.86%	75.34%	27.91%
2021	31.16%	−25.28%	322.76%	110.38%	49.81%

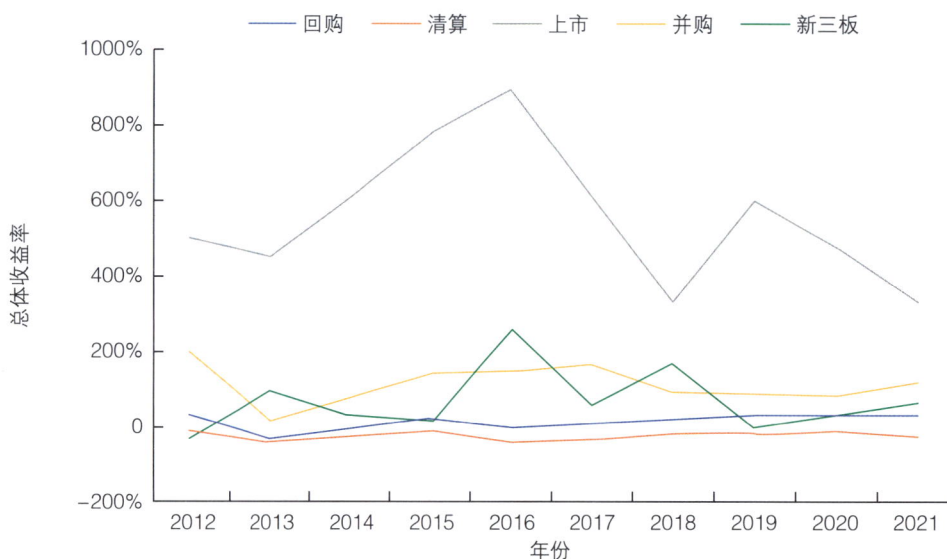

图 3-7　中国不同渠道的创业投资退出项目总体收益率（2012—2021 年）

从历年各渠道退出项目的平均收益率情况来看，多数年份上市是收益最高的退出方式，年均收益率在 100% 左右，2021 年年均收益率为 64.88%。伴随着注册制在科创板和创业板等板块的全面实施和 A 股的持续扩容，从长远来看上市退出收益率会逐步降低；随着新三板制度的改革和创新层向北交所转板的制度创新，新三板交易活跃度上升，通过新三板退出的创业投资项目年均收益率有所提高。调研显示，83.5% 的受访投资机构认为北交所的设立对创业投资机构的投资有积极的作用。此外，2021 年资本市场并购退出的年均收益率也有所回升（表 3-10、图 3-8）。

表 3-10　中国不同渠道的创业投资退出项目年均收益率（2012—2021 年）①

年份	上市	并购	回购	清算	新三板
2012	85.18%	66.40%	14.86%	−10.33%	−4.47%
2013	73.36%	2.71%	−19.23%	−8.26%	−0.90%
2014	107.19%	17.41%	−4.22%	−11.48%	12.93%
2015	114.38%	44.72%	4.05%	−2.00%	6.10%
2016	120.35%	37.58%	0.38%	−10.66%	43.89%
2017	129.72%	66.89%	−5.41%	−9.54%	9.55%
2018	67.49%	25.49%	0.20%	−4.11%	27.73%
2019	71.89%	96.90%	3.98%	−4.43%	0.11%
2020	93.92%	16.46%	6.53%	−2.92%	5.25%
2021	64.88%	24.03%	4.66%	−5.91%	7.76%

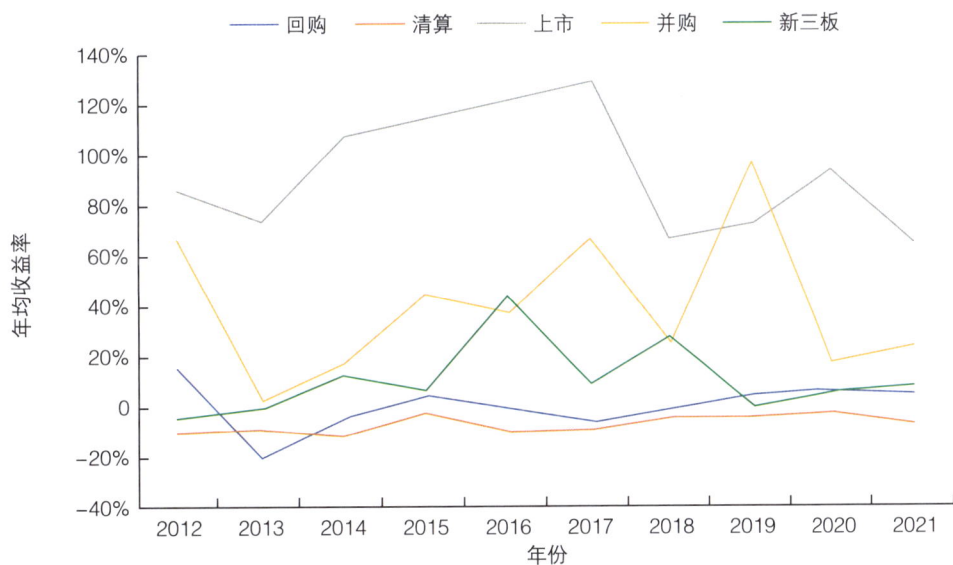

图 3-8　中国不同渠道的创业投资退出项目年均收益率（2012—2021 年）

3.5.3　中国创业投资不同行业退出的绩效表现

随着我国创业投资企业管理能力的逐步提升，无论是高新技术行业还是传统行业，退出的盈利项目占比呈上升趋势，相比而言，2021 年较 2020 年略有下滑，且高新技术领域的盈利项目占比明显高于传统行业（表 3-11、图 3-9、表 3-12、图 3-10）。

---

① 有效样本数为 5609 份。

表 3-11　中国高新技术行业创业投资退出项目盈亏情况（2012—2021 年）[①]

类别	2012 年	2013 年	2014 年	2015 年	2016 年	2017 年	2018 年	2019 年	2020 年	2021 年
亏损	44.07%	67.87%	52.76%	48.94%	55.10%	53.91%	46.84%	49.50%	50.58%	52.55%
盈利	55.93%	32.13%	47.24%	51.06%	44.90%	46.09%	53.16%	50.50%	49.42%	47.45%

图 3-9　中国高新技术行业创业投资退出项目盈亏情况（2012—2021 年）

表 3-12　中国传统行业创业投资退出项目盈亏情况（2012—2021 年）[②]

类别	2012 年	2013 年	2014 年	2015 年	2016 年	2017 年	2018 年	2019 年	2020 年	2021 年
亏损	50.78%	64.36%	61.44%	50.00%	59.73%	53.79%	49.03%	53.00%	54.35%	59.13%
盈利	49.22%	35.64%	38.56%	50.00%	40.27%	46.21%	50.97%	47.00%	45.65%	40.87%

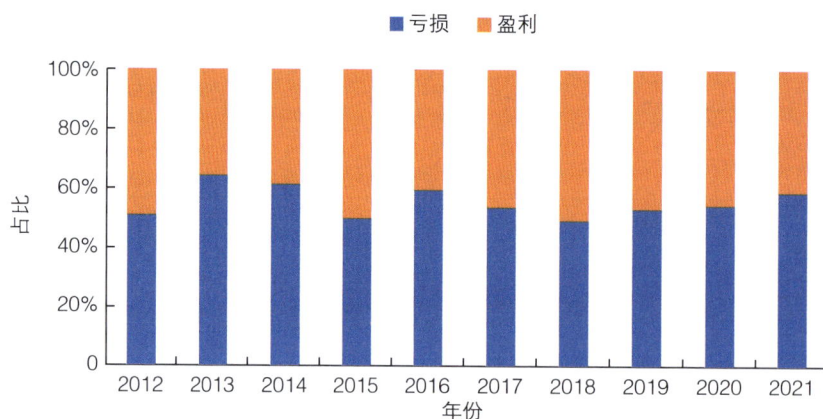

图 3-10　中国传统行业创业投资退出项目盈亏情况（2012—2021 年）

---

① 有效样本数为 603 份。

② 有效样本数为 526 份。

按细分行业划分，2021年，新能源、高效节能技术项目的账面退出回报率均值达到6.41倍（表3-13），随着碳达峰、碳中和理念的提出，新能源技术创新与颠覆性能源技术突破已经成为持续改变世界能源格局、开启全球各国碳中和行动的关键手段，预计新能源、高效节能技术产业将会迎来新一轮投资热潮，并给创投基金带来可观的退出回报。此外，传统制造业、半导体、医药保健、新材料工业、科技服务、网络产业等行业的项目退出平均收益率排名靠前，成为新一轮投资热点。

表 3-13　中国主要行业创业投资退出项目平均收益率（2021年）[1]

行业	退出平均收益率
新能源、高效节能技术	641.38%
传统制造业	150.05%
半导体	114.97%
医药保健	94.51%
新材料工业	90.80%
科技服务	76.08%
网络产业	76.03%
其他制造业	72.45%
计算机硬件产业	69.63%
其他行业	61.14%
生物科技	45.03%
软件产业	39.14%
光电子与光机电一体化	38.22%
传播与文化娱乐	38.22%
其他 IT 产业	31.47%
消费产品和服务	30.92%
通信设备	25.66%
交通运输仓储和邮政业	15.83%
环保工程	10.47%
核应用技术	9.00%

---

[1]　有效样本数为 654 份。

续表

行业	退出平均收益率
IT 服务业	7.66%
农林牧副渔	1.29%
建筑业	−3.48%
金融保险业	−26.92%
社会服务	−32.28%
批发和零售业	−39.15%
房地产业	−65.80%
水电煤气	−67.88%
采掘业	−93.75%

中国创业投资的绩效

4.1 中国创业投资机构的收入

4.1.1 中国创业投资机构的收入概况

2021 年，中国创业投资机构的投资相关业务 [①] 总收入和平均收入分别为 242.04 亿元和 1408.04 万元（图 4–1），与 2020 年相比总收入有所提高，平均收入略有降低。

图 4-1 中国创业投资机构收入趋势（2012—2021 年）

---

① 1798 家机构披露了收入相关信息，剔除异常值后，保留 1719 家机构投资相关收入数据。

2011 年以来，填写收入的机构数量逐年增加，从最初的不足 1000 家增长到超过 1700 家。2016 年以来，中国创业投资机构的平均收入整体上维持在 1500 万元的水平，2018 年和 2019 年受中美贸易摩擦和新冠病毒大流行影响，平均收入下降明显；到 2020 年，中国创业投资机构的平均收入有所反弹，再次达到约 1500 万元水平，但与历史最高水平还是有差距。

4.1.2 中国创业投资机构的收入来源结构

2021 年，1059 家[①]创业投资机构披露了取得的投资收入情况。总体而言，获得管理费收入的机构最多，而最大的收入来源是股权转让。

① 超过一半机构获得管理费收入。2021 年，有 577 家机构获得管理费收入，占样本总量的 54.49%；有 438 家机构获得分红收入，占比为 41.36%；有 374 家机构获得股权转让收入，占比为 35.32%；有 159 家机构获得咨询费收入，占比为 15.01%；只有 34 家机构从基金清算中获得收入，占比仅为 3.21%。

② 股权转让为创业投资机构带来最大收入。374 家机构获得的股权转让收入占机构全部投资相关收入的 62.81%，来自分红的收入占比为 13.84%，管理费和咨询费收入占比分别为 20.87% 和 1.36%，来自基金清算的收入占比为 1.12%（图 4-2）。

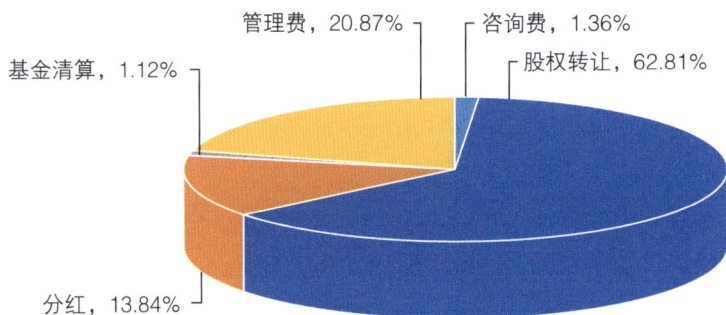

图 4-2　中国创业投资机构的收入来源结构（2021 年）

③ 管理费收入主要由创业投资管理公司获得。获得管理费收入的创业投资机构中有 73.43% 为管理公司，仅有不到 30% 的投资基金获得了管理费收入；相应地，披露收入情况的管理公司中有 65.30% 获得了管理费收入，有 23.75% 的创业投资机构获得了分红收入，有 18.00% 的创业投资机构获得了咨询费收入，有 13.54% 的创业投资机构获得了股权转让收入，有 2.41% 的创业投资机构从基金清算中获得收入。

④ 股权转让收入主要由创业投资基金获得。获得股权转让收入的机构中投资基金占 79.32%。但是大部分投资基金并未从股权转让中获得收入，披露收入的投资基金中有

---

① 仅包括各项收入大于 0 的机构。

27.21% 获得股权转让收入，有 28.77% 获得分红收入，有 12.73% 获得管理费收入，有 5.05% 获得咨询费收入，有 0.19% 获得基金清算收入。

4.1.3　中国创业投资机构当年最大收入来源[1]

2021 年统计调查[2] 显示，中国创业投资机构最大收入来源分布与往年相比未发生显著的变化，相对而言，2021 年的股权转让收入占比略低于 2020 年，但仍好于大部分年份。

① 不同最大收入来源的机构分布[3]。以股权转让为最大收入来源的创业投资机构占 30.2%，以分红为最大收入来源的创业投资机构占 20.9%，二者合计为 51.1%；以管理费或咨询费等收入为最大收入来源的创业投资机构占比为 48.0%，其中以管理费为最大收入来源的创业投资机构占比为 42.5%，以咨询费为最大收入来源的创业投资机构占比为 5.5%；以基金清算为最大收入来源的创业投资机构占比为 1.0%（图 4-3、表 4-1）。

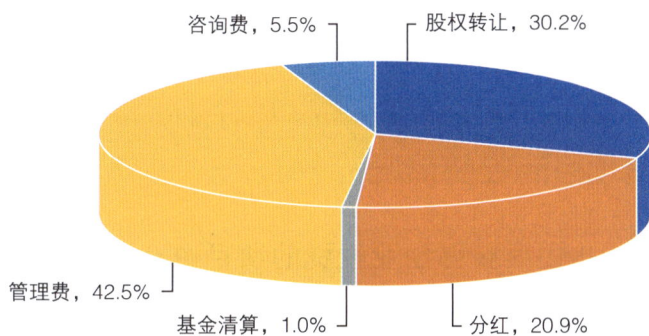

咨询费，5.5%　　股权转让，30.2%

管理费，42.5%　　基金清算，1.0%　　分红，20.9%

图 4-3　中国创业投资机构最大收入来源结构（2021 年）

② 投资基金中以股权转让为最大收入来源的机构占比为 46.7%，以分红为最大收入来源的机构占比为 32.6%，以管理费或咨询费为最大收入来源的机构占比为 20.0%。相应地，以股权投资为最大收入来源的机构中投资基金占比为 81.9%，管理公司占比不足 20%。

③ 管理公司中以管理费或咨询费为最大收入来源的机构占比为 79.5%，其中以管理费为最大收入来源的机构占比达到 71.7%；以股权转让为最大收入来源的机构占比为 11.7%，以分红为最大收入来源的机构占比为 7.6%。相应地，以管理费为最大收入来源的机构中有 79.3% 是管理公司。

---

[1]　有效样本数为 1059 份，部分机构一种以上收入来源比重并列最高，则会重复记入。

[2]　2020 年对机构收入分类进行了调整，不再区分主营业务收入和非主营业务收入，仅区分收入类别，在保留股权转让、分红、管理费和咨询费的基础上，增加基金清算，并对管理费和咨询费单独统计；取消了主营业务收入中的其他收入，单列其他收入。

[3]　由于存在一种以上收入来源比重相同且均为最大的情况，最大收入来源占比合计大于 100%。

表 4-1　中国创业投资机构最大收入来源结构（2012—2021 年）

年份	股权转让	分红	管理费、咨询费	其他
2012	34.1%	16.5%	28.9%	20.5%
2013	37.1%	15.0%	27.4%	20.5%
2014	26.9%	19.1%	30.5%	23.5%
2015	27.8%	18.8%	35.9%	17.5%
2016	25.8%	17.6%	41.3%	15.3%
2017	22.2%	17.0%	44.3%	16.5%
2018	23.2%	20.4%	39.3%	17.2%
2019	23.9%	10.2%	59.7%	6.2%
2020	32.5%	21.8%	45.3%	0.4%
2021	30.2%	20.9%	48.0%	1.0%[1]

4.2　中国创业投资项目的收益情况

调查显示，2021 年 3851 项获得创业投资的项目中有 1717 项披露了主营业务收入信息[2]。

4.2.1　中国创业投资项目的主营业务收入[3]

与 2020 年相比，2021 年创业投资机构新增投资项目主营业务收入分布情况主要变化如下（表 4-2、图 4-4）。

① 2021 年新增投资项目的主营业务收入仍然呈"W"形分布。但是 5000 万元以上和 100 万元以下的项目占比出现了分化，前者提高了 5.2 个百分点，后者则降低了 6.9 个百分点。

② 中等规模项目占比小幅上升。除主营业务收入为 100 万～500 万元的项目占比与上年持平外，500 万～1000 万元的项目、1000 万～3000 万元的项目和 3000 万～5000 万元的项目占比分别比上年提高了 1.0 个、0.5 个和 0.2 个百分点。

---

① 2020 年、2021 年为以基金清算为最大收入来源的机构占比。

② 部分项目被多家机构投资，统计中会重复记录。

③ 有效样本数为 1717 份。

表 4-2　中国创业投资项目的主营业务收入分布（2012—2021 年）

年份	100 万元以下	100 万～500 万元	500 万～1000 万元	1000 万～3000 万元	3000 万～5000 万元	5000 万元以上
2012	20.3%	7.7%	5.5%	9.8%	6.7%	49.9%
2013	29.9%	10.7%	4.6%	10.4%	5.9%	38.6%
2014	54.0%	5.8%	3.4%	8.7%	4.8%	23.3%
2015	34.9%	13.9%	6.8%	11.1%	4.2%	29.1%
2016	36.8%	13.3%	6.5%	12.2%	4.7%	26.5%
2017	28.6%	12.0%	6.4%	11.3%	6.0%	35.7%
2018	32.8%	12.8%	7.4%	11.3%	5.3%	30.5%
2019	29.4%	13.5%	7.8%	12.5%	7.2%	29.7%
2020	31.5%	10.6%	6.2%	12.4%	5.8%	33.5%
2021	24.6%	10.6%	7.2%	12.9%	6.0%	38.7%

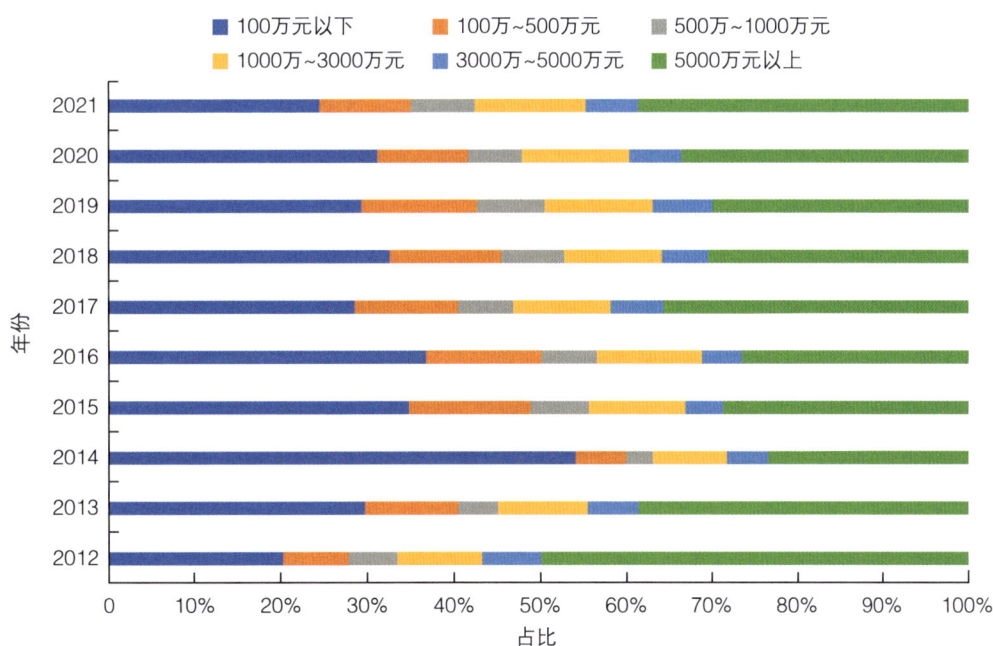

图 4-4　中国创业投资项目的主营业务收入分布（2012—2021 年）

4.2.2　中国创业投资机构投资项目的平均主营业务收入

2021 年，不同主营业务收入规模的中国创业投资机构投资项目的平均主营业务收入分化明显[1]。

———————

① 有效样本数为 1717 份。

① 小项目收入能力不强。2021 年，小规模项目收入较低，主营业务收入在 100 万元以下的项目，平均主营业务收入仅为 10.7 万元，处于近 10 年的较低水平，说明小规模项目亏损情况依然普遍（表 4-3）。

② 中型项目的收入比较平均。2021 年，主营业务收入在 100 万～500 万元、500 万～1000 万元、1000 万～3000 万元和 3000 万～5000 万元的项目收入分布相对均衡，各组别平均主营业务收入值接近组别中间值，但整体上均低于组别中间值。

③ 大项目收入下降明显。2021 年，主营业务收入在 5000 万元以上的项目平均主营业务收入超过 5 亿元，但明显低于 2020 年 ①。

表 4-3　中国创业投资机构不同规模投资项目的平均主营业务收入（2012—2021 年）　　单位：万元

年份	100 万元以下	100 万～500 万元	500 万～1000 万元	1000 万～3000 万元	3000 万～5000 万元	5000 万元以上
2012	13.0	281.0	729.0	2170.0	4030.0	37 292.0
2013	13.0	253.0	776.0	1915.0	4040.0	64 047.0
2014	33.0	290.0	725.0	1871.0	4028.0	775 370.0
2015	16.0	249.4	741.1	1775.4	3883.5	52 008.3
2016	14.6	277.9	765.2	1824.2	3948.5	33 239.5
2017	13.9	270.8	753.0	1740.0	4038.9	75 334.2
2018	14.1	277.9	757.0	1853.4	4064.4	92 073.1
2019	1.1	265.6	710.1	1873.9	4009.3	47 750.0
2020	10.8	249.1	726.0	1745.2	4137.5	85 940.4
2021	10.7	288.3	732.2	1885.3	3885.3	59 760.8

4.3　中国创业投资项目的总体运行与趋势

4.3.1　中国创业投资项目总体运行情况

截至 2021 年底，中国创业投资机构 ② 累计投资项目达到 31 996 项，其中，75.81% 的项目处于继续运行状态，7.42% 的项目被股东（管理者、同行）回购，4.07% 的项目实现了境

---

① 规模较大的被投资项目数量相对较少，但个别大项目对该组别项目的平均值影响较大，因此该组别项目的主营业务收入波动较大。

② 有效样本数为 2151 份。

内外上市（包括 3.87% 的境内上市和 0.20% 的境外上市），2.58% 的项目被境内外机构收购，清算的项目比重为 2.82%（图 4-5）。

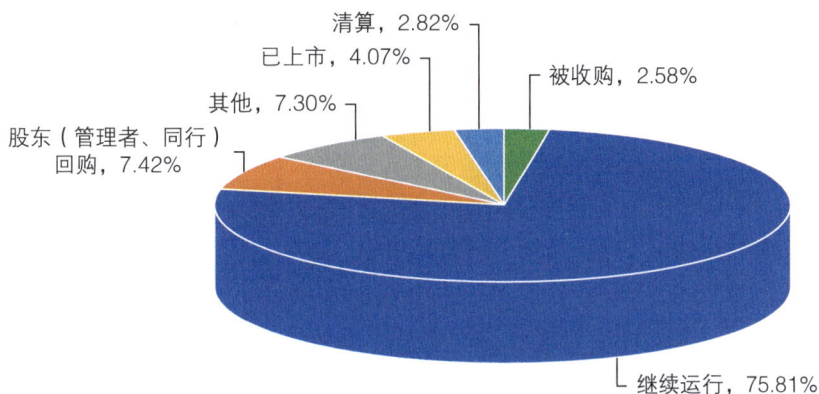

清算，2.82%
已上市，4.07%
其他，7.30%
被收购，2.58%
股东（管理者、同行）回购，7.42%
继续运行，75.81%

图 4-5 中国创业投资机构累计投资项目的总体运行情况（2021 年）

4.3.2 中国创业投资项目总体运行趋势

近 10 年来，中国创业投资机构累计投资项目的运行情况整体上处于较为平稳的结构[1]。继续运行项目的比重始终保持在 70%～80%；上市、回购和收购等退出渠道的比重分化不大，清算项目占比不高（表 4-4）。

① 继续运行的项目占比与资本市场息息相关。累计投资项目中继续运行项目占比始终在 70%～80%，整体上与境内资本市场的行情高度相关，市场表现好时继续运行项目比重会下降，市场表现差时继续运行项目比重会上升。

② 股东（管理者、同行）回购是退出的首要渠道。累计投资项目中股东（管理者、同行）回购的项目比重整体上保持在 7%～10%，仅次于继续运行项目比重，说明这是中国创业投资项目最重要的退出渠道。

③ 上市项目占比波动相对较大。累计投资项目中上市项目占比有所波动，虽然整体上保持在 5%～10%，但是相对于继续运行及股东（管理者、同行）回购而言，波动范围更大。

④ 被收购项目占比呈现上升趋势。累计投资项目中被收购项目占比整体上呈现上升趋势，2012—2014 年，被收购项目占比低于 5%，2015 年及之后的大部分年份，被收购项目占比均超过 5%。

⑤ 清算项目占比增长明显。累计投资项目中清算项目占比从低于 2% 逐步提高到超过 3%，2021 年比重略有下降。

---

① 本年度调查新增"其他"选项，约有 7.3% 的项目属于其他状态。

表 4-4　中国创业投资机构累计投资项目的总体运行情况分布（2012—2021 年）

年份	已上市		被收购		股东（管理者、同行）回购	继续运行	清算	其他
	境内上市	境外上市	被境内收购	被境外收购				
2012	6.7%	1.4%	3.3%	0.1%	8.2%	78.9%	1.4%	0
2013	5.7%	0.9%	3.8%	0.1%	11.4%	76.4%	1.7%	0
2014	6.0%	1.6%	4.4%	0.3%	7.3%	79.0%	1.4%	0
2015	8.0%	1.3%	4.9%	0.2%	9.0%	74.7%	1.9%	0
2016	6.6%	0.3%	4.8%	0.1%	9.0%	76.5%	2.7%	0
2017	7.0%	0.3%	5.4%	0.3%	8.7%	74.8%	3.5%	0
2018	6.5%	0.6%	5.6%	0.1%	8.5%	74.9%	3.8%	0
2019	4.7%	0.9%	3.6%	0.1%	7.5%	78.3%	4.9%	0
2020	6.9%	1.3%	5.1%	0.1%	11.2%	71.9%	3.5%	0
2021	3.9%	0.2%	2.5%	0.1%	7.4%	75.8%	2.8%	7.3%

4.4　中国创业投资机构的总体运行情况评价

4.4.1　中国创业投资机构对全行业发展情况的评价 [①]

2021 年，2412 家创业投资机构对全行业发展情况给出评价，整体评价分布与上年非常接近，但总体上评价偏向保守，甚至略显悲观（图 4-6）。认为全行业发展"非常好"和"较好"的机构比重达到 33.8%，较上年的 36.1% 略低，但远低于上年预期（54.1%）；而认为"不好"和"非常不好"的机构比重合计为 15.5%，略高于 2020 年的 15.1%，远高于上年预期（5.9%）；认为全行业整体发展一般的机构比重为 46.9%，与上年评价结果几乎持平，但高于上年预期（36.0%）；对行业整体发展评价不确定的比重从上年的 2.8% 提高到 3.8%。（表 4-5）。

---

① 有效样本数为 2039 份。

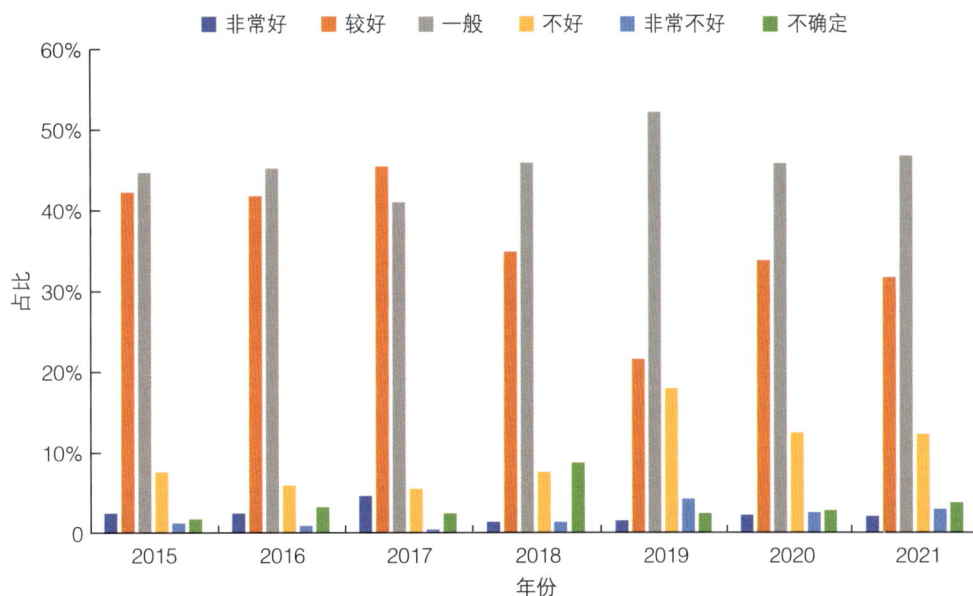

图 4-6　中国创业投资机构对全行业的整体评价分布（2015—2021 年）

表 4-5　中国创业投资机构对全行业的整体评价分布（2015—2021 年）

年份	非常好	较好	一般	不好	非常不好	不确定
2015	2.4%	42.4%	44.7%	7.6%	1.2%	1.7%
2016	2.7%	41.9%	45.3%	5.9%	1.1%	3.1%
2017	4.7%	45.6%	41.2%	5.5%	0.5%	2.5%
2018	1.4%	35.0%	45.9%	7.5%	1.4%	8.8%
2019	1.6%	21.5%	52.2%	17.9%	4.3%	2.4%
2020	2.2%	33.9%	46.0%	12.5%	2.6%	2.8%
2021	2.1%	31.7%	46.9%	12.4%	3.1%	3.8%

4.4.2　中国创业投资机构的投资前景预测 [①]

　　对于 2022 年投资前景，中国创业投资机构整体上给出了谨慎乐观的预测。40.0% 的机构对 2022 年投资前景预期乐观，其中预期"非常好"的机构占比为 2.8%，较上年低 1.4 个百分点，预期"好"的机构占比为 37.2%，较上年低 12.7 个百分点；预期"不好"和"非常不好"的机构占比提高到 12.4%，其中预期"不好"的机构占比从上年的 4.6% 提高到 10.0%（表 4-6）。

---

① 　有效样本数为 2409 份。

表 4-6　中国创业投资机构对投资前景的预测分布（2018—2022 年）

年份	非常好	好	一般	不好	非常不好	不确定
2018	7.4%	53.7%	31.3%	2.4%	0.3%	4.8%
2019	2.4%	43.5%	41.1%	4.6%	0.7%	7.6%
2020	1.7%	25.2%	44.6%	17.3%	3.5%	7.7%
2021	4.2%	49.9%	36.0%	4.6%	1.3%	4.1%
2022	2.8%	37.2%	42.7%	10.0%	2.4%	4.9%

2021 年多数机构认为宏观环境对创投业影响大 [1]，超过 70% 的机构认为"目前宏观经济对创投业的影响大"，其中 15.6% 的机构认为影响"非常大"；只有不到 5% 的机构认为"目前宏观经济对创投业的影响小"，其中认为影响非常小的机构占比仅为 0.3%。经济形势的变化也导致机构对 2022 年前景预测不确定性增加，其中 4.9% 的机构对未来预期不确定，较上年提高了 0.8 个百分点，但低于 2018 年和 2019 年（图 4-7）。

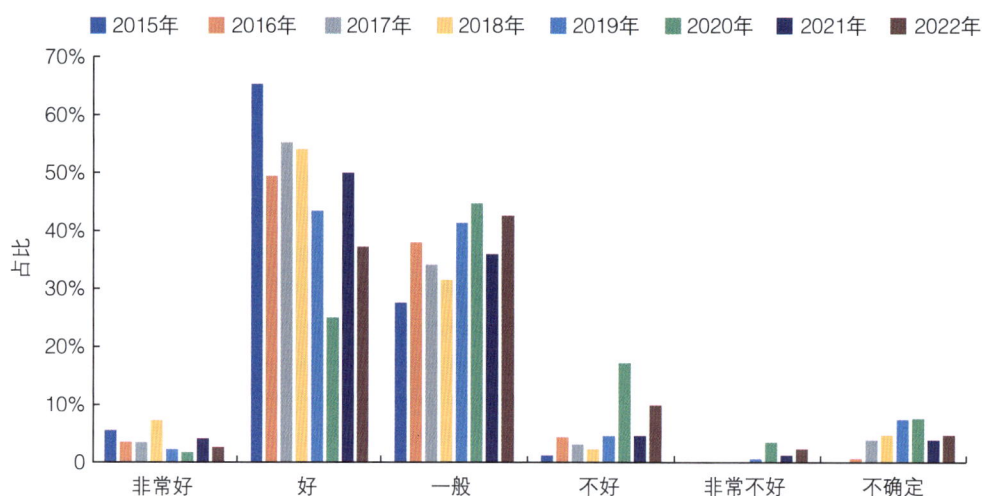

图 4-7　中国创业投资机构对投资前景的预测分布（2015—2022 年）

---

[1]　有效样本数为 2412 份。

5

中国创业投资的经营管理

5.1 中国创业投资项目来源

2021 年，创业投资的项目来源渠道仍然以"政府部门推荐""项目中介机构""朋友介绍""股东推荐"为主 [1]，合计占比为 67.6%。其中，"政府部门推荐"和"项目中介机构"占比较 2020 年略有下降，分别降低了 0.3 和 1.0 个百分点；"朋友介绍"和"股东推荐"占比较 2020 年略有增加。"科技金融服务平台"占比较 2020 年下降了 1.4 个百分点。2021 年，"项目业主"占比略高于"众创空间（孵化器）"（表 5-1、图 5-1）。总体看，"中介渠道"仍然是主要来源渠道，占比为 62.3%，"自有渠道"占比为 37.5%，二者差距较 2020 年有所缩小，从 2020 年相差 30.3 个百分点降低到 2021 年的 24.8 个百分点 [2]。

表 5-1 中国创业投资机构获取项目信息的来源渠道（2012—2021 年）[3]

年份	政府部门推荐	项目中介机构	朋友介绍	股东推荐	科技金融服务平台	项目业主	众创空间（孵化器）	其他	媒体宣传	银行介绍
2012	25.2%	18.6%	19.2%	13.2%	—	11.5%	—	3.2%	2.2%	6.9%
2013	25.5%	19.1%	19.9%	13.2%	—	10.1%	—	3.6%	2.6%	6.0%
2014	24.9%	17.1%	17.7%	14.3%	—	11%	—	3.6%	3.9%	7.4%
2015	21.3%	15.2%	14.6%	13.9%	—	11.3%	10.4%	2.7%	3.5%	7.1%

---

[1] 有效样本数量为 2422 份。

[2] 自有渠道：朋友介绍、股东推荐、项目业主；中介渠道：政府部门推荐、项目中介机构、银行介绍、媒体宣传、众创空间（孵化器）、科技金融服务平台及其他。

[3] 表格中数据按 2021 年调查数据排列，以下表格相同。

续表

年份	政府部门推荐	项目中介机构	朋友介绍	股东推荐	科技金融服务平台	项目业主	众创空间（孵化器）	其他	媒体宣传	银行介绍
2016	20.2%	15.1%	15.4%	14.1%	—	11.5%	11.3%	2.7%	3.5%	6.1%
2017	21.9%	16.0%	14.0%	11.4%	11.0%	9.5%	9.1%	3.2%	1.4%	2.5%
2018	22.5%	16.5%	12.9%	9.8%	11.7%	8.6%	10.3%	3.4%	1.8%	2.5%
2019	21.4%	17.3%	13.8%	11.4%	11.4%	9.0%	8.9%	3.1%	1.5%	2.2%
2020	21.4%	18.8%	14.5%	12.3%	10.7%	8.0%	8.3%	3.0%	1.8%	1.1%
2021	21.1%	17.8%	15.2%	13.5%	9.3%	8.8%	6.9%	3.4%	2.0%	1.8%

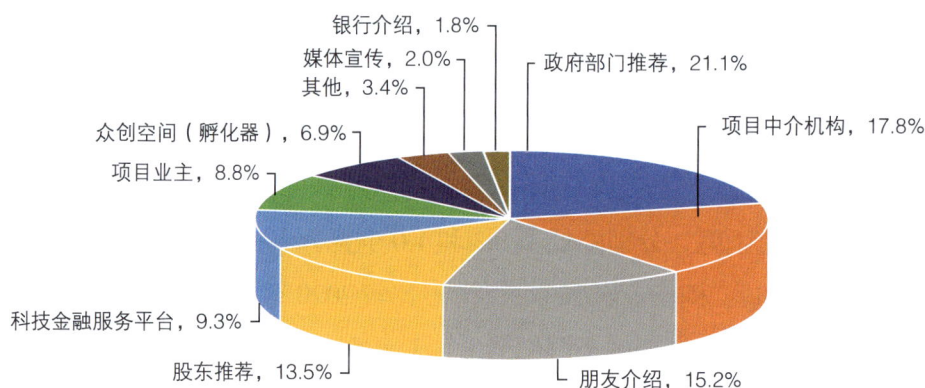

图 5-1　中国创业投资机构获取项目信息的来源渠道（2021 年）

5.2　中国创业投资决策要素

总体而言，2021 年影响创业投资机构进行投资决策的因素与 2020 年相比没有明显变化。2021 年，"市场前景""管理团队""技术因素""财务状况""盈利模式"仍然是影响创业投资机构进行投资决策的 5 个主要因素[①]（表 5-2、图 5-2），合计占比为 90.6%。

表 5-2　影响中国创业投资机构进行投资决策的因素（2013—2021 年）

年份	市场前景	管理团队	技术因素	财务状况	盈利模式	公司治理结构	股权价格	竞争对手情况	资信状况	投资地点	其他	中介服务质量
2013	24.1%	22.5%	12.7%	9.9%	12.1%	5.1%	4.5%	2.9%	3.2%	2.1%	0.3%	0.6%
2014	24.3%	21.4%	13.7%	8.8%	11.7%	5.6%	4.4%	3.3%	3.7%	2.1%	0.4%	0.7%

---

① 有效样本数为 2424 份。

年份	市场前景	管理团队	技术因素	财务状况	盈利模式	公司治理结构	股权价格	竞争对手情况	资信状况	投资地点	其他	中介服务质量
2015	20.3%	18.2%	12.7%	11.0%	10.8%	7.2%	5.8%	4.7%	5.1%	2.6%	0.6%	1.1%
2016	18.3%	17.2%	12.2%	11.6%	10.3%	8.1%	6.4%	5.4%	5.7%	3.3%	0.4%	1.1%
2017	30.5%	24.7%	17.9%	9.9%	8.3%	2.6%	2.5%	1.1%	1.3%	0.8%	0.2%	0.2%
2018	31.0%	24.1%	17.8%	9.9%	8.6%	2.9%	2.0%	1.1%	1.4%	0.8%	0.2%	0.3%
2019	30.2%	25.1%	19.1%	9.2%	8.5%	3.0%	1.6%	0.9%	1.1%	0.8%	0.1%	0.2%
2020	31.2%	24.2%	21.0%	9.2%	6.3%	3.4%	1.6%	1.1%	0.9%	0.7%	0.2%	0.1%
2021	31.5%	22.8%	21.2%	8.8%	6.3%	3.9%	2.0%	1.4%	0.9%	0.8%	0.2%	0.1%

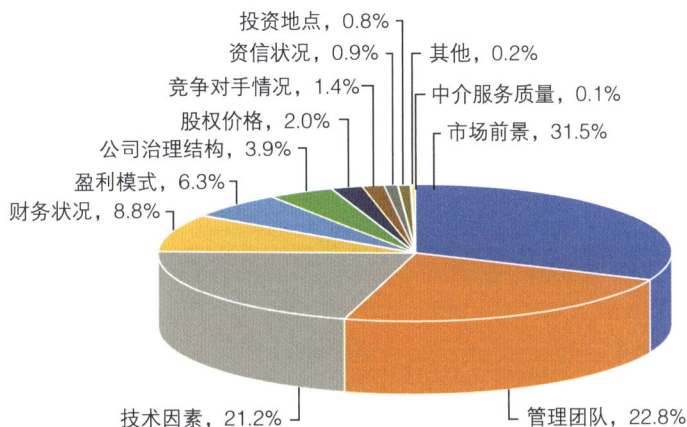

图 5-2　影响中国创业投资机构进行投资决策的因素（2021年）

5.3　中国创业投资对被投资项目的管理方式

与 2020 年相比，2021 年创业投资机构对被投资项目的管理方式没有明显变化。"提供管理咨询""董事会席位""只限监管"仍然是创业投资机构选择的主要管理方式，占比分别为 41.7%、31.7% 和 17.3%，三者占比合计为 90.79%（图 5-3）[①]。

---

① 有效样本数为 2411 份。

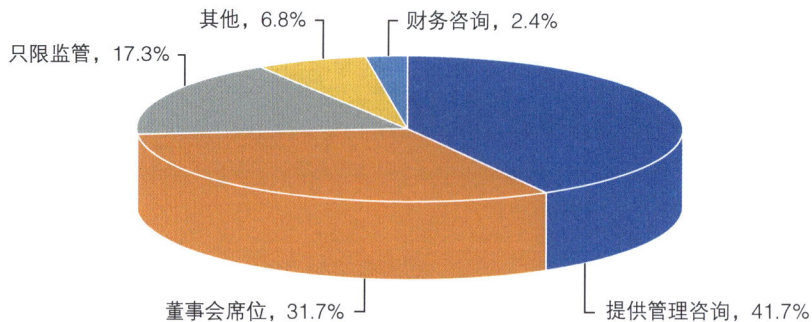

图 5-3　中国创业投资机构对被投资项目的管理方式（2021 年）

2021 年，"一般参股"作为创业投资机构的主要参股方式，占比已经连续 4 年处于上升趋势，从 2018 年的 87.6% 上升至 2021 年的 94.1%[①]（表 5-3）。与 2020 年相比，2021 年"绝对控股"和"相对控股"略有下降，分别下降了 0.6 个和 0.3 个百分点。

表 5-3　中国创业投资机构股权参与程度（2012—2021 年）

年份	绝对控股	相对控股	一般参股
2012	4.4%	11.0%	84.6%
2013	5.2%	10.2%	84.6%
2014	3.4%	12.3%	84.3%
2015	3.5%	7.0%	89.5%
2016	3.1%	7.9%	89.0%
2017	2.4%	7.4%	90.2%
2018	4.6%	7.8%	87.6%
2019	2.8%	6.2%	91.1%
2020	2.5%	4.3%	93.2%
2021	1.9%	4.0%	94.1%

5.4　与中国创业投资经营管理有关的人力资源因素

整体而言，2021 年合格的创业投资经营管理从业人员所具备的基本素质与 2020 年没有明显变化[②]。"资本运作能力"仍然是合格的创业投资人员应具备的首要素质，但占比

---

① 有效样本数为 2411 份。

② 有效样本数为 2405 份。

从 2020 年的 25.5% 降至 24.9%。"判断力和洞察力"较 2020 年下降了 1.5 个百分点,以 19.0% 占总排名的第二位。"技术背景"是合格的创业投资人员应该具备的第三个素质,占比为 18.7%。"财务管理能力"和"商务谈判能力"占比分别是 15.8% 和 12.6%,位列第四和第五。"人际关系网络和协调能力"以 8.7% 的比重位于最后(图 5-4)。

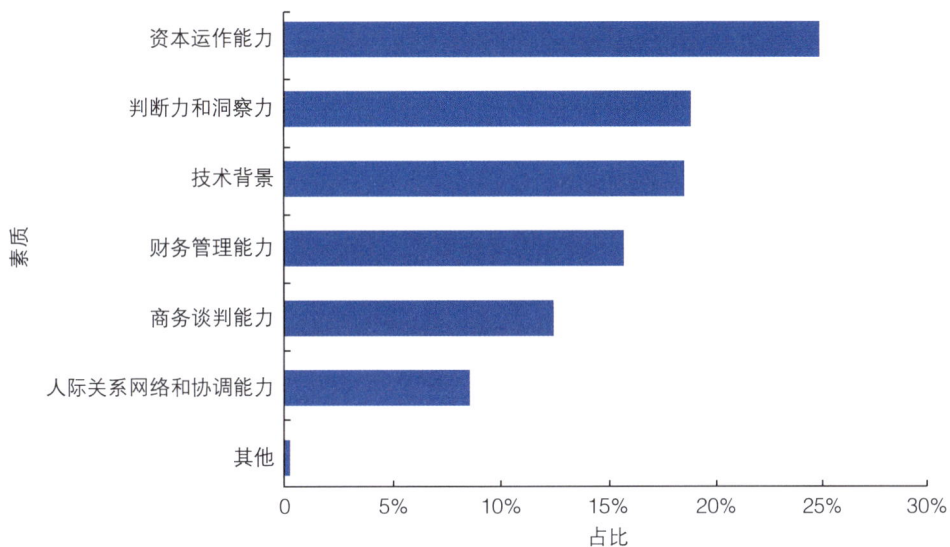

图 5-4　合格的中国创业投资人员应该具备的素质(2021 年)

图 5-5 给出了 2021 年创业投资人员缺乏的专业知识的统计情况[①]。与 2020 年相比,"技术评估"和"资本运作"仍然是创业投资人员比较缺乏的两项专业知识,占比分别为 21.9% 和 16.5%。"项目识别"替代"企业管理"成为第三个创业投资人员缺乏的专业知识,占比为 15.2%。"企业管理"从 2020 年的第三位下降到第四位,占比从 15.9% 下降到 14.3%。"技术背景"以 13.1% 的占比成为第五个缺乏的专业知识。由此可见,尽管我国创业投资已发展多年,但复合型人才仍然缺乏,创业投资人员对技术的识别与判定不佳、缺少既懂金融又懂技术的复合型人才仍在一定程度上制约着创业投资的发展。"法律知识""财务管理能力""商务谈判能力"占比分别为 7.1%、6.4%、4.3%。

---

① 有效样本数为 2388 份。

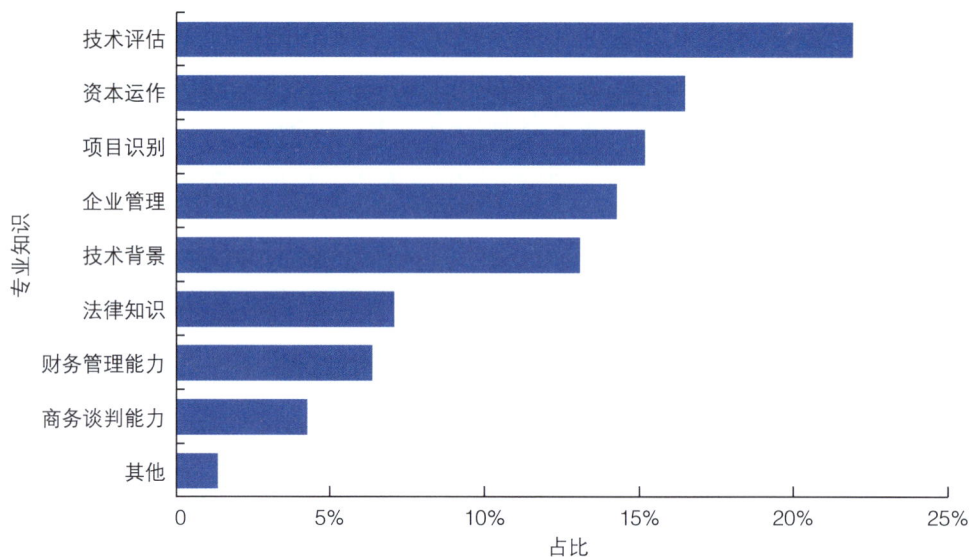

图 5-5 中国创业投资人员缺乏的专业知识（2021 年）

5.5 中国创业投资机构投资效果不理想的主要原因

2021 年，"政策环境变化"以 20.7% 的占比成为投资效果不理想的主要原因，"市场竞争"成为影响投资效果的第二个原因，占比从 2020 年的 19.1% 上升至 2021 年的 20.2%，"退出渠道不畅"占比较 2020 年略有下降，说明我国在北交所、科创板等多层次资本市场的建设具有一定成效。"技术不成熟""后续融资不力""内部管理水平有限"占比都略有下降，分别从 2020 年的 14.2%、14.3% 和 14.2% 下降到 2021 年的 13.4%、13.3% 和 12.4%（表 5-4、图 5-6）。

表 5-4 中国创业投资机构投资效果不理想的主要原因（2013—2021 年）[①]

年份	政策环境 变化	市场竞争	退出渠道 不畅	技术不 成熟	后续融资 不力	内部管理 水平有限	缺乏诚信	其他
2013	26.7%	18.2%	26.6%	6.8%	5.7%	8.4%	3.1%	4.6%
2014	23.4%	19.4%	25.4%	7.1%	8.0%	9.5%	2.6%	4.6%
2015	23.7%	17.6%	26.2%	6.7%	8.4%	10.3%	2.4%	4.7%
2016	23.2%	17.0%	25.9%	7.7%	9.1%	10.4%	2.2%	4.5%
2017	17.3%	18.3%	18.5%	12.4%	11.5%	17.1%	3.9%	1.0%
2018	18.7%	17.4%	20.8%	11.8%	13.1%	13.9%	0.9%	3.4%

---

① 有效样本数为 2399 份。

续表

年份	政策环境变化	市场竞争	退出渠道不畅	技术不成熟	后续融资不力	内部管理水平有限	缺乏诚信	其他
2019	17.4%	18.2%	19.4%	12.9%	14.4%	14.2%	2.9%	0.6%
2020	17.6%	19.1%	17.1%	14.2%	14.3%	14.2%	2.7%	0.6%
2021	20.7%	20.2%	16.7%	13.4%	13.3%	12.4%	2.2%	1.1%

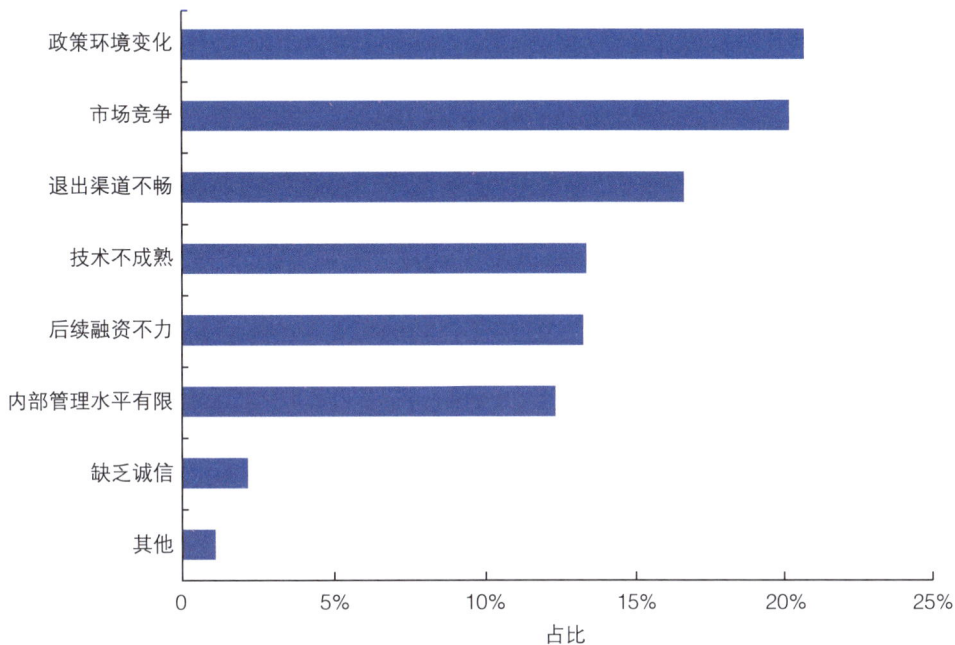

图 5-6　中国创业投资机构投资效果不理想的主要原因（2021年）

2021 年我们继续对机构首选退出渠道进行跟踪调查。调查结果显示，"国内主板市场"仍然是各个机构上市的首选渠道[①]，但占比较 2020 年略有下降，从 48.7% 下降了 0.7 个百分点至 48.0%。随着科创板、北交所等多层次资本市场建设的不断完善，选择国内创业板的比例正在下降，从 2020 年的 32.7% 下降至 22.7%，下降了 10 个百分点，而将科创板作为首选的投资占比高达 21.4%[②]，选择北交所的比例也有 3.5%（图 5-7）。

---

① 有效样本数为 2029 份。

② 2020 年我们也针对科创板是否对投资机构有积极作用进行了调查，2036 份有效调查结果显示，有 89.9% 的机构认为"科创板对创业投资具有积极意义"。

科创板，21.4%　　　海外证券市场，1.0%

新三板，3.4%　　　国内主板市场，48.0%

国内创业板，22.7%　　　北交所，3.5%

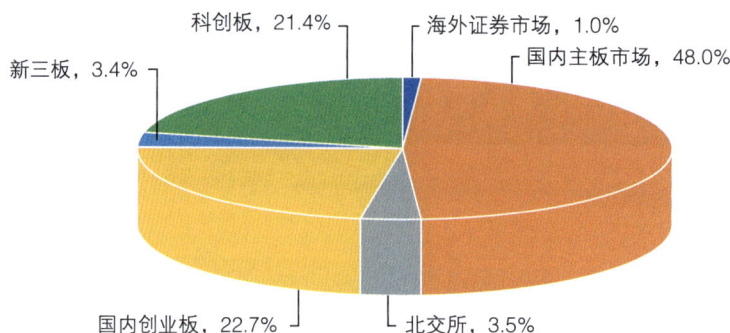

图 5-7　中国创业投资机构上市退出渠道的首选（2021 年）

5.6　中国创业投资机构最看好的投资领域

总体来看，2021 年创业投资机构最看好的投资领域仍然与国家政策息息相关，关系到国计民生、受到政策支持的行业更容易受到创业投资机构的关注。具体而言，包含人工智能行业的"计算机、通信等电子设备制造业"和"新能源环保行业"仍然是创业投资机构最看好的两个领域，占比均为 25.3%，"医药与生物科技"占比为 24.3%[①]（图 5-8）。

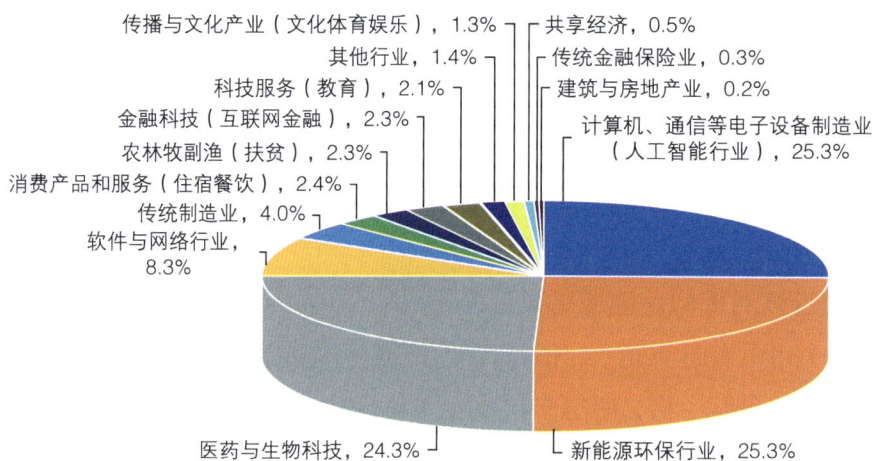

传播与文化产业（文化体育娱乐），1.3%　　　共享经济，0.5%

其他行业，1.4%　　　传统金融保险业，0.3%

科技服务（教育），2.1%　　　建筑与房地产业，0.2%

金融科技（互联网金融），2.3%

农林牧副渔（扶贫），2.3%　　　计算机、通信等电子设备制造业（人工智能行业），25.3%

消费产品和服务（住宿餐饮），2.4%

传统制造业，4.0%

软件与网络行业，8.3%

医药与生物科技，24.3%　　　新能源环保行业，25.3%

图 5-8　中国创业投资机构最看好的投资领域（2021 年）

---

① 有效样本数为 2411 份。

中国创业投资区域运行状况

6.1 中国创业投资机构地区分布

根据调查统计，2021 年中国创业投资机构总数达 3568 家，比 2020 年增加 278 家，增长率是 8.45%，增速比 2020 年有所下降。进一步分析发现，2021 年中国创业投资基金数量增加，达 2496 家，比 2020 年增加 304 家，增长率是 13.87%；相比之下，创业投资管理机构数量比 2020 年减少了 26 家，为 1072 家，降幅是 2.37%。

2021 年，中国创业投资机构已经分布在全国 31 个省、自治区和直辖市（表 6-1），特点如下。

① 整体上，中国创业投资机构仍旧呈现东部沿海和经济发达地区大量集中、中部地区保持发展态势、西部地区数量较少的发展特点。

② 浙江、江苏和北京的创业投资机构数量位居全国前三。这 3 个地区的创业投资机构数量明显高于其他地区，近两年的排序也完全相同；三地机构数量合计占全国机构总数的比重达 59.1%，与 2020 年基本相同，显示出这 3 个地区创业投资发展持续平稳的特点。其中，浙江创业投资机构数量稳居全国第一，比 2020 年增加 162 家；江苏依旧排在第二位，但机构数量连年减少，比 2020 年减少 69 家；北京排在第三，机构数量较 2020 年增加 55 家。进一步分析发现，浙江、江苏和北京的创业投资机构中，管理机构数量和占比与 2020 年相比均出现下降；北京市尤为典型，北京市创业投资管理机构有 199 家，占北京市创业投资机构总体数量的 35.5%，低于 2020 年的 53%。

③ 广东、上海、山东和湖南的创业投资机构数量继续保持在国内前列，数量都在 100家以上。其中，上海的创业投资机构数量增加较多，2021 年达到 231 家；湖南增加 16 家，总数首次突破 100 家。

④ 部分地区，尤其是西部不发达地区的创业投资机构数量较少，机构数量大多在 10 家以下，包括宁夏、吉林、云南、海南、青海、西藏和内蒙古等，与往年情况基本相同。

表 6-1　中国各地区创业投资机构数量（2021 年）　　　　　单位：家

地区	创业投资机构总数	创业投资基金总数	创业投资管理机构总数
浙江	920	726	194
江苏	628	491	137
北京	561	362	199
广东	296	198	98
上海	231	177	54
山东	195	127	68
湖南	103	57	46
陕西	99	32	67
天津	68	45	23
福建	52	26	26
湖北	47	29	18
重庆	45	17	28
山西	42	19	23
安徽	40	32	8
贵州	34	29	5
黑龙江	31	22	9
四川	31	14	17
河南	27	14	13
河北	21	19	2
辽宁	18	14	4
广西	17	10	7
江西	12	9	3
新疆	12	5	7
甘肃	10	10	0
宁夏	9	0	9
吉林	8	6	2
云南	4	2	2

地区	创业投资机构总数	创业投资基金总数	创业投资管理机构总数
海南	2	0	2
青海	2	2	0
西藏	2	1	1
内蒙古	1	1	0

6.2 中国创业投资管理资本的地区分布

表 6-2 显示了 2021 年中国创业投资管理资本的地区分布。2021 年，全国创业投资机构的管理资本规模达 13 035.27 亿元，继续保持良好的增长势头，增速达 16.8%，比 2020 年增加 5.1%，显示出中国创业投资行业在经受新冠肺炎疫情冲击的不利环境下仍有较强的韧性和活力。2021 年，中国创业投资管理资本呈现如下地区特征。

① 与 2019 年、2020 年类似，国内创业投资的管理资本主要集中在东部经济发达地区，东部和西部地区的差距仍较为明显。东部的北京、江苏、浙江和广东的创业投资管理资本规模在千亿元以上，而西藏、内蒙古等地的创业投资管理资本规模不超过 1 亿元。

② 与 2020 年一样，北京、江苏、浙江、广东和上海 5 个地区创业投资管理资本依旧位列全国前五。这 5 个地区创业投资管理资本合计是 8970.03 亿元，比 2020 年增加 179.1 亿元；其占比为 68.8%，比 2020 年少了 10 个百分点，这与国内其他地区创业投资管理资本增幅较大有关。其中，北京、江苏、浙江的创业投资管理资本总量位居前三，北京和江苏的排名与 2020 年一样，分列第一和第二，浙江则超越广东排名第三。值得注意的是，广东的创业投资机构数量远少于浙江，但是管理资本规模却和浙江相近，显示出浙江的创业投资机构规模相对较少，这与浙江民营经济占主导有一定关系。

③ 位列第二集团地区的创业投资管理资本规模整体继续增加。陕西、河南、山东、湖南、天津、重庆、新疆、安徽、福建、四川、湖北和黑龙江地区的创业投资管理资本规模都在 100 亿元以上，其中陕西、河南、山东、湖南等地的创业投资管理资本规模都在 500 亿元以上。

④ 部分经济欠发达地区的创业投资管理资本规模较大。2021 年，新疆、宁夏和甘肃等地的创业投资管理资本规模都在 50 亿元以上，其中新疆创业投资管理资本规模达到 253.75 亿元。

⑤ 部分西部地区创业投资仍不发达，管理资本相对较少。例如，青海、贵州、西藏和内蒙古等地的创业投资管理资本规模都在 5 亿元以下，显示出这些地区具有较大的发展空间。

表 6-2 中国创业投资管理资本的地区分布（2021年）　　　　　单位：亿元

地区	管理资本总额
北京	3240.55
江苏	2705.54
浙江	1316.39
广东	1105.61
上海	601.94
陕西	535.65
河南	530.35
山东	523.11
湖南	520.20
天津	295.76
重庆	271.75
新疆	253.75
安徽	229.34
福建	166.84
四川	158.13
湖北	139.97
黑龙江	103.95
宁夏	75.95
甘肃	60.67
山西	57.84
吉林	41.92
河北	37.43
辽宁	20.59
云南	15.01
广西	14.22
青海	4.00
江西	3.51
海南	1.76
贵州	1.64
内蒙古	1.00
西藏	0.90

6.3 中国各地区创业投资机构的规模分布

表 6-3 显示了 2021 年中国各地区创业投资机构的管理资本规模分布。

2021 年，国内大部分地区创业投资机构的管理资本低于 5000 万元。例如，西藏、江西、宁夏、山西、海南、广西、浙江、河北、广东、辽宁、贵州、新疆等地管理资本在 5000 万元以下的创业投资机构数量占比不低于 30%。浙江有超过 1/3 的创业投资机构管理资本在 5000 万元以下，管理资本超过 5 亿元的机构数量占比只有 7.71%，这也解释了为何浙江创业投资机构数量排名首位而管理资本总量只排在第三位。

北京创业投资机构的管理资本规模较大，管理资本在 5 亿元以上的机构数量占比是 58.91%，这与北京的首都位置、众多金融机构总部和高科技企业在北京聚集等因素有关。

虽然江苏和广东的小规模创业投资机构数量较多，但是管理资本在 5 亿元以上的机构数量同样较多，占比都在 15% 左右，这可能是两个地区创业投资管理资本总量位居前列的原因。

表 6-3 中国各地区创业投资机构的管理资本规模分布（2021 年）

地区	5000 万元以下	5000 万~1 亿元	1 亿~2 亿元	2 亿~5 亿元	5 亿元以上
安徽	8.57%	11.43%	25.71%	28.57%	25.71%
北京	7.75%	5.43%	6.98%	20.93%	58.91%
福建	28.89%	6.67%	22.22%	17.78%	24.44%
甘肃	0	0	50%	20%	30%
广东	37.04%	13.58%	19.34%	14.4%	15.64%
广西	47.06%	29.41%	11.76%	11.76%	0
贵州	33.33%	27.27%	21.21%	15.15%	3.03%
海南	50%	0	50%	0	0
河北	37.50%	25.00%	18.75%	6.25%	12.50%
河南	29.17%	12.50%	25.00%	16.67%	16.67%
黑龙江	13.33%	20.00%	33.33%	20.00%	13.33%
湖北	16.67%	26.19%	14.29%	30.95%	11.90%
湖南	28.89%	14.44%	15.56%	18.89%	22.22%
吉林	16.67%	0	16.67%	33.33%	33.33%
江苏	29.11%	14.65%	19.17%	22.24%	14.83%

地区	5000万元以下	5000万~1亿元	1亿~2亿元	2亿~5亿元	5亿元以上
江西	77.78%	0	22.22%	0	0
辽宁	35.71%	21.43%	7.14%	28.57%	7.14%
内蒙古	0	0	100%	0	0
宁夏	57.14%	0	14.29%	0	28.57%
青海	0	0	50%	50%	0
山东	29.25%	14.29%	20.41%	22.45%	13.61%
山西	57.14%	16.67%	9.52%	11.90%	4.76%
陕西	23.08%	12.09%	25.27%	24.18%	15.38%
上海	24.66%	8.22%	15.07%	28.77%	23.29%
四川	27.59%	20.69%	24.14%	13.79%	13.79%
天津	22.41%	18.97%	29.31%	15.52%	13.79%
西藏	100%	0	0	0	0
新疆	30%	10%	20%	20%	20%
云南	0	0	0	0	100%
浙江	39.24%	20.25%	17.61%	15.19%	7.71%
重庆	29.55%	4.55%	27.27%	13.64%	25.00%

6.4 中国各地区创业投资机构的资本来源

6.4.1 按资本来源的机构性质划分

从资本来源的机构性质看，表6-4显示了2021年中国各地区创业投资机构的资本来源。

（1）政府依然是国内大部分地区创业投资机构的主要资金来源

以国有独资投资机构、政府引导基金和其他政府财政资金为代表的政府资金仍然是国内大部分地区创业投资机构的主要资金来源。在经济欠发达地区，政府在推动地区创业投资发展中的作用明显。数据显示：财政资金占比超过50%的地区有18个，而内蒙古、吉林、宁夏和青海的财政资金占比都在90%以上，安徽、甘肃和贵州的财政资金占比都在80%以上；湖南、贵州、甘肃和安徽是以国有独资投资机构为主，财政资金占比超过了50%。

绝大部分地区都通过设立政府引导基金来推动创业投资的发展，2021 年有 29 个地区设立了政府引导基金，比 2020 年多一个地区。其中，宁夏、青海、天津、陕西、河北、山西和黑龙江主要以政府设立引导基金方式支持创业投资发展，政府引导基金占比超过了 30%。

（2）民营机构是很多地区创业投资机构的重要资金来源

2021 年有 29 个地区的创业投资机构资本中包括民营资本，显示出民营机构对创业投资的重视程度。其中，民营资本占比较高的地区有海南、浙江、江西、山东、福建和天津等。

（3）个人投资者是中国创业投资机构资本的有益补充

2021 年，有 26 个地区的创业投资机构资本中包含个人资本，比 2020 年减少 2 个。其中，个人资本占比较高的地区有西藏、江西、四川、广西、浙江、广东和北京。

（4）部分地区混合所有制投资机构的资金占比较高

与 2020 年一样，2021 年有 24 个地区的创业投资机构资本来源于混合所有制投资机构。其中，混合所有制投资机构资金占比较高的地区有重庆、云南、辽宁和北京。

（5）外资参与国内创业投资的地区在减少

2021 年，有 7 个地区的创业投资机构资本有外资参与，比 2020 年减少 3 个，而且外资资金占比都比较低。其中，占比最高的是北京，占比为 12.1%，其次是四川和广西，占比分别为 2.9% 和 2.1%，其余地区的占比都在 1% 以下。

表 6-4　中国各地区创业投资机构的资本来源（按机构性质）（2021 年）

地区	个人	国有独资投资机构	混合所有制投资机构	境内外资机构	境外机构	民营机构	其他	其他政府财政资金	政府引导基金	非营利组织
安徽	1.2%	54.9%	0.2%	0.1%	0	6.9%	3.1%	17.1%	16.5%	0
北京	10.5%	20.3%	14.2%	3.0%	12.1%	18.4%	3.8%	6.2%	11.1%	0.3%
福建	7.5%	28.2%	5.1%	0	0	29.0%	6.3%	9.3%	14.7%	0
甘肃	0	56.1%	7.0%	0	0	4.1%	3.4%	5.5%	23.9%	0
广东	15.1%	29.2%	7.8%	0.1%	0	22.1%	6.5%	8.4%	10.8%	0
广西	30.2%	23.8%	0.1%	0	2.1%	4.9%	16.8%	4.8%	17.2%	0
贵州	4.8%	58.3%	0.5%	0	0	7.7%	4.2%	6.3%	18.1%	0
海南	0	0	0	0	0	97.1%	0	0	2.9%	0
河北	1.3%	10.8%	0.1%	0	0	8.8%	10.3%	24.2%	44.5%	0
河南	0.1%	40.4%	1.3%	0	0	2.5%	39.4%	1.1%	15.4%	0

地区	个人	国有独资投资机构	混合所有制投资机构	境内外资机构	境外机构	民营机构	其他	其他政府财政资金	政府引导基金	非营利组织
黑龙江	2.6%	19.1%	0	0	0	6.4%	13.0%	24.5%	34.3%	0
湖北	5.5%	5.3%	3.2%	0	0	25.2%	37.5%	1.9%	21.5%	0
湖南	6.1%	60.1%	7.3%	0	0	10.3%	8.8%	3.2%	4.2%	0
吉林	0	30.4%	0.2%	0	0	5.2%	0.2%	57.2%	6.8%	0
江苏	7.3%	31.9%	3.8%	0.5%	0.6%	14.8%	16.8%	7.5%	16.9%	0
江西	54.2%	2.9%	0	0	0	35.9%	0	0	7.1%	0
辽宁	2.5%	45.3%	22.2%	0.4%	0	12.1%	6.7%	0.5%	10.3%	0
内蒙古	0	0	0	0	0	0	0	100.0%	0	0
宁夏	6.0%	1.9%	0.1%	0	0	1.4%	0.30%	0	90.3%	0
青海	6.3%	36.8%	0	0	0	3.3%	0	0	53.8%	0
山东	3.7%	21.4%	1.1%	0	0.1%	35.6%	11.4%	13.5%	13.2%	0
山西	2.3%	16.0%	5.1%	0	0	8.4%	19.9%	5.7%	42.6%	0
陕西	1.2%	10.5%	0.3%	0	0	9.6%	24.7%	3.0%	50.7%	0
上海	7.3%	0	0	0	0	7.8%	62.2%	0	22.6%	0
四川	51.4%	24.7%	2.0%	0	2.9%	5.6%	0.5%	4.9%	7.6%	0.4%
天津	2.9%	12.4%	5.2%	0	0.2%	27.2%	0.1%	0.4%	51.5%	0
西藏	100.0%	0	0	0	0	0	0	0	0	0
新疆	0.3%	41.8%	1.9%	0	0	2.9%	49.8%	0.2%	3.2%	0
云南	0	39.0%	42.7%	0	0	3.7%	0	2.0%	12.5%	0
浙江	16.0%	8.4%	7.7%	0.3%	0.3%	55.2%	1.2%	0.8%	10.1%	0
重庆	3.3%	21.8%	46.0%	0	0	17.5%	4.9%	3.6%	3.0%	0

6.4.2 按金融资本类型划分

从金融资本／非金融资本角度来看，表6-5显示了2021年中国各地区创业投资机构的资本来源。

（1）非金融资本依旧是中国各地创业投资机构的主要资本来源

与往年相同，国内各地区创业投资机构的资本仍旧主要是非金融资本，其中非金融资本占比较高的地区是安徽、江西、江苏、四川、贵州、辽宁和山东等。

值得注意的是，一些地区创业投资机构的资本来自基金的比例较高，如内蒙古、西藏、浙江、宁夏等地，其中内蒙古、西藏的创业投资资本全部来源于基金。

（2）银行是个别地区创业投资资本的重要来源

2021年，共有16个地区的创业投资资本来源于银行，比2020年减少4个。其中，个别地区银行资金占比较高，如占比最高的新疆为47.2%，广西排第二位，占比为24%；山东排第三位，占比为8.1%。

（3）证券、信托、保险是部分地区创业投资资本的有益补充

2021年，国内很多地区的创业投资都获得了证券、信托和保险等公司的支持。来源于证券机构投资的地区是11个，较2020年增加3个；来源于信托机构投资的地区数量与2020年相同，仍是8个；来源于保险机构投资的地区是4个，较2020年增加1个。

值得注意的是，2021年，上海创业投资资本主要来源于证券机构，资金占比达49.9%。重庆的创业投资资本来源于证券机构和信托的比例较高，占比分别是30.5%和14%。

表6-5　中国各地区创业投资机构的资本来源（按金融资本类型）（2021年）

地区	非金融资本	基金	其他金融资本	信托	银行	证券	保险
安徽	80.5%	2.6%	14.4%	0.2%	1.3%	1.0%	0
北京	51.0%	39.9%	6.5%	0.2%	1.2%	0.4%	0.8%
福建	61.1%	22.5%	12.1%	0	4.3%	0	0
甘肃	61.0%	35.6%	3.4%	0	0	0	0
广东	55.9%	20.2%	19.1%	0	0.8%	0.2%	3.8%
广西	40.8%	20.4%	14.8%	0	24.0%	0	0
贵州	70.0%	28.8%	1.1%	0	0.1%	0	0
海南	0	0	100.0%	0	0	0	0
河北	56.9%	4.3%	38.8%	0	0	0	0
河南	34.9%	62.4%	2.6%	0.1%	0	0	0
黑龙江	60.4%	15.4%	20.9%	1.0%	2.4%	0	0
湖北	19.0%	12.1%	65.1%	0	3.2%	0.6%	0
湖南	58.2%	27.6%	8.6%	0	4.4%	1.1%	0
吉林	16.9%	57.4%	25.7%	0	0	0	0
江苏	72.6%	17.3%	6.5%	0	1.4%	0.1%	2.1%
江西	76.1%	20.5%	0	0	3.4%	0	0

续表

地区	非金融资本	基金	其他金融资本	信托	银行	证券	保险
辽宁	67.8%	6.0%	6.1%	4.9%	6.8%	8.4%	0
内蒙古	0	100.0%	0	0	0	0	0
宁夏	3.1%	96.7%	0.2%	0	0	0	0
青海	46.3%	53.8%	0	0	0	0	0
山东	65.8%	15.9%	10.2%	0	8.1%	0	0
山西	41.8%	52.9%	5.3%	0	0	0	0
陕西	22.6%	64.9%	12.2%	0	0.3%	0	0
上海	18.4%	26.0%	2.4%	0	0	49.9%	3.3%
四川	71.5%	10.3%	18.2%	0	0	0	0
天津	35.1%	58.6%	3.3%	2.9%	0	0	0
西藏	0	100.0%	0	0	0	0	0
新疆	45.7%	3.0%	0.3%	3.8%	47.2%	0	0
云南	43.3%	11.7%	43.9%	0	0	1.1%	0
浙江	0.7%	97.3%	0.8%	0	0.9%	0.2%	0
重庆	18.1%	6.1%	31.3%	14.0%	0	30.5%	0

6.5　中国各地区创业投资的投资特征

6.5.1　中国不同地区创业投资机构投资项目比较[①]

　　与 2019 年、2020 年一样，2021 年全国共有 28 个地区的创业投资机构进行了项目投资（表6-6），其中，创业投资项目数量排全国前四位的地区依次是浙江、江苏、北京和广东，这 4 个地区创业投资机构所投资的项目数量合计占比达 64.7%，高于 2020 年的 63%，显示出这 4 个地区的创业投资机构更加活跃。与 2020 年不同的是，浙江取代江苏，成为国内创业投资机构投资项目数量最多的地区。北京和广东 2021 年的排名与 2020 年相同。

---

① 本部分从两个维度来分析 2021 年中国创业投资项目的地区分布：一个是从投资机构的注册地角度出发，分析比较不同地区创业投资机构的投资项目；另一个是从投资项目所在地角度出发，分析创业投资机构最乐于选择投资的地区。

处于第二梯队的地区有陕西、山东、湖南、安徽、天津、福建和上海等地，这些地区的创业投资机构投资相对活跃，投资项目数占比均超过1%；西部地区和东北的黑龙江、辽宁等地创业投资机构的投资行为相对不活跃，投资的项目数量较少。

表6-6 中国不同地区创业投资机构所投资项目分布（2021年）

地区	投资项目占比
浙江	19.9%
江苏	17.0%
北京	14.7%
广东	13.1%
陕西	6.7%
山东	5.1%
湖南	4.6%
安徽	3.2%
天津	2.8%
福建	2.3%
上海	1.9%
湖北	1.6%
四川	1.3%
贵州	1.2%
吉林	1.1%
河南	0.8%
广西	0.6%
山西	0.4%
重庆	0.3%
黑龙江	0.3%
河北	0.2%
江西	0.2%
辽宁	0.2%
新疆	0.2%

续表

地区	投资项目占比
云南	0.1%
海南	0.1%
甘肃	0.1%
宁夏	0.1%

6.5.2 中国创业投资机构所投资项目的地区分布

表 6-7 显示，2021 年中国创业投资机构的投资项目分布在全国 27 个省、自治区和直辖市。与往年相同的是，中国的创业投资还是最青睐东部经济和科技发达地区，国内创业投资项目仍然集中分布在江苏、浙江、北京、广东、上海 5 个地区，合计投资项目占比达70.2%，较 2020 年降低 1.5 个百分点。

2021 年，投资于江苏的创业投资项目数量稳居全国第一，占比是 18.5%，但比重低于2020 年的 21.22%；排名第二的浙江占比为 16.8%，且前两名之间的差距有所缩小。广东下降一位，与北京并列位居第三，上海的排名和占比均出现了下降。辽宁、重庆、江西、新疆、河北、黑龙江、海南、宁夏、甘肃等地区投资项目占比都在 0.5% 以下。

表 6-7　中国创业投资机构所投资项目的地区分布（2021 年）

地区	投资项目占比
江苏	18.5%
浙江	16.8%
北京	13.4%
广东	13.4%
上海	8.1%
陕西	6.3%
山东	4.1%
湖南	3.2%
湖北	2.0%
四川	1.9%
福建	1.7%

地区	投资项目占比
安徽	1.6%
天津	1.6%
河南	1.4%
吉林	1.3%
贵州	1.2%
广西	0.6%
山西	0.5%
辽宁	0.4%
重庆	0.4%
江西	0.3%
新疆	0.3%
河北	0.2%
黑龙江	0.2%
海南	0.2%
宁夏	0.2%
甘肃	0.1%

6.5.3　中国各地区创业投资的投资强度

表 6-8 显示，与往年类似，2021 年中国各地创业投资机构所投资项目的投资强度大部分在 1000 万 ~ 3000 万元 / 项。不同的是，地区项目投资强度最高的是新疆，项目投资强度是 12 489.52 万元 / 项，远远高于 2020 年最高的云南 8130 万元 / 项[①]；最低的是西藏，项目投资强度是 500 万元 / 项，远高于 2020 年最低的海南 21.4 万元 / 项。

与 2020 年比较，海南、重庆、福建、新疆、河南、浙江和广东等地的项目投资强度增幅较大，增幅为 40% ~ 100%；而西藏、北京、吉林、宁夏、山西、河北和云南等地的项目投资强度降幅较大，降幅为 60% ~ 340%。湖南、四川等地的项目投资强度变化不大。

---

① 这些地区创业投资的项目数量少，而金额较大，故投资强度较高。

表 6-8　中国各地区创业投资的投资强度（2021 年）　　　　　单位：万元／项

地区	投资强度
新疆	12 489.52
重庆	5816.67
上海	4893.48
海南	4450.50
河南	4082.93
江西	3283.33
浙江	2898.16
陕西	2855.93
北京	2792.96
甘肃	2750.00
广东	2633.57
山东	2466.94
贵州	2450.00
四川	2399.75
湖南	2391.16
安徽	2125.76
江苏	1892.17
福建	1861.62
云南	1840.00
湖北	1589.05
天津	1338.93
辽宁	1142.57
宁夏	863.68
黑龙江	840.75
广西	805.67
吉林	759.81
河北	565.00
山西	561.65
西藏	500.00

6.5.4 中国各地区创业投资项目的持股结构

表 6-9 显示,和往年一样,2021 年国内大部分地区创业投资机构所投资项目持股比例低于 10%,包括北京等地在内的 24 个地区的一半以上投资项目的持股比例低于 10%,而西藏、甘肃和宁夏创业投资机构所投资项目持股比例均在 10% 以内。

表 6-9　中国创业投资机构所投资项目持股结构的地区分布（2021 年）

地区	< 10%	10% ~ 20%（不含）	20% ~ 30%（不含）	30% ~ 50%（不含）	≥ 50%
安徽	68.89%	22.22%	0	6.67%	2.22%
北京	79.51%	17.84%	1.90%	0.38%	0.19%
福建	61.73%	17.28%	7.41%	6.17%	7.41%
甘肃	100.00%	0	0	0	0
广东	81.74%	11.80%	3.34%	1.34%	1.78%
广西	68.42%	0	10.53%	21.05%	0
贵州	69.57%	13.04%	0	10.87%	6.52%
海南	33.33%	0	0	66.67%	0
河北	50.00%	0	50.00%	0	0
河南	43.48%	17.39%	30.43%	8.70%	0
黑龙江	72.73%	0	18.18%	9.09%	0
湖北	74.58%	16.95%	5.08%	3.39%	0
湖南	71.62%	11.49%	4.05%	9.46%	3.38%
吉林	40.00%	17.50%	17.50%	20.00%	5.00%
江苏	81.24%	10.27%	3.72%	2.48%	2.30%
江西	66.67%	16.67%	0	0	16.67%
辽宁	85.71%	14.29%	0	0	0
宁夏	100.00%	0	0	0	0
山东	70.35%	15.12%	5.23%	5.81%	3.49%
山西	50.00%	16.67%	8.33%	8.33%	16.67%
陕西	50.00%	40.09%	4.31%	2.16%	3.45%
上海	38.57%	55.71%	5.71%	0	0
四川	83.33%	8.33%	6.25%	2.08%	0

地区	< 10%	10%~20%（不含）	20%~30%（不含）	30%~50%（不含）	≥ 50%
天津	74.26%	10.89%	1.98%	12.87%	0
西藏	100.00%	0	0	0	0
新疆	42.86%	14.29%	14.29%	28.57%	0
云南	60.00%	40.00%	0	0	0
浙江	81.26%	11.59%	2.72%	2.58%	1.86%
重庆	81.82%	0	0	9.09%	9.09%

6.5.5 中国各地区创业投资项目所处阶段

表 6-10 显示了 2021 年中国各地区创业投资项目的所处阶段，主要呈现如下特点。

① 起步期和成长（扩张）期阶段的项目依旧是大部分地区创业投资机构的投资重点。2021 年，西藏、贵州、天津、黑龙江、甘肃、辽宁、广东、北京、湖北等地投资起步期的项目占比最高，且均不低于 40%。

② 种子期阶段的项目日益获得各地重视。海南、陕西、广西、新疆、河北、河南、浙江、安徽、北京、江苏、上海、山东等 12 个地区投资种子期的项目占比都超过 20%。

③ 大部分地区投资成熟（过渡）期、重建期的项目占比都较低。其中，成熟（过渡）期项目占比较高的地区有福建、湖南、山东和黑龙江等，占比在 9% 以上。

表 6-10　中国各地区创业投资项目的所处阶段（2021 年）

地区	种子期	起步期	成长（扩张）期	成熟（过渡）期	重建期
安徽	28.6%	26.2%	40.5%	4.8%	0
北京	25.9%	40.2%	28.4%	5.4%	0
福建	13.0%	27.5%	44.9%	14.5%	0
甘肃	0	50.0%	50.0%	0	0
广东	16.0%	41.8%	36.9%	4.8%	0.4%
广西	52.4%	4.8%	42.9%	0	0
贵州	2.3%	72.7%	22.7%	2.3%	0
海南	100.0%	0	0	0	0
河北	33.3%	33.3%	33.3%	0	0

地区	种子期	起步期	成长（扩张）期	成熟（过渡）期	重建期
河南	30.0%	36.7%	26.7%	6.7%	0
黑龙江	0	54.5%	36.4%	9.1%	0
湖北	14.0%	40.0%	44.0%	2.0%	0
湖南	10.2%	30.7%	48.2%	10.8%	0
吉林	14.6%	39.0%	39.0%	4.9%	2.4%
江苏	21.2%	24.3%	48.6%	5.8%	0
江西	16.7%	33.3%	50.0%	0	0
辽宁	0	42.9%	57.1%	0	0
宁夏	0	20.0%	40.0%	0	40%
山东	21.0%	27.1%	42.5%	9.4%	0
山西	18.8%	6.3%	68.8%	6.3%	0
陕西	54.6%	16.7%	25.1%	3.5%	0
上海	21.1%	36.6%	40.8%	1.4%	0
四川	12.2%	22.4%	51.0%	8.2%	6.1%
天津	10.9%	56.5%	31.5%	1.1%	0
西藏	0	100.0%	0	0	0
新疆	42.9%	28.6%	28.6%	0	0
云南	0	20.0%	80.0%	0	0
浙江	29.2%	30.9%	33.2%	5.8%	0.9%
重庆	0	33.3%	66.7%	0	0

6.6 中国各经济区域创业投资活动情况

本节从经济区域角度来比较、分析 2021 年我国创业投资的运行状况，尤其在当前中国经济发展进入新常态的情况下，通过比较经济发达、有特色的地区与经济相对不发达、创业投资活动不活跃地区之间的差异，一定程度上可以揭示创业投资对促进地区经济发展的重要作用，为我国创业投资发展提供指导借鉴。

本节的区域是根据区域经济发展的联系紧密程度及发展特色，参照国家现有的经济区域进行划分的，并考虑了研究的连续性。当前我国最为关注的几个经济区域增长带是珠三角、长三角及京津冀等地区，同时还有正在重新振兴的东北三省老工业基地。故本节划分区域如下：

    ① 京津冀地区（北京、天津、河北）；

    ② 长三角地区（上海、江苏、浙江）；

    ③ 珠三角地区［广东（深圳）］；

    ④ 东北三省地区（辽宁、吉林、黑龙江）；

    ⑤ 其他地区。

6.6.1　中国创业投资项目的区域分布

表 6-11 显示了 2021 年中国创业投资项目的区域分布。2021 年长三角地区仍然是国内创业投资机构最活跃的区域，在该地区投资的项目占比达 43.4%，但比 2020 年减少 3.2 个百分点；京津冀地区创业投资项目占比超出珠三角地区，达到 15.3%，比 2020 年增加 1.7 个百分点；珠三角地区创业投资项目占比是 13.4%，比 2020 年减少 0.9 个百分点；东北三省地区创业投资项目占比较 2020 年下降 0.2 个百分点；其他地区的创业投资项目占比回升，达到 26.0%，比 2020 年增加 2.7 个百分点。

表 6-11　中国创业投资项目的区域分布（2021 年）

区域	长三角	京津冀	珠三角	东北三省	其他
项目占比	43.4%	15.3%	13.4%	1.9%	26.0%

6.6.2　中国不同区域创业投资的投资强度

表 6-12 显示，与 2020 年不同，珠三角地区跃升为 2021 年国内创业投资项目的投资强度最高的地区，比 2020 年增加近 1000 万元/项；长三角地区创业投资项目的投资强度上升一位，位居第二，京津冀位居第三。值得注意的是，这 3 个区域的项目投资强度差距不大。不过与 2020 年比较，京津冀和东北三省创业投资项目的投资强度均出现下降，尤其是京津冀，遽降近 1600 万元/项，打破近年来保持的第一排位；东北三省创业投资项目投资强度仍最低，且较 2020 年减少 500 多万元/项。

表 6-12　中国创业投资强度的区域分布（2021 年）　　　　　　　　单位：万元/项

区域	珠三角	长三角	京津冀	其他	东北三省
投资强度	2633.6	2555.7	2544.3	2493.5	819.3

6.6.3 中国各区域创业投资的持股结构

表 6-13 显示了 2021 年中国各区域创业投资的持股结构。与 2020 年相同，2021 年不同区域创业投资的持股比例低于 10% 的项目占比最高，均在 50% 以上，但除长三角地区以外，其他 4 个地区的占比均比 2020 年有所下降。持股比例低于 10% 的项目占比最高的是珠三角地区，占比达 80.2%；最低的是东北三省地区，占比是 51.6%，下降幅度也最多。持股比例 ≥ 50% 的项目在所有区域内的项目占比都很小。

表 6-13 中国各区域创业投资的持股结构（2021 年）

区域	< 10%	10% ~ 20%（不含）	20% ~ 30%（不含）	30% ~ 50%（不含）	≥ 50%
珠三角	80.2%	14.4%	3.2%	0.9%	1.4%
长三角	79.8%	12.7%	3.4%	2.3%	1.8%
京津冀	78.6%	15.8%	2.5%	2.5%	0.4%
其他	62.4%	22.0%	5.3%	6.8%	3.5%
东北三省	51.6%	15.6%	14.1%	14.1%	4.7%

6.6.4 中国各区域创业投资项目所处阶段

表 6-14 显示，2021 年各区域创业投资主要投资起步期和成长（扩张）期的项目，两者占比相当。除其他地区外，长三角地区创业投资在种子期阶段的项目占比最高，占比是 25.2%；京津冀地区位居第二，种子期阶段的项目占比是 23.6%，比 2020 年增加了 3.6 个百分点。仅有东北三省地区在种子期阶段的项目占比出现下降，减少了 4.1 个百分点。

表 6-14 中国各区域创业投资项目所处阶段（2021 年）

区域	种子期	起步期	成长（扩张）期	成熟（过渡）期	重建期
京津冀	23.6%	42.8%	29.0%	4.7%	0
长三角	25.2%	28.2%	40.5%	5.6%	0.4%
珠三角	16.0%	41.8%	36.9%	4.8%	0.4%
东北三省	10.2%	42.4%	40.7%	5.1%	1.7%
其他	25.9%	27.4%	39.3%	6.9%	0.5%

6.6.5 中国各区域创业投资项目的行业分布

图 6-1 显示，2021 年长三角地区创业投资项目分布在 27 个行业，比 2020 年增加 1 个。其中，在半导体、生物科技、医药保健领域的创业投资较多，这与近年来新冠肺炎疫情暴发后国内普遍重视生物医药及中美科技战下中国加快补齐芯片领域短板等因素有关。初步看出，长三角地区的创业投资发展方向与实现国家科技自立自强发展战略是一致的。另外，投资较多的行业还有科技服务、IT 服务业、新材料工业和其他制造业。

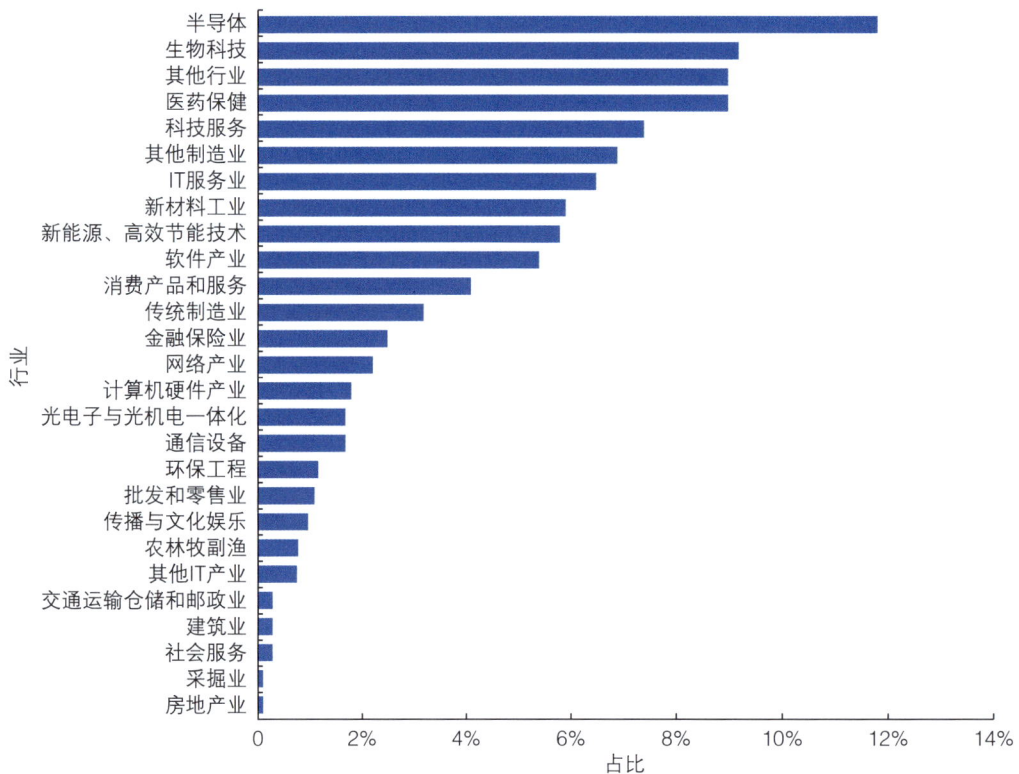

图 6-1　长三角地区创业投资项目的行业分布（2021 年）

图 6-2 显示，2021 年京津冀地区创业投资项目分布在 24 个行业，数量继续减少，比 2020 年减少 3 个行业。与之前两年一样，2021 年投资最多的行业仍然是医药保健，但比重出现下降，占比从近 1/4 降为 13.3%，显示出京津冀地区创业投资关注的焦点产业已经出现转换。另外投资较多的行业是半导体、软件产业、其他制造业、IT 服务业和生物科技。与 2020 年相比，半导体行业占比升值较快，仅次于排名第一的医药保健行业，达到 12.3%。

图 6-3 显示，2021 年珠三角地区创业投资项目分布在 24 个行业，比 2020 年增加 3 个，恢复到 2019 年的数量水平。投资最多的行业是半导体，占比达 13.8%，其次是医药保健，占比达 13%。这两个行业占投资行业总数的 26.8%，可以看出，珠三角地区的创业投资与长三

角地区类似，与当前国内应对新冠肺炎疫情和国家解决芯片等卡脖子技术的发展目标方向是一致的。另外投资较多的行业是软件产业、IT 服务业、新材料工业、其他制造业和生物科技。

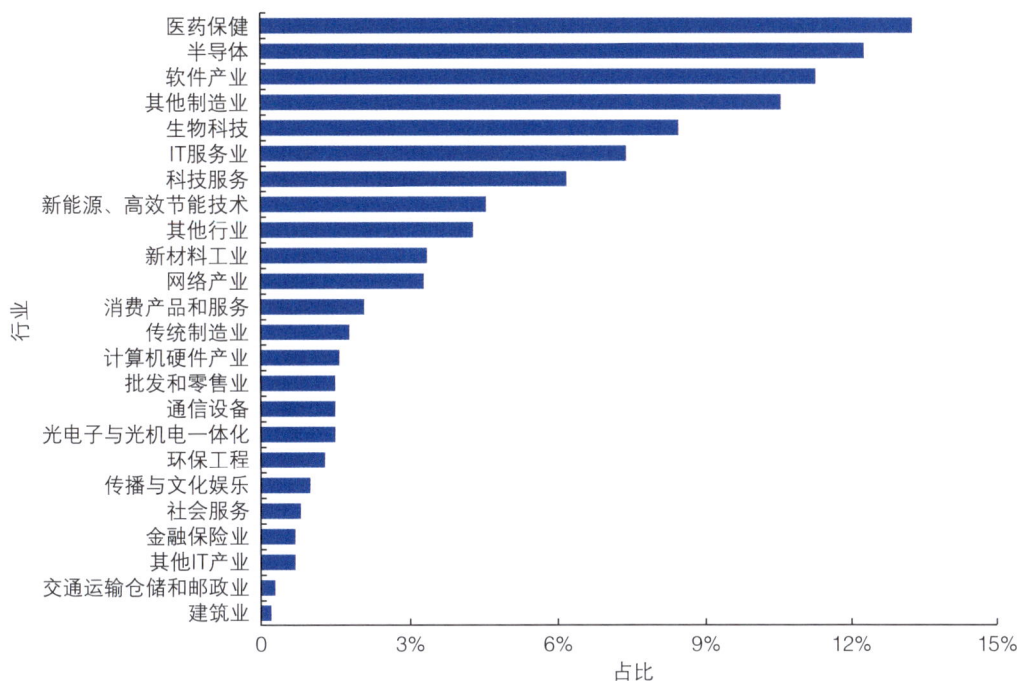

图 6-2　京津冀地区创业投资项目的行业分布（2021 年）

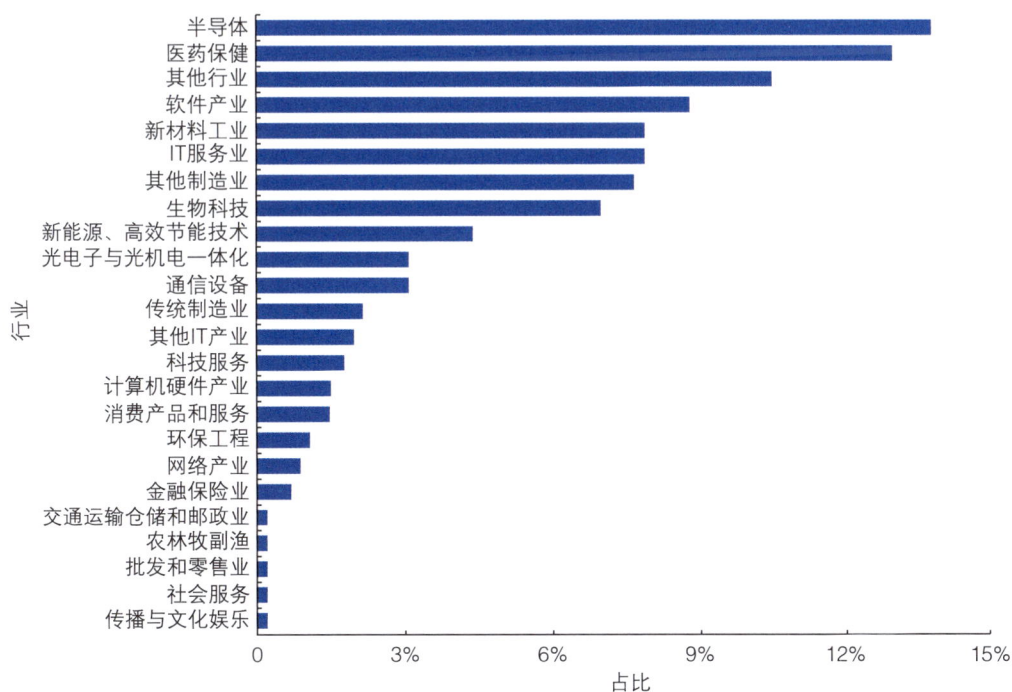

图 6-3　珠三角地区创业投资项目的行业分布（2021 年）

图 6-4 显示，2021 年东北三省地区创业投资项目分布在 16 个行业，与 2020 年数量相同。投资最多的行业变换为医药保健，合计占比达 21.7%，其他制造业下降较多，合计占比达 13.3%，这一变化与新冠肺炎疫情因素及东北地区以制造业为主的产业结构有关。其他投资较多的行业是新材料工业、传统制造业、软件产业、IT 服务业、光电子与光机电一体化。

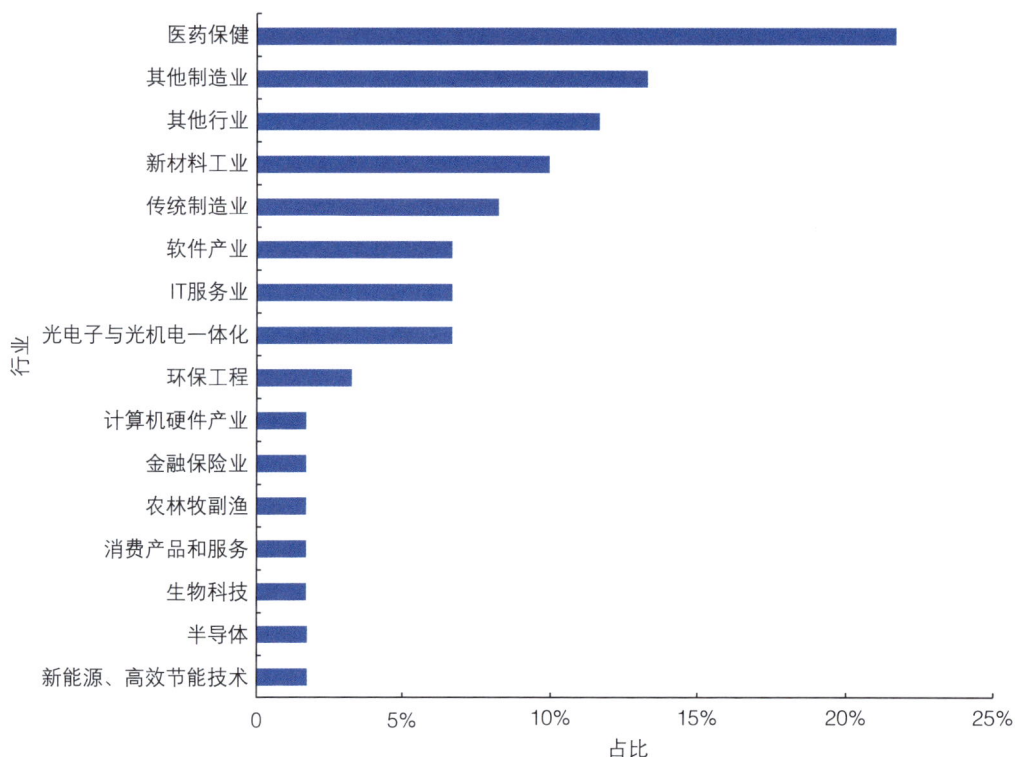

图 6-4　东北三省地区创业投资项目的行业分布（2021 年）

图 6-5 显示，2021 年其他地区的创业投资项目分布在 28 个行业，比 2020 年减少 1 个。其中，投资最多的是其他行业，合计占比是 18.3%；半导体领域的投资比例位居第二，与 2020 年一致。医药保健、其他制造业、新材料工业、软件产业等行业的投资项目也相对较多。

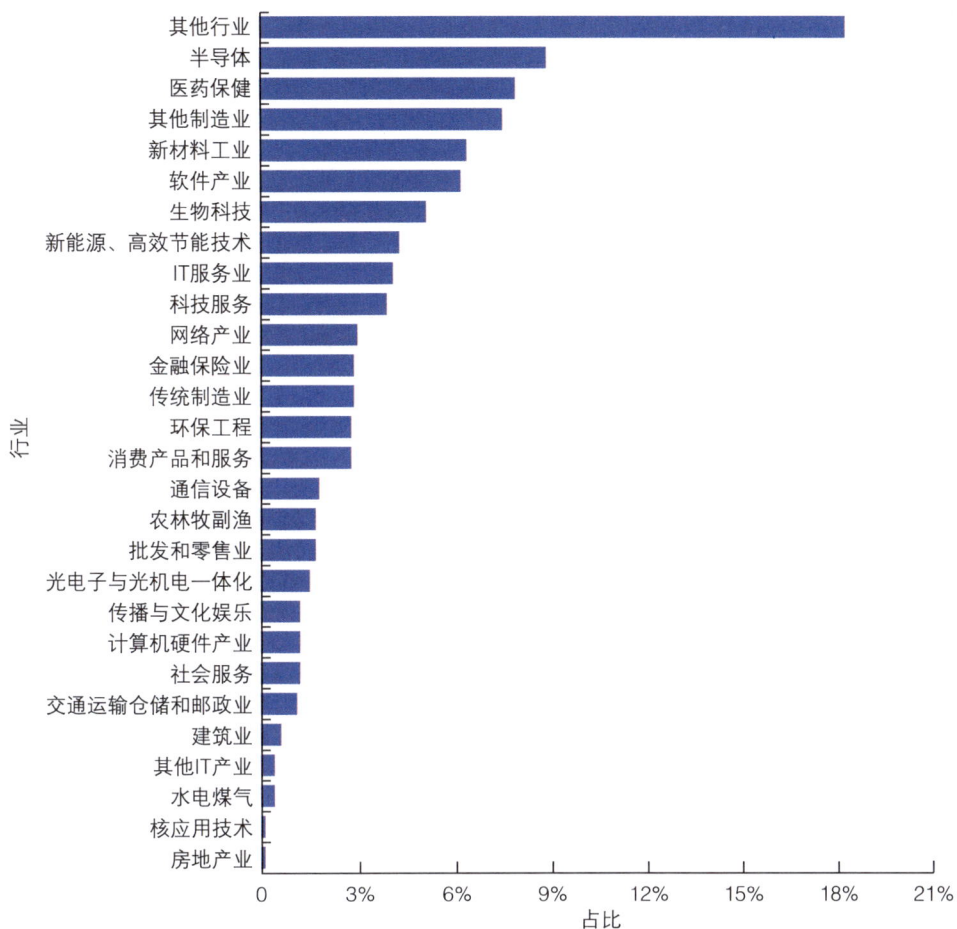

图 6-5　其他地区创业投资项目的行业分布（2021 年）

7

外资创业投资机构的运行状况

7.1 外资创业投资项目的行业分布

外资创业投资（简称"外资创投"）是中国创业投资市场的重要组成部分，主要投资新兴科技领域。自 2018 年中美贸易战以来，外资创投在境内投资大幅缩减，2021 年仅发生了 27 笔投资。从当年投资行业来看，主要投资生物医药、软件信息、计算机硬件产业、消费产品和服务、新材料工业、批发和零售业等（表 7-1）。

表 7-1　外资创业投资项目的行业分布（2020—2021 年）[①]

行业	2020 年	2021 年
医药保健	28.68%	14.81%
软件产业	13.23%	14.81%
计算机硬件产业	4.41%	14.81%
消费产品和服务	16.91%	11.11%
新材料工业	1.47%	11.11%
批发和零售业	0.74%	11.11%
租赁和商业服务	0	7.40%
半导体	7.35%	3.70%
科技服务	0.74%	3.70%
农林牧副渔	0	3.70%

---

① 有效样本数为 27 份。

行业	2020 年	2021 年
其他制造业	4.41%	3.70%
IT 服务业	11.03%	—
社会服务	5.88%	—
金融保险业	3.68%	—
交通运输仓储和邮政业	0.74%	—
其他行业	0.74%	—

7.2 外资创业投资项目所处阶段

从投资阶段看，2021 年外资机构有高达 43.7% 的项目投在种子期，有 6.3% 的项目投在起步期，成长（扩张）期、成熟（过渡）期的项目占比分别为 25.0%、25.0%（图 7-1）。与 2020 年相比，2021 年外资机构在中国的早期项目布局明显增多。

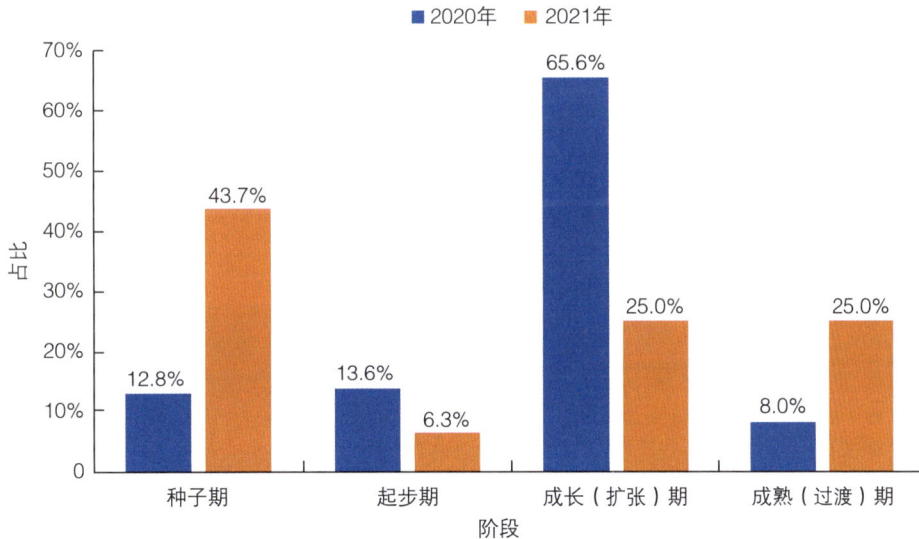

图 7-1 外资创业投资项目所处阶段占比（2020—2021 年）

7.3 外资创业投资项目情况

2021 年，外资创业投资单项投资金额的规模较往年有所下滑，投资金额超过 2000 万元的项目占比为 71.5%，21.4% 的项目单项投资金额少于 1000 万元（表 7-2）。

表 7-2　外资创业投资单项投资金额的规模分布（2012—2021 年）

年份	100 万元以下	100 万～300 万元	300 万～500 万元	500 万～1000 万元	1000 万～2000 万元	2000 万元以上
2012	0.4%	0.4%	1.4%	9.7%	24.5%	63.7%
2013	0%	0.1%	1.3%	4.2%	16.1%	78.2%
2014	0.1%	0.4%	0.9%	5.3%	18.1%	75.2%
2015	0	1.0%	0.7%	2.4%	9.3%	86.5%
2016	0.6%	4.1%	2.1%	13.3%	18.5%	61.5%
2017	2.9%	3.6%	8.5%	38.3%	46.8%	0
2018	0.2%	1.3%	2.8%	8.7%	11.3%	75.7%
2019	0	0	0.4%	6.3%	7.1%	86.2%
2020	0	0.1%	0.3%	0.8%	5.0%	93.8%
2021	0	0	7.1%	14.3%	7.1%	71.5%

7.4　外资创业投资项目总体运行情况

总体看来[①]，2021 年外资创投投资项目中，"继续运行"的项目占比明显高于 2020 年，达到 70.3%。"被其他机构收购"与"原股东（创业者）回购"的项目占比明显提升，而"已上市"项目大幅下滑，占比仅为 4.1%（表 7-3、图 7-2）。

表 7-3　外资创业投资项目运行情况（2012—2021 年）

年份	已上市		准备上市		被其他机构收购			原股东（创业者）回购	管理层收购	继续运行	清算
	境内上市	境外上市	境内上市	境外上市	被境内上市公司收购	被境内非上市公司或自然人收购	被境外收购				
2012	10.7%		6.2%		6.0%			6.5%	0.7%	68.8%	1.1%
	7.6%	3.1%	5.1%	1.1%	1.1%	4.9%	0				
2013	10.8%		7.0%		5.1%			10.0%	14.0%	52.0%	1.1%
	7.4%	3.4%	6.5%	0.5%	0.8%	4.1%	0.2%				
2014	4.5%		15.0%		9.8%			4.0%	0	65.7%	0.9%
	3.3%	1.2%	9.5%	5.5%	0.5%	5.5%	3.8%				

---

① 有效样本数为 26 份。

续表

年份	已上市		准备上市		被其他机构收购			原股东（创业者）回购	管理层收购	继续运行	清算
	境内上市	境外上市	境内上市	境外上市	被境内上市公司收购	被境内非上市公司或自然人收购	被境外收购				
2015	15.5%		0			8.8%		11.8%	0.2%	61.1%	2.6%
	13.7%	1.8%	0	0	7.2%	0	1.6%				
2016	1.5%		0			6.6%		2.0%	1.7%	86.5%	1.7%
	1.1%	0.4%	0	0	6.6%	0	0				
2017	3.8%		0			9.2%		9.2%	1.6%	74.6%	1.6%
	3.8%	0	0	0	7.6%	0	1.6%				
2018	3.5%		0			4.4%		3.0%	0.5%	87.7%	1.0%
	2.5%	1.0%	0	0	3.9%	0	0.5%				
2019	5.7%		0			1.1%		0.7%	0	92.0%	0.4%
	1.6%	4.1%	0	0	1%	0	0.1%				
2020	42.6%		0			5.5%		3.3%	0	46.6%	2.0%
	10.5%	32.1%	0	0	5.2%	0	0.3%				
2021	4.1%		0			10.4		11.3%	0	70.3%	4.1%
	3.6%	0.5%	0	0	8.6%	0	1.8%				

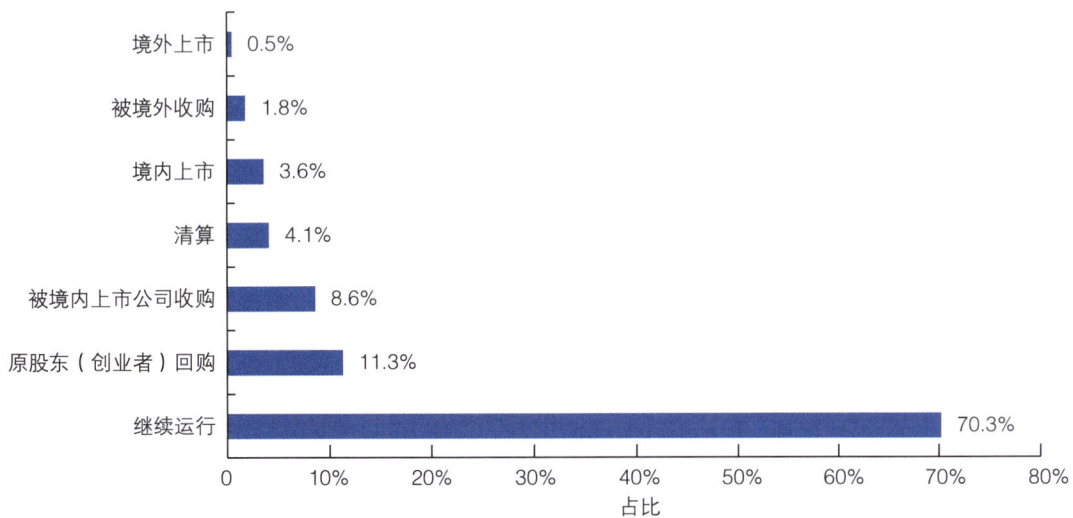

图 7-2 外资创业投资项目运行情况（2021年）

7.5 影响外资创业投资机构投资决策的因素

从影响投资决策的因素来看，2021 年与上年的趋势基本一致，2021 年影响外资创业投资机构投资决策的前三个主要原因仍然是"市场前景""管理团队""技术因素"，占比分别为 31.0%、22.6%、17.9%[①]（图 7-3）；但三者的占比均较 2020 年有所下降。

对比 2020 年影响外资和内资创业投资机构投资决策的因素可以发现，"市场前景""管理团队""技术因素""盈利模式""财务状况"仍然是影响内资和外资创业投资机构投资决策的前 5 个共同因素，所占比重合计分别为 88.1% 和 90.7%（图 7-3）。

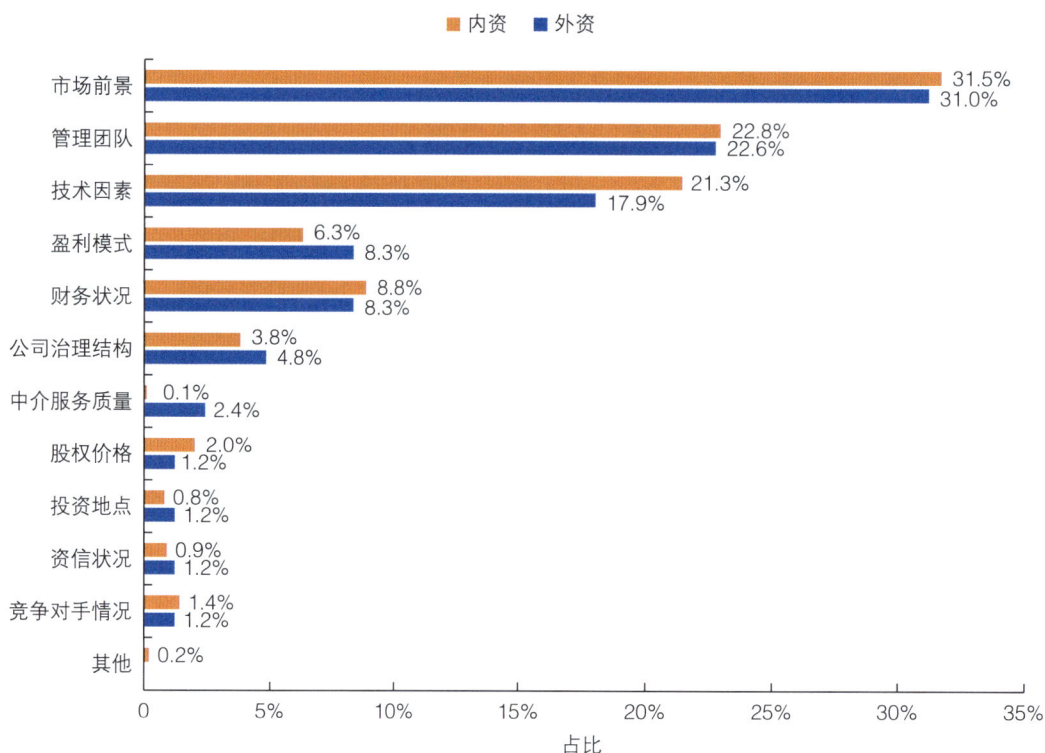

图 7-3　影响外资与内资创业投资机构投资决策的因素（2021 年）

7.6 外资创业投资机构获取信息的主要渠道

与 2020 年大体相同，2021 年"政府部门推荐""项目中介机构""股东推荐""朋友介绍"仍然是外资获取信息的主要渠道，占比分别是 21.3%、17.3%、17.3% 和 10.7%。此外，对比外资与内资获取信息的主要渠道可以看出，外资与内资获取信息的渠道越来越趋同，没有明显差异（图 7-4）[②]。

---

① 有效样本数：外资 37 份，内资 2031 份。
② 有效样本数：外资 29 份，内资 2395 份。

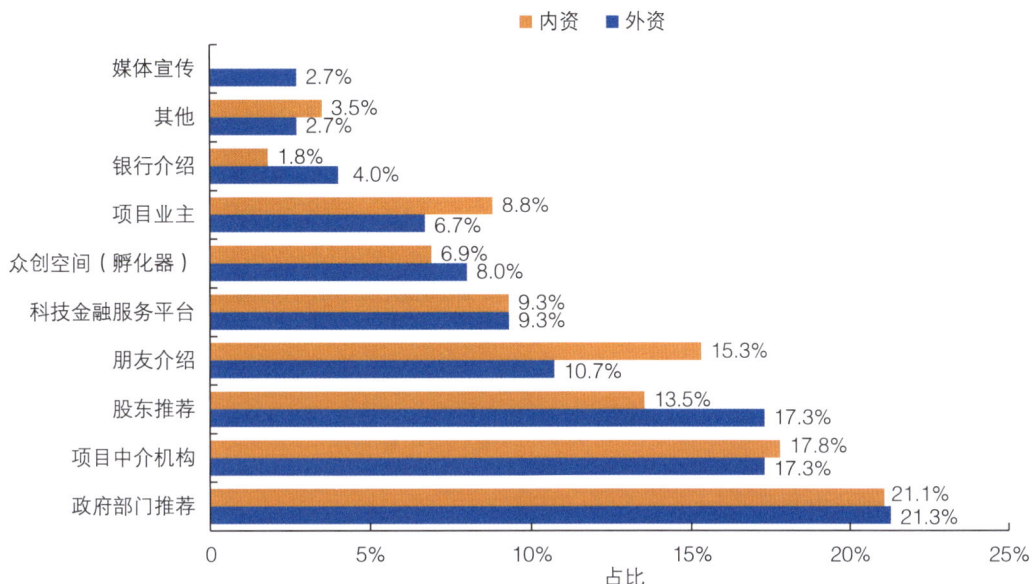

图 7-4　外资与内资创业投资机构获取信息的主要渠道（2021 年）

7.7　外资创业投资项目的管理模式

　　从管理模式来看，2021 年外资创业投资主要集中在"董事会席位""提供管理咨询"，占比分别为 44.8%、41.4%；与内资机构对比，外资机构"董事会席位"的占比明显较高（图 7–5）。

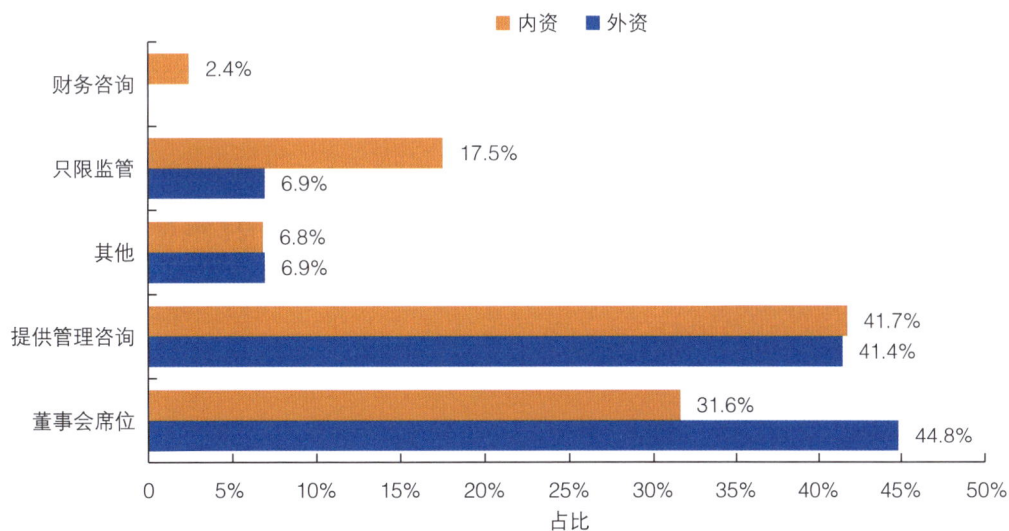

图 7-5　外资与内资创业投资项目的管理模式（2021 年）

7.8　与外资创业投资机构经营有关的人力资源因素

调查显示，2021 年外资和内资机构都认为"资本运作能力""判断力和洞察力""商务谈判能力"是合格创业投资人员最应具备的三大素质。相比而言，对"技术背景"和"财务管理能力"的需求有所下降。总体来看，外资创业投资机构对能力的要求高于内资创业投资机构（图 7–6）[①]。

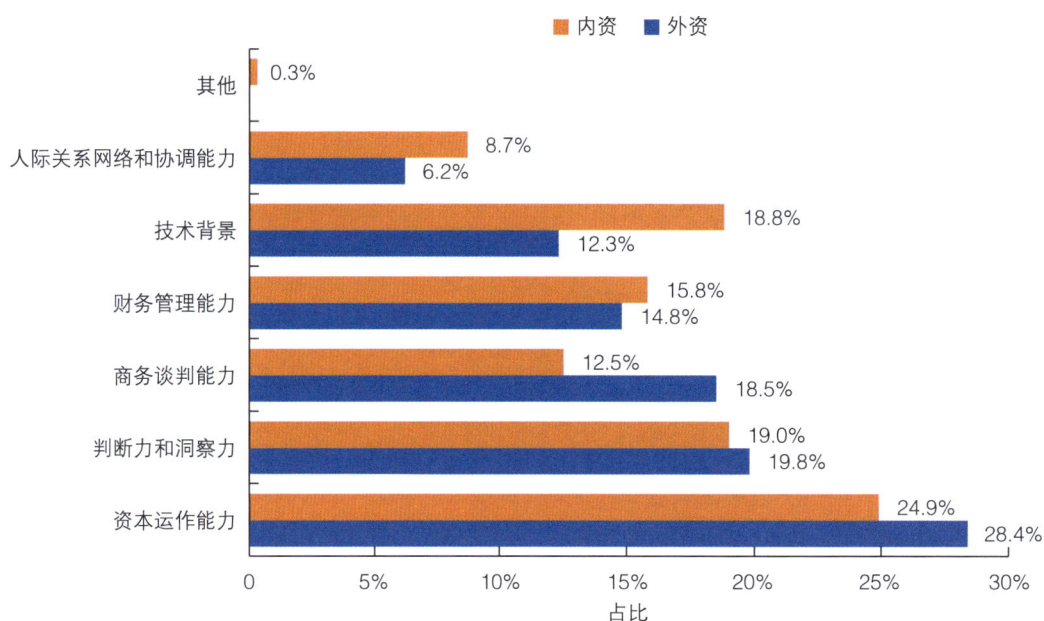

图 7-6　外资与内资创业投资机构对合格创业投资人员素质的要求（2021 年）

从 2021 年我国创业投资从业人员缺乏的专业知识调查来看（图 7–7）[②]，主要集中在"资本运作""技术评估""企业管理"等方面。与 2020 年相比，2021 年对"资本运作"方面的能力需求有所增长。对比而言，外资创业投资机构认为"资本运作"能力更为缺乏，而内资创业投资机构认为"项目识别"能力等较为缺乏。

---

① 有效样本数：外资 29 份，内资 2376 份。

② 有效样本数：外资 29 份，内资 2359 份。

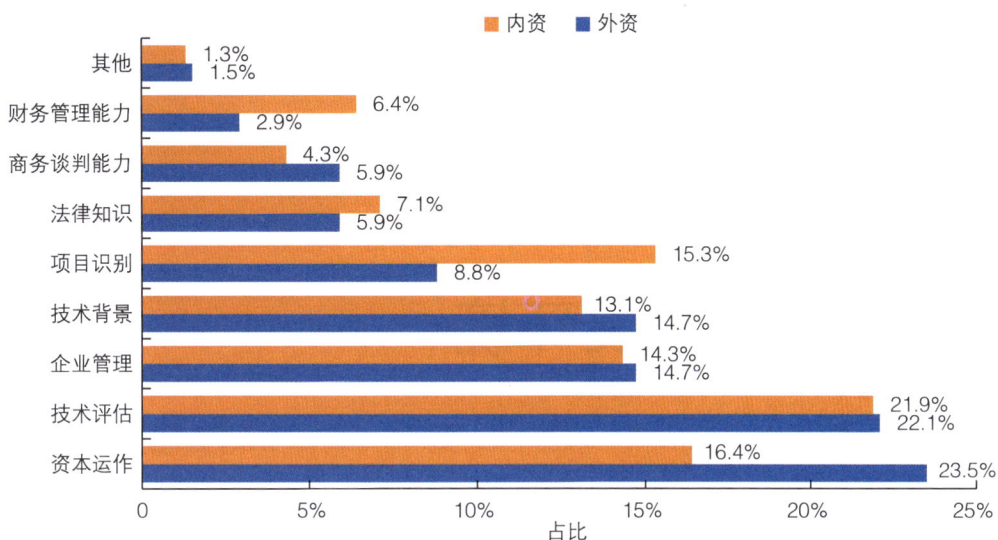

图 7-7　外资与内资创业投资机构认为我国创业投资从业人员缺乏的专业知识（2021 年）

7.9　外资创业投资机构对总体发展环境的评价

调查显示[①]，2021 年，外资创业投资机构认为投资效果不理想的主要原因为"市场竞争""退出渠道不畅""政策环境变化"，占比分别为 29.0%、21.0%、21.0%，"市场竞争""退出渠道不畅"等影响力明显高于上年。对比而言，外资创业投资机构认为"市场竞争""退出渠道不畅"的影响力也明显高于内资创业投资机构，而"政策环境变化"方面没有明显差异（图 7-8）。

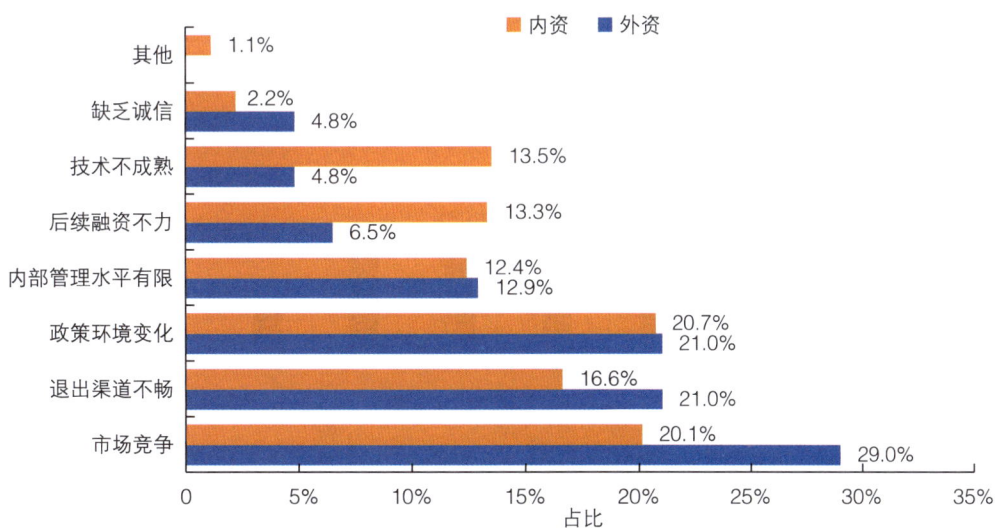

图 7-8　外资与内资创业投资机构认为投资效果不理想的原因（2021 年）

---

① 有效样本数：外资 29 份，内资 2369 份。

8

中国创业投资发展环境

8.1 中国创业投资机构的政策环境

政策支持对创业投资发展至关重要。2021 年，在全球经济恢复缓慢、新冠肺炎疫情冲击、中美博弈等复杂的国内外形势下，中国政府部门通过完善资本市场、加强私募基金管理、扩大公司型创业投资企业所得税试点范围等政策，持续加大对创业投资机构的支持力度，引导创业投资机构健康发展。本章将重点分析 2021 年中国创业投资机构所处的政策环境。

8.1.1 中国创业投资机构能够享受的政府扶持政策

图 8-1 展示了 2021 年中国创业投资机构能够享受的中央政府扶持政策情况 [①]。其中，32.8% 的创业投资机构享受了"税收优惠"政策，29.3% 的创业投资机构享受了"政策宣讲"

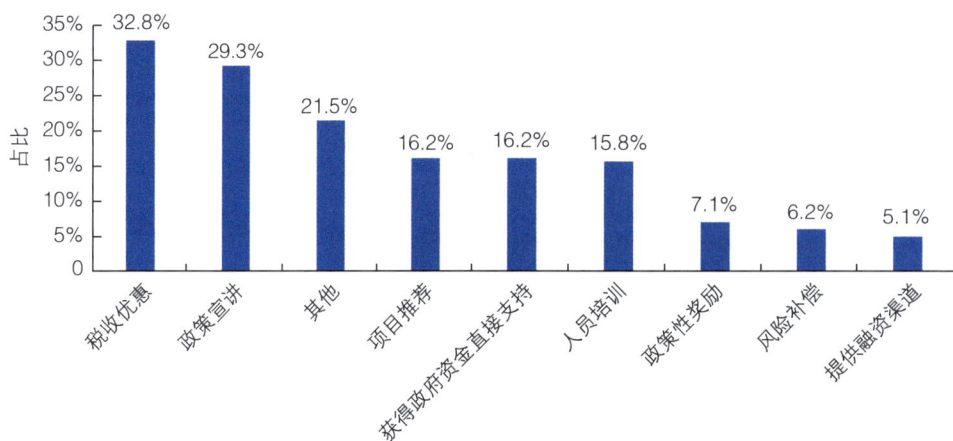

图 8-1 中国创业投资机构能够享受的中央政府扶持政策（2021 年）

[①] 有效样本数为 2182 份。

政策，21.5%的创业投资机构享受了"其他"政策，16.2%的创业投资机构享受了"项目推荐"政策，16.2%的创业投资机构享受了"获得政府资金直接支持"政策等。

图8-2展示了2021年中国创业投资机构能够享受的地方政府扶持政策情况[①]。其中，37.3%的创业投资机构享受了"税收优惠"政策，28.2%的创业投资机构享受了"政策宣讲"政策，26.2%的创业投资机构享受了"项目推荐"政策，21.3%的创业投资机构享受了"获得政府资金直接支持"政策，18.2%的创业投资机构享受了"人员培训"政策等。

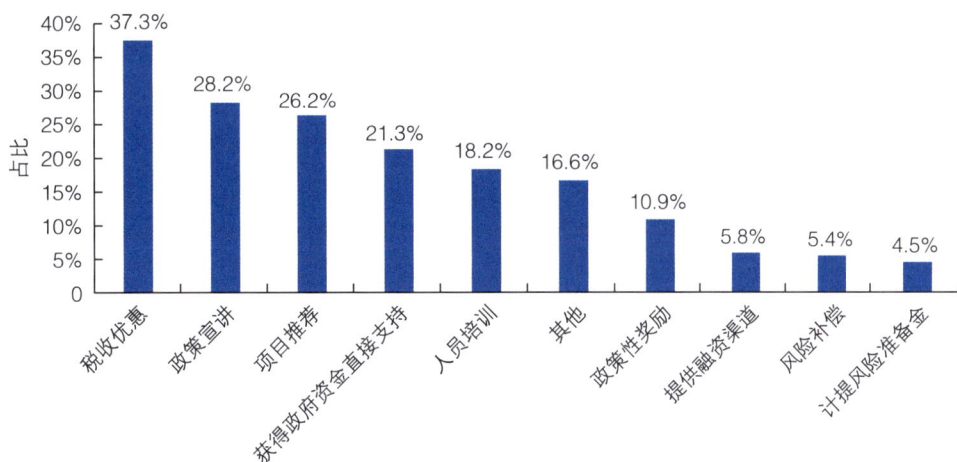

图8-2　中国创业投资机构能够享受的地方政府扶持政策（2021年）

由图8-1和图8-2可见，2021年，中央政府与地方政府促进创业投资发展的政策导向基本一致，仅存在一定细微差异，例如，与中央政府相比，更多的创业投资机构享受了地方政府"项目推荐"政策。

从地域层面来看，2021年，中国各地创业投资机构能够享受的中央和地方政府扶持政策如图8-3、图8-4所示[②]。总体而言，云南、宁夏、上海、内蒙古、西藏等地的创业投资机构享受的政府扶持政策相对单一。

"税收优惠""获得政府资金直接支持"是各地创业投资机构享受的主要政策形式。从中央政策层面来看，安徽、福建、广东、广西、贵州、海南、河南、湖北、湖南、吉林、宁夏、青海、山东、陕西、四川、浙江等地超过30%的创业投资机构享受了中央"税收优惠"政策；甘肃、湖北、江西、辽宁、青海、陕西、重庆等地超过20%的创业投资机构享受了中央"获得政府资金直接支持"政策。

---

① 有效样本数为2279份。

② 有效样本数为2302份。此处问卷设置了多个选项，因此，出现纵轴合计比例超过100%的情况。

图例：

- 人员培训
- 其他
- 提供融资渠道
- 政策宣讲
- 政策性奖励
- 税收优惠
- 获得政府资金直接支持
- 项目推荐
- 风险补偿

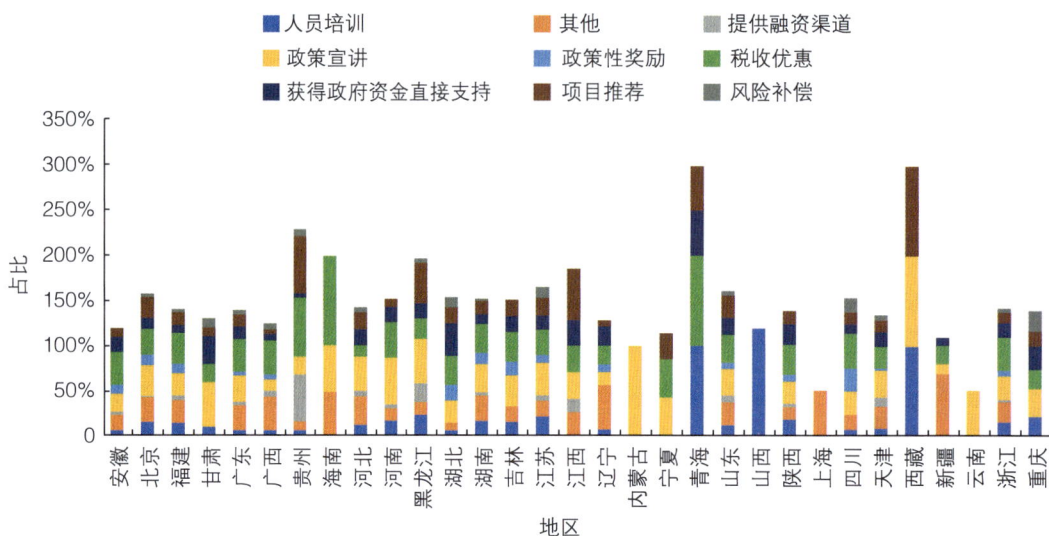

图 8-3　中国各地创业投资机构能够享受的中央政府扶持政策（2021年）

图例：

- 人员培训
- 其他
- 政策宣讲
- 政策性奖励
- 税收优惠
- 获得政府资金直接支持
- 项目推荐
- 提供融资渠道
- 计提风险准备金
- 风险补偿

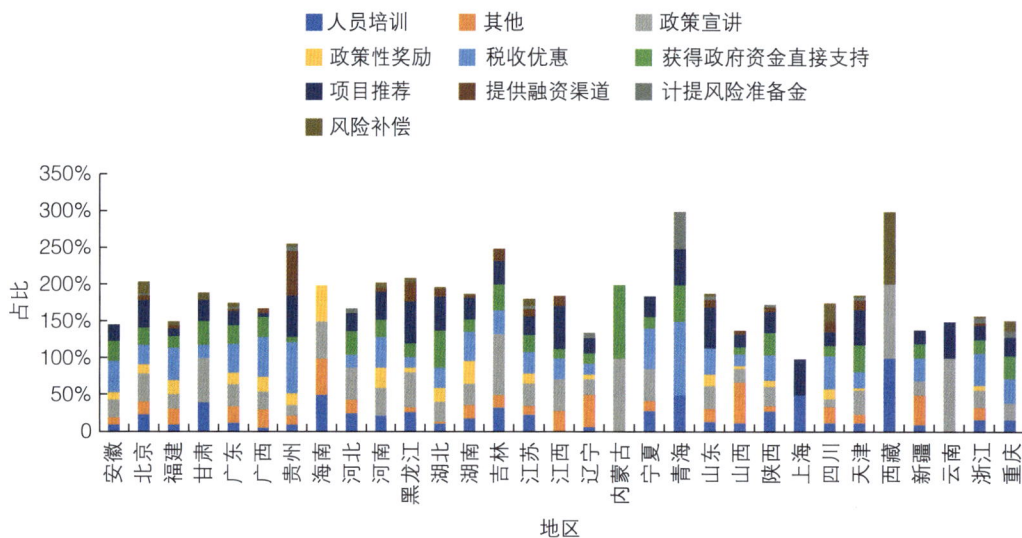

图 8-4　中国各地创业投资机构能够享受的地方政府扶持政策（2021年）

从地方政策层面来看，安徽、福建、广东、广西、贵州、河南、湖南、宁夏、青海、上海、四川、浙江等地超过 40% 的创业投资机构享受了地方"税收优惠"政策；甘肃、河北、湖北、吉林、内蒙古、青海、陕西、天津、重庆等地超过 30% 的创业投资机构享受了地方"获得政府资金直接支持"政策。

总体而言，我国欠发达地区的创业投资机构获得的政策扶持种类相对单一，多集中在"税收优惠""获得政府直接资金支持""政策宣讲"等方面；较为发达地区的创业投资机构享受的政策扶持种类相对多元，除"税收优惠""获得政府直接资金支持""政策宣讲"外，"政策性奖励""提供融资渠道"等也得到了普遍应用。

8.1.2 中国创业投资机构享受的主要税收政策及缴税情况

近年来，财政部、国家税务总局等部门采取一系列税收优惠政策支持创业投资机构发展。2017 年，财政部、国家税务总局发布《关于创业投资企业和天使投资个人有关税收试点政策的通知》（财税〔2017〕38 号），对京津冀、上海、广东、安徽、四川、武汉、西安、沈阳 8 个全面创新改革试验区域和苏州工业园区，从税收试点政策、相关政策条件、管理事项及管理要求等方面做了具体说明。试点政策执行一年之后，2018 年，财政部、国家税务总局发布《关于创业投资企业和天使投资个人有关税收政策的通知》（财税〔2018〕55 号），就全国范围内实施的创业投资企业和天使投资个人税收政策进行明确。2019 年，财政部、国家税务总局、国家发展改革委、证监会发布《关于创业投资企业个人合伙人所得税政策问题的通知》（财税〔2019〕8 号），提出创业投资企业可以选择按单一投资基金核算或按创业投资企业年度所得整体核算两种方式之一。2020 年，财政部、国家税务总局、国家发展改革委、证监会发布《关于中关村国家自主创新示范区公司型创业投资企业有关企业所得税试点政策的通知》（财税〔2020〕63 号），明确在北京市中关村国家自主创新示范区试行公司型创业投资企业的企业所得税优惠政策。该政策首次在税收优惠政策制定中考虑了长期投资的反向挂钩机制。2021 年，财政部、国家税务总局、国家发展改革委、证监会联合发布《关于上海市浦东新区特定区域公司型创业投资企业有关企业所得税试点政策的通知》（财税〔2021〕53 号），基本延续了中关村国家自主创新示范区相关优惠政策。深圳、重庆、成都等地对于创业投资机构的税收优惠政策也相继落地。

2021 年统计数据显示，国内披露缴税情况的创业投资机构有 1261 家（2020 年为 917 家），合计缴纳所得税金额逾 20.65 亿元（2020 年为 19.67 亿元）。2021 年，有 98 家企业填报了享受《关于创业投资企业和天使投资个人有关税收试点政策的通知》或《关于完善股权激励和技术入股有关所得税政策的通知》政策优惠的金额情况，占比为 6.6%[①]。

8.2 中国创业投资机构的政策需求

8.2.1 中国创业投资机构希望出台的政府激励政策[②]

图 8-5 展示了 2021 年中国创业投资机构希望出台的政府激励政策，主要类型如下。

①完善创业投资税收优惠政策。2021 年，我国创业投资机构最希望出台的政府激励政策是税收优惠类政策，占比为 29.9%。与 2020 年相比，创业投资机构的税收优惠政策诉求基本一致（2020 年为 30.1%）。

---

① 有效样本数为 1479 份。

② 有效样本数为 2394 份。

②设立政策性基金。创业投资机构希望设立政策性基金的诉求占比为 17.9%，与 2020 年相比有所上升（2020 年为 16.9%）。

③鼓励科研人员创新创业。创业投资机构认为政府应当出台鼓励科研人员创新创业的相关政策，进一步激发创新创业热情，促进科技成果转化。相关政策诉求占比为 11.6%，这一数据与 2020 年一致（2020 年为 11.6%）。

④加快注册制改革，建立转板机制。创业投资机构希望政府继续推动资本市场注册制改革，加快建立场内外市场之间的转板机制，该政策诉求占比为 16.0%，与 2020 年相比有些许下降（2020 年为 16.4%）。

⑤完善和落实相关法律。创业投资机构希望政府能够完善和落实创业投资相关法律，营造规范的制度环境，该政策诉求占比为 7.9%，与 2020 年相比有所下降（2020 年为 8.4%）。

⑥理顺国有创业投资管理体制。创业投资机构希望健全符合创业投资行业特点和发展规律的国有创业投资管理体制，激发国有创业投资活力，提高国有创业投资运行效率，相关政策诉求占比为 5.1%，与 2020 年相比有所下降（2020 年为 5.8%）。

⑦发展众创空间等新型孵化器。创业投资机构希望政府加大对众创空间等新型孵化器的扶持力度，进一步加快推进大众创新创业，政策诉求占比为 10.9%。该数据与 2020 年相比有所提升（2020 年为 10.4%）。

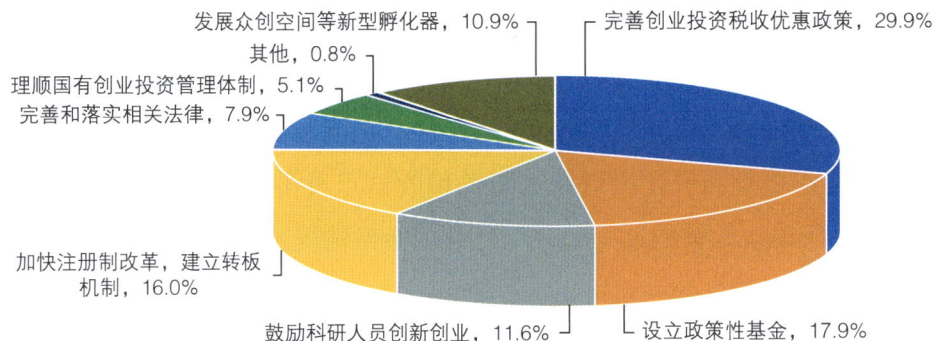

图 8-5　中国创业投资机构希望出台的政府激励政策（2021 年）

8.2.2　中国创业投资机构对中小企业政策需求的认知 [1]

图 8-6 展示了 2021 年中国创业投资机构对中小企业政策需求的认知。创业投资机构认为，政府应该在以下方面对中小企业进行政策扶持。

① 对创业投资项目给予直接资助。政府应该对投资于中小企业的创业投资项目给予直接资助，激励创业投资机构开展相关业务（占比为 22.43%）。

---

[1]　有效样本数为 5935 份。

② 建立项目库，提高科技项目信息的透明度，推动创业投资企业投资。政府应该优化科技项目信息管理方式，建立项目库，助力创业投资机构识别相关项目信息，以便精准投资中小企业（占比为 22.36%）。

③ 尽快设立科技型中小企业上市的绿色通道。政府应该尽快设立科技型中小企业上市的绿色通道，拓宽科技型中小企业融资渠道（占比为 21.28%）。

④ 创新银行贷款方式，降低贷款成本。政府应该在如何创新银行贷款方式上下功夫，以便降低中小企业的贷款成本，使得融资贵问题能够得到缓解（占比为 18.47%）。

⑤ 对科技类投资项目提供培训、管理咨询。政府应对科技类投资项目提供培训、管理咨询，为中小企业与创业投资对接搭建良好的理论和实践平台（占比为 7.65%）。

⑥ 鼓励、资助创业投资与孵化器之间的合作。政府应鼓励、资助创业投资与孵化器之间的合作，推动科技型中小企业健康成长（占比为 6.98%）。

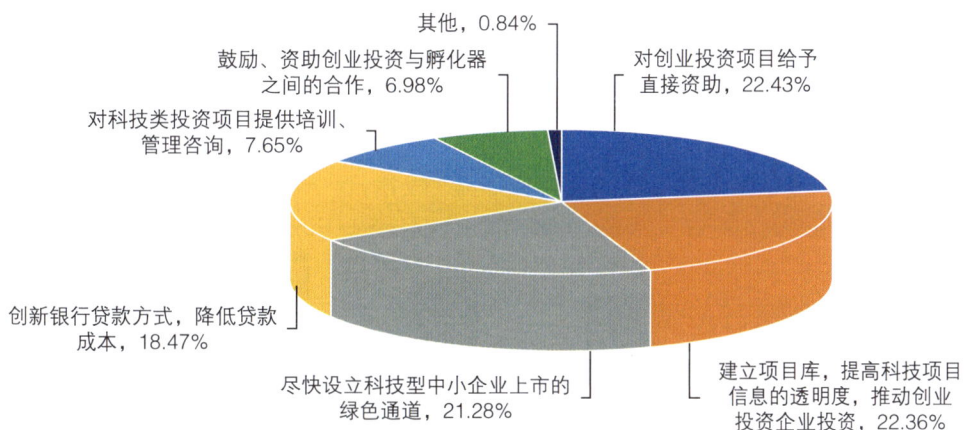

图 8-6　中国创业投资机构对中小企业政策需求的认知（2021 年）

8.2.3　中国创业投资机构认为政策落地的关键堵点

据统计[1]，相比 2020 年而言，2021 年，我国更多的创业投资机构认为新冠肺炎疫情对创业投资行业的影响较大甚至非常大（图 8-7）。

新冠肺炎疫情下，我国中央政府和地方政府先后出台了支持企业发展的一系列政策措施。但是，创业投资机构认为[2]，很多政策的落地仍然存在堵点。其中，认为堵点为资本市场不稳定的占比最多，为 43.0%；认为堵点为资管新规限制较多的占比为 21.3%；认为堵点为税收政策难实施的占比为 17.8%；认为堵点为监管政策存在问题的占比为 15.6%（图 8-8）。

---

[1] 2020 年有效样本数为 2038 份，2021 年有效样本数为 2921 份。

[2] 有效样本数为 2386 份。

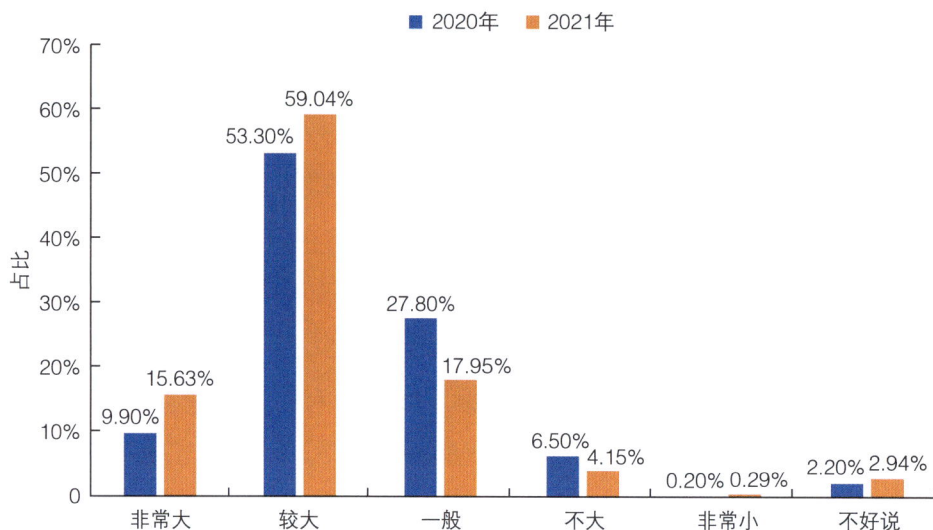

图 8-7　新冠肺炎疫情对中国创业投资机构影响的调查对比

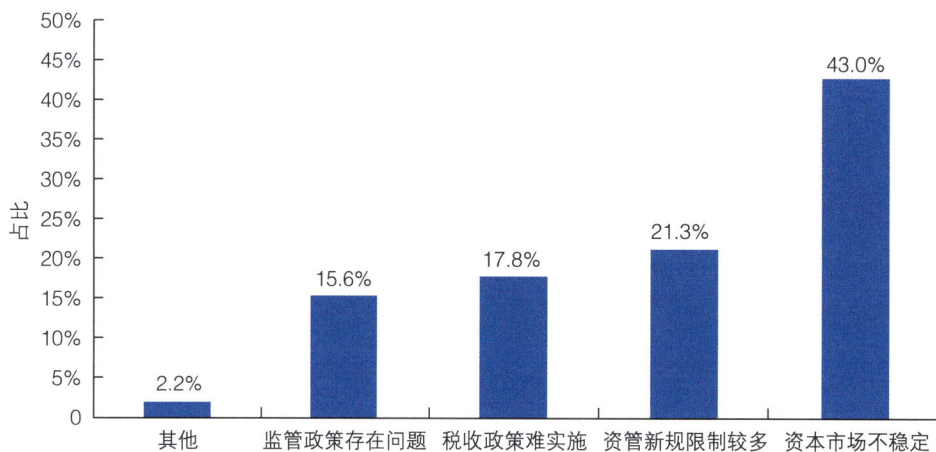

图 8-8　中国创业投资机构认为影响创业投资发展的政策堵点

与此同时，我们对政府引导基金的实施情况做了调查①，发现，创业投资机构认为政府引导基金实施的最大阻力在于资金募集困难，占比为 22.3%；认为政府引导基金投资效率偏低的占比为 21.5%；认为政府引导基金找不到好的投资项目的占比为 18.6%；对子基金的条件限制过严、财政拨款方式与投资时间错配、缺乏好的基金管理单位也是创业投资机构反映较多的问题，占比分别为 15.9%、11.3%、6.4%（图 8-9）。

---

① 有效样本数为 2376 份。

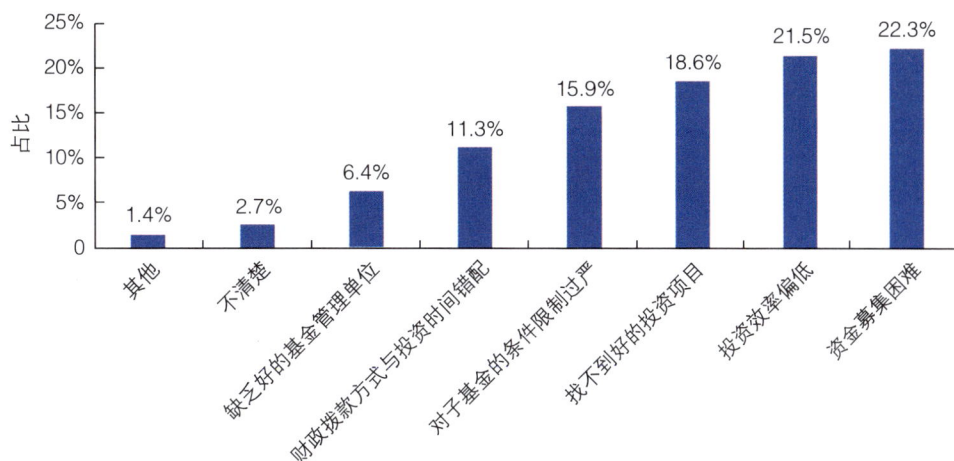

图 8-9　中国创业投资机构对政府引导基金存在问题的认知

8.3　中国促进创业投资发展的主要政策

　　政府部门的政策支持是创业投资发展的直接助推器。本节将对 2019—2021 年国家层面出台的促进创业投资发展的主要政策文件进行梳理（表 8-1）。

表 8-1　2019—2021 年中国促进创业投资发展的主要政策文件

政策领域	文件名称	发布时间	发布机构	主要内容
出台创业投资企业所得税政策	《关于创业投资企业个人合伙人所得税政策问题的通知》	2019 年	财政部、国家税务总局、国家发展改革委、证监会	提出创业投资企业可以选择按单一投资基金核算或按创业投资企业年度所得整体核算两种方式之一，对其个人合伙人来源于创业投资企业的所得计算个人所得税应纳税额
设立科创板	《关于在上海证券交易所设立科创板并试点注册制的实施意见》	2019 年	证监会	提出在上交所新设科创板，坚持面向世界科技前沿、面向经济主战场、面向国家重大需求，主要服务于符合国家战略、突破关键核心技术、市场认可度高的科技创新企业
	《最高人民法院关于为设立科创板并试点注册制改革提供司法保障的若干意见》	2019 年	最高人民法院	从司法角度，提出要促进发行、上市、信息披露、交易、退市等资本市场基础制度改革统筹推进，维护公开、公平、公正的资本市场秩序，保护投资者合法权益
规范相关基金管理事项	《最高人民法院关于进一步明确规范金融机构资产管理产品投资创业投资基金和政府出资产业投资基金有关事项的通知》	2019 年	国家发展改革委、中国人民银行、财政部、银保监会、证监会、外汇局	对创业投资基金和政府出资产业投资基金从范围、投向、运作等几个方面进行了规范

政策领域	文件名称	发布时间	发布机构	主要内容
营造外商投资的良好环境	《国务院关于进一步做好利用外资工作的意见》	2019 年	国务院	提出深化对外开放、加大投资促进力度、深化投资便利化改革、保护外商投资合法权益等
	《中华人民共和国外商投资法实施条例》	2019 年	国务院	围绕鼓励和促进外商投资、保护外商投资合法权益、规范外商投资管理、持续优化外商投资环境、推进更高水平对外开放等方面制定相关法律。于 2020 年 1 月 1 日实施
出台创业投资企业所得税试点政策	《国务院关于深化北京市新一轮服务业扩大开放综合试点建设国家服务业扩大开放综合示范区工作方案的批复》	2020 年	国务院	提出以中关村国家自主创新示范区为依托，打造创业投资集聚区，在中关村国家自主创新示范区开展公司型创业投资企业所得税优惠政策试点
	《关于中关村国家自主创新示范区公司型创业投资企业有关企业所得税试点政策的通知》	2020 年	财政部、国家税务总局、国家发展改革委、证监会	明确在北京市中关村国家自主创新示范区试行公司型创业投资企业的企业所得税优惠政策
完善创业投资退出渠道	《上市公司创业投资基金股东减持股份的特别规定》（2020 年修订）	2020 年	证监会	提出简化反向挂钩政策适用标准；取消大宗交易方式下减持受让方的锁定期限制；取消投资期限在 5 年以上的创业投资基金减持限制；调整投资期限计算方式；允许私募股权投资基金参照适用反向挂钩政策；明确弄虚作假申请政策的法律责任
	《创业板首次公开发行股票注册管理办法（试行）》《创业板上市公司证券发行注册管理办法（试行）》《创业板上市公司持续监管办法（试行）》《科创板上市公司证券发行注册管理办法（试行）》	2020 年	证监会	推出创业板、科创板改革举措
加强私募投资基金监管	《关于加强私募投资基金监管的若干规定》	2020 年	证监会	包括对私募基金管理人名称及经营范围、业务范围等的规范要求，并实行新老划断；对私募基金管理人出资人（股东）的规范要求；明确私募基金募集过程中的 10 项禁止行为；明确私募基金从业人员的 13 项禁止行为；明确私募基金投资活动的"负面清单"；细化私募基金提供借款、担保的要求

政策领域	文件名称	发布时间	发布机构	主要内容
支持中小企业直接融资	《关于健全支持中小企业发展制度的若干意见》	2020 年	工业和信息化部等 17 个部门	提出完善中小企业直接融资支持制度。大力培育创业投资市场，完善创业投资激励和退出机制，引导天使投资人群体、私募股权、创业投资等扩大中小企业股权融资，更多地投长、投早、投小、投创新等
营造外商投资的良好环境	《国务院办公厅关于进一步做好稳外贸稳外资工作的意见》	2020 年	国务院办公厅	提出给予重点外资企业金融支持，加大重点外资项目支持服务力度，鼓励外资更多投向高新技术产业，降低外资研发中心享受优惠政策门槛
完善资本市场，设立北京证券交易所	《建设高标准市场体系行动方案》	2021 年	中共中央办公厅、国务院办公厅	提出要促进资本市场健康发展。主要包括稳步推进股票发行注册制改革、建立常态化退市机制、培育资本市场机构投资者、降低实体经济融资成本
	《北京证券交易所向不特定合格投资者公开发行股票注册管理办法（试行）》《北京证券交易所上市公司证券发行注册管理办法（试行）》《北京证券交易所上市公司持续监管办法（试行）》《关于修改〈非上市公众公司监督管理办法〉的决定》《关于修改〈非上市公众公司信息披露管理办法〉的决定》	2021 年	证监会	规范北京证券交易所上市公司证券发行行为，规范北京证券交易所试点注册制公开发行相关活动，规范北京证券交易所上市公司相关各方行为等
加强私募基金管理	《关于依法从严打击证券违法活动的意见》	2021 年	中共中央办公厅、国务院办公厅	提出加快制定私募投资基金管理暂行条例，对创业投资企业和创业投资管理企业实行差异化监管和行业自律
	《关于加强私募投资基金监管的若干规定》	2021 年	证监会	形成私募基金管理人及从业人员等主体的"十不得"禁止性要求
	《中国银保监会办公厅关于资产支持计划和保险私募基金登记有关事项的通知》	2021 年	银保监会	决定将资产支持计划和保险私募基金由注册制改为登记制
税收优惠试点	《关于上海市浦东新区特定区域公司型创业投资企业有关企业所得税试点政策的通知》	2021 年	财政部、国家税务总局、国家发展改革委、证监会	提出在上海市浦东新区特定区域试行公司型创业投资企业的企业所得税优惠政策

续表

政策领域	文件名称	发布时间	发布机构	主要内容
优化创新创业环境	《国务院关于印发"十四五"就业促进规划的通知》	2021年	国务院	加强创业政策支持。拓展创业企业直接融资渠道，健全投资生态链，更好发挥创业投资引导基金和私募股权基金作用，加大初创期、种子期投入
	《国务院办公厅关于进一步支持大学生创新创业的指导意见》	2021年	国务院办公厅	提出对创业投资企业、天使投资人投资于未上市的中小高新技术企业及种子期、初创期科技型企业的投资额，按规定抵扣所得税应纳税所得额等

2021年，我国完善和优化创业投资环境的主要做法如下。

（1）通过促进资本市场健康发展建设高标准市场体系

建设高标准市场体系是加快完善社会主义市场经济体制的重要内容，对加快构建以国内大循环为主体、国内国际双循环相互促进的新发展格局具有重要意义。2021年1月，中共中央办公厅、国务院办公厅印发《建设高标准市场体系行动方案》，其中提出要促进资本市场健康发展，政策措施主要包括：稳步推进股票发行注册制改革、建立常态化退市机制、培育资本市场机构投资者、降低实体经济融资成本。习近平总书记在2021年中国国际服务贸易交易会全球服务贸易峰会上的致辞中宣布，将继续支持中小企业创新发展，深化新三板改革，设立北京证券交易所，打造服务创新型中小企业主阵地。2021年10月，根据深化新三板改革、将精选层变更设立为北京证券交易所并试点注册制的总体要求，证监会起草了《北京证券交易所向不特定合格投资者公开发行股票注册管理办法（试行）》《北京证券交易所上市公司证券发行注册管理办法（试行）》《北京证券交易所上市公司持续监管办法（试行）》《关于修改〈非上市公众公司监督管理办法〉的决定》《关于修改〈非上市公众公司信息披露管理办法〉的决定》等政策文件，规范北京证券交易所上市公司证券发行行为，规范北京证券交易所试点注册制公开发行相关活动，规范北京证券交易所上市公司相关各方行为等。

（2）加强私募基金管理

私募基金行业在快速发展的同时伴随着各种乱象，包括公开或变相公开募集资金、规避合格投资者要求、不履行登记备案义务，以及错综复杂的集团化运作、资金池运作、利益输送、自融自担等，甚至出现侵占、挪用基金财产及非法集资等严重侵害投资者利益的违法违规行为，行业风险逐步显现，近年来以阜兴系、金诚系等为代表的典型风险事件对行业声誉和良性生态产生重大负面影响。2021年1月，证监会发布《关于加强私募投资基金监管的若干规定》，形成了私募基金管理人及从业人员等主体的"十不得"禁止性要求，进一步引导私募基金行业树立底线意识、合规意识，对于优化私募基金行业生态具有积极意义。为强化私募违法责任，2021 年 7 月，中共中央办公厅、国务院办公厅印发了《关于依法从严打击证券违法活动的意见》，提出打击证券违法活动是维护资本市场秩序、有效发挥资本市场枢纽功能的重要保障；加大对私募领域非法集资、私募基金管理人及其从业人员侵占或挪用基金财产等行为的刑事打击力度；加快制定私募投资基金管理暂行条例，对创业投资企业和创业投资管理企业实行差异化监管和行业自律。2021 年 9 月，《中国银保监会办公厅关于资产支持计划和保险私募基金登记有关事项的通知》发布，决定将资产支持计划和保险私募基金由注册制改为登记制，旨在通过明确登记环节、缩短登记时间及压实机构主体责任等方式，进一步规范产品发行，并提高产品发行效率。

（3）扩大公司型创业投资企业所得税试点政策范围

继 2020 年财政部、国家税务总局等部委联合印发《关于中关村国家自主创新示范区公司型创业投资企业有关企业所得税试点政策的通知》之后，其他地区试点有序推进。2021 年 4 月，《中共中央 国务院关于支持浦东新区高水平改革开放打造社会主义现代化建设引领区的意见》提出，在浦东特定区域开展公司型创业投资企业所得税优惠政策试点，在试点期内，对符合条件的公司型创业投资企业按照企业年末个人股东持股比例免征企业所得税，鼓励长期投资，个人股东从该企业取得的股息红利按照规定缴纳个人所得税；同时提出，在总结评估相关试点经验基础上，适时研究在浦东依法依规开设私募股权和创业投资股权份额转让平台，推动私募股权和创业投资股权份额二级交易市场发展。2021 年 9 月，《关于上海市浦东新区特定区域公司型创业投资企业有关企业所得税试点政策的通知》提出，在上海市浦东新区特定区域试行公司型创业投资企业的企业所得税优惠政策，对上海市浦东新区特定区域内公司型创业投资企业，转让持有 3 年以上股权的所得占年度股权转让所得总额的比例超过 50% 的，按照年末个人股东持股比例减半征收当年企业所得税；转让持有 5 年以上股权的所得占年度股权转让所得总额的比例超过 50% 的，按照年末个人股东持股比例免征当年企业所得税。

（4）优化创新创业环境

优化创新创业环境是应对新冠肺炎疫情冲击、推动经济复苏的重要举措。2021 年 8 月，《国务院关于印发"十四五"就业促进规划的通知》发布，提出加强创业政策支持；并指出，要拓展创业企业直接融资渠道，健全投资生态链，更好发挥创业投资引导基金和私募股权基金的作用，加大初创期、种子期投入；提升创业板服务成长型创业企业功能，支持符合条件的企业发行企业债券。2021 年 10 月，《国务院办公厅关于进一步支持大学生创新创业的指导意见》发布，提出对创业投资企业、天使投资人投资于未上市的中小高新技术企业及种子期、初创期科技型企业的投资额，按规定抵扣所得税应纳税所得额；并提出，加快发展天使投资，培育一批天使投资人和创业投资机构；发挥财政政策作用，落实税收政策，支持天使投资、创业投资发展，推动大学生创新创业。

9

中国创业投资引导基金发展情况

9.1 中国创业投资引导基金支持创业投资发展概况

截至 2021 年底，政府引导基金带动的创业投资参股基金累计 623 支，较 2020 年累计数量增加了 92 支；引导基金累计出资 966.57 亿元，较上年累计数量减少了 87.13 亿元；带动创业投资机构管理资本规模 4132.67 亿元，较上年累计数量增加了 644.39 亿元。

2021 年调查结果显示[①]，获得引导基金支持的创业投资机构平均管理资本规模达到 13.57 亿元，比 2020 年增加了 5.55 亿元，上升幅度为 69.11%。未获得引导基金支持的创业投资机构平均管理资本规模为 3.99 亿元，比 2020 年减少了 4.70 亿元，下降幅度为 54.06%（图 9-1）。

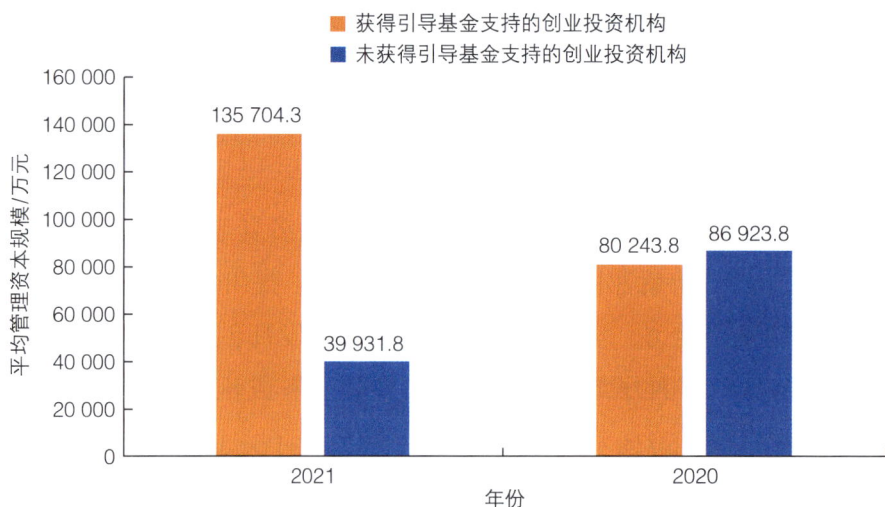

图 9-1 2020 年、2021 年获得引导基金支持的创业投资机构与未获得引导基金支持的创业投资机构的平均管理资本规模对比

---

① 有效样本数：获得引导基金支持 822 份，未获得引导基金支持 1837 份。

我们按照两种方式来划分创业投资机构的资金募集来源：一种按照机构类型划分；另一种按照金融资本属性划分。

按机构类型划分，2021年数据显示，获得引导基金支持的创业投资机构资本构成中，"政府引导基金"资本高居首位，占比高达27.0%，较上年有所提升；第二是"国有独资投资机构"，占比为22.1%，与2020年基本相当；第三是"民营机构"，占比为21.0%，较上年略有下降。未获得引导基金支持的创业投资机构资本构成中，最多的来自"国有独资投资机构"，占比为29.3%；"民营机构"占比由2020年的18.5%上升至22.5%，位居第二；"其他"占比为18.1%（图9-2）。

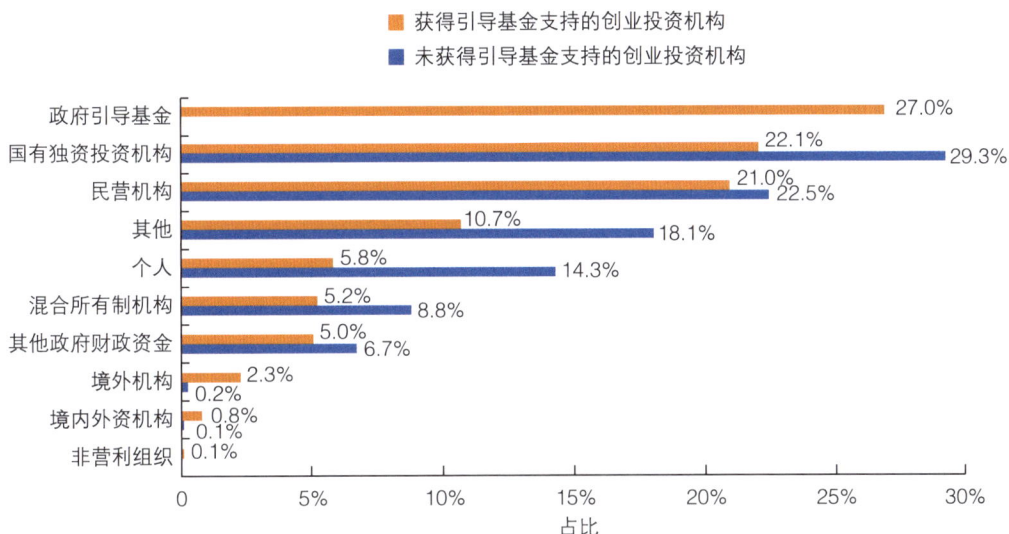

图9-2 获得引导基金支持的创业投资机构与未获得引导基金支持的创业投资机构的资本构成（分类一）对比（2021年）

按金融资本属性划分，2021年数据显示，获得引导基金支持的创业投资机构资本构成中，"基金"占比为44.5%，高居首位；第二为"非金融资本"，占比为42.0%；"其他金融资本"占比为8.0%，位列第三；银行、证券、保险、信托等金融资本占比之和仅为5.4%。未获得引导基金支持的创业投资机构资本构成中，"非金融资本"占比为52.0%，"基金"占比为32.3%，"其他金融资本"占比为10.1%，银行、证券、保险、信托等金融资本占比同样很少，整体分布与2020年基本一致（图9-3）。

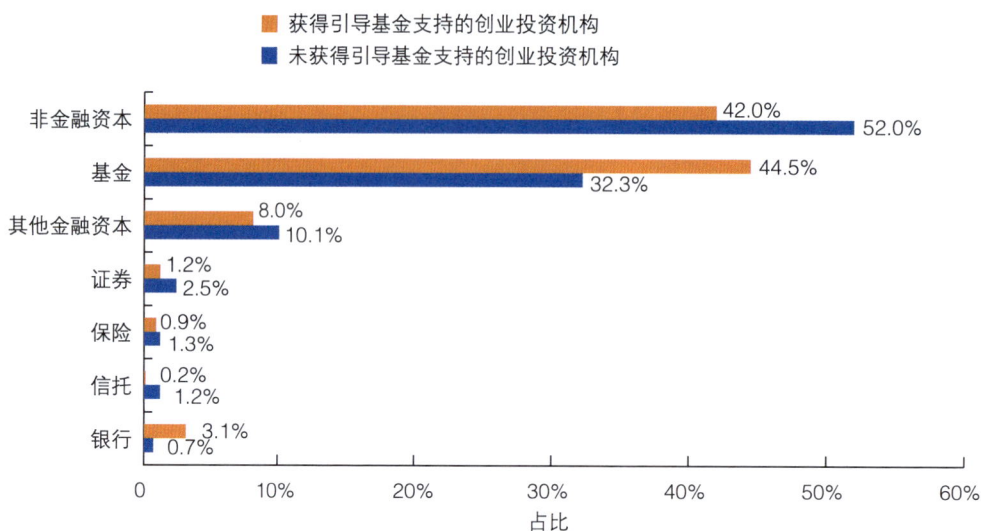

图 9-3　获得引导基金支持的创业投资机构与未获得引导基金支持的
创业投资机构的资本构成（分类二）对比（2021 年）

9.2　中国创业投资引导基金投资项目的行业分布

从投资金额[①]来看，获得引导基金支持和未获得引导基金支持的创业投资机构的投资项目行业分布情况如图 9-4 所示[②]。2021 年获得引导基金支持的创业投资机构倾向于投资半导体、其他制造业、医药保健、软件产业、新材料工业等领域，5 个行业合计的投资金额占比达 55.5%；未获得引导基金支持的创业投资机构倾向于投资半导体、其他行业、医药保健、其他制造业、生物科技等领域，5 个行业合计的投资金额占比达 52.4%。

从投资项目数量来看，获得引导基金支持和未获得引导基金支持的创业投资机构的投资项目行业分布情况如图 9-5 所示[③]。2021 年获得引导基金支持的创业投资机构倾向于投资半导体、医药保健、其他行业、其他制造业、软件产业、生物科技等领域，这 6 个行业合计的投资项目数占比达到 57.5%；未获得引导基金支持的创业投资机构倾向于投资其他行业、半导体、医药保健、生物科技、新材料工业、其他制造业等领域，这 6 个行业合计的投资项目数占比达到 52.8%。

---

① 排除未获得引导基金支持但资本来源中有引导基金的机构。

② 有效样本数：获得引导基金支持 1318 份，未获得引导基金支持 2104 份。

③ 有效样本数：获得引导基金支持 1965 份，未获得引导基金支持 1457 份。

■ 获得引导基金支持的创业投资机构
■ 未获得引导基金支持的创业投资机构

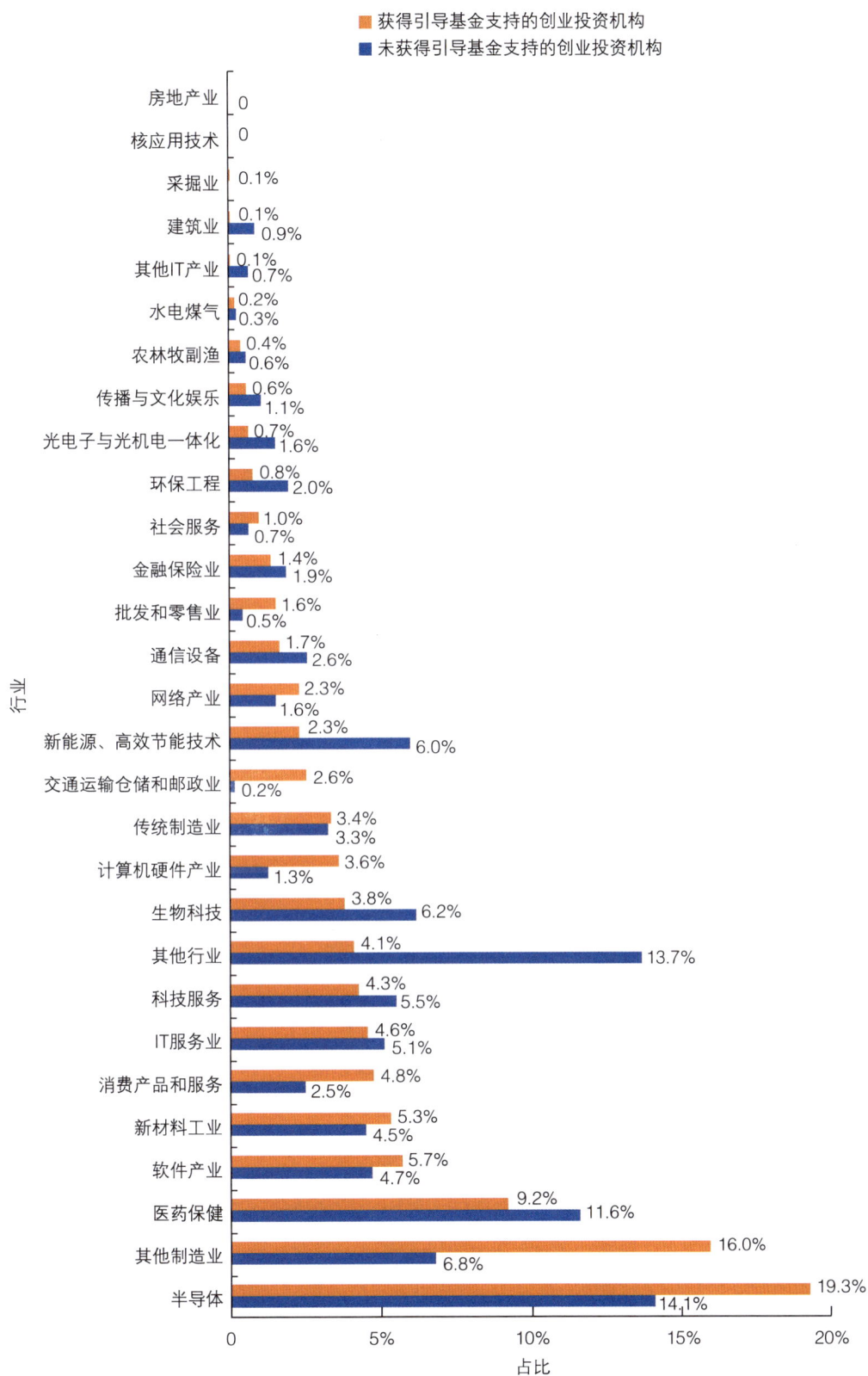

行业	获得引导基金支持	未获得引导基金支持
房地产业	0	
核应用技术	0	
采掘业	0.1%	
建筑业	0.1%	0.9%
其他IT产业	0.1%	0.7%
水电煤气	0.2%	0.3%
农林牧副渔	0.4%	0.6%
传播与文化娱乐	0.6%	1.1%
光电子与光机电一体化	0.7%	1.6%
环保工程	0.8%	2.0%
社会服务	1.0%	0.7%
金融保险业	1.4%	1.9%
批发和零售业	1.6%	0.5%
通信设备	1.7%	2.6%
网络产业	2.3%	1.6%
新能源、高效节能技术	2.3%	6.0%
交通运输仓储和邮政业	2.6%	0.2%
传统制造业	3.4%	3.3%
计算机硬件产业	3.6%	1.3%
生物科技	3.8%	6.2%
其他行业	4.1%	13.7%
科技服务	4.3%	5.5%
IT服务业	4.6%	5.1%
消费产品和服务	4.8%	2.5%
新材料工业	5.3%	4.5%
软件产业	5.7%	4.7%
医药保健	9.2%	11.6%
其他制造业	16.0%	6.8%
半导体	19.3%	14.1%

占比

图 9-4　获得引导基金支持和未获得引导基金支持的创业投资机构的投资
项目（按投资金额）行业分布情况（2021 年）

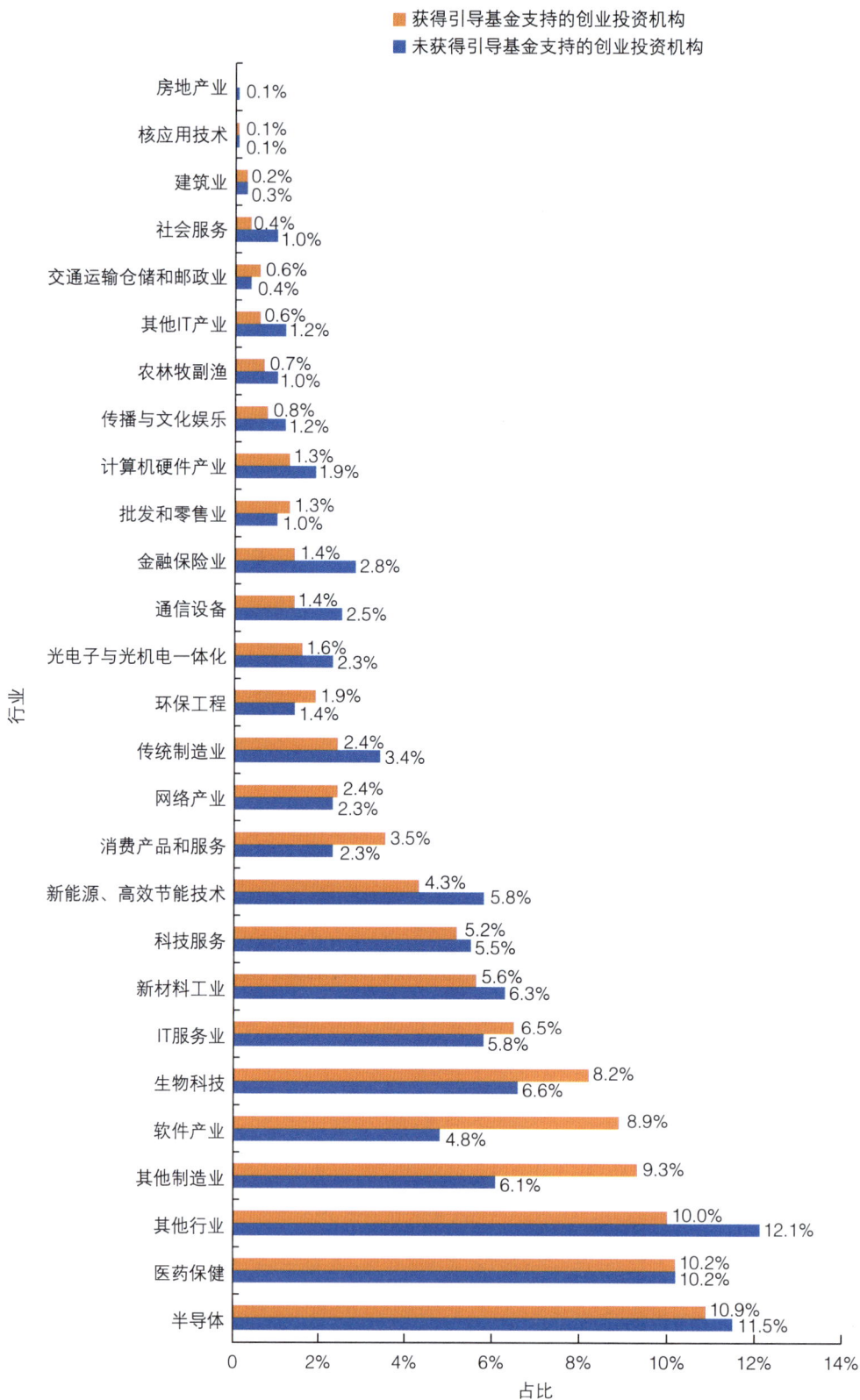

图 9-5　获得引导基金支持和未获得引导基金支持的创业投资机构的
投资项目（按投资项目数量）行业分布情况（2021 年）

9

从获得引导基金支持创业投资机构的投资项目行业分布趋势看，按投资金额计算，2021年在其他制造业、半导体、交通运输仓储和邮政业、软件产业等方面的投资金额有明显提升，在生物科技、医药保健、其他行业、网络产业等方面的投资金额有所下降。按投资项目数量计算，2021年获得引导基金支持创业投资机构的投资项目数量在其他行业、其他制造业、软件产业等方面有所提升，在计算机硬件产业等方面略有下降，整体行业分布基本稳定（表9-1）。

表 9-1 获得引导基金支持创业投资机构的投资项目行业分布（2019—2021 年）

行业	投资金额占比			投资项目占比		
	2021 年	2020 年	2019 年	2021 年	2020 年	2019 年
生物科技	3.8%	6.6%	3.7%	8.2%	8.0%	5.7%
医药保健	9.2%	16.0%	9.6%	10.2%	11.1%	10.1%
其他行业	4.1%	13.7%	8.4%	10.0%	8.4%	7.2%
其他制造业	16.0%	7.1%	9.1%	9.3%	7.7%	10.3%
金融保险业	1.4%	0.5%	1.6%	1.4%	1.1%	2.4%
软件产业	5.7%	4.4%	3.9%	8.9%	6.8%	5.1%
IT 服务业	4.6%	3.6%	3.9%	6.5%	6.2%	5.7%
新能源、高效节能技术	2.3%	1.7%	9.2%	4.3%	3.5%	4.1%
新材料工业	5.3%	4.2%	4.5%	5.6%	5.5%	4.4%
传统制造业	3.4%	1.9%	9.3%	2.4%	2.8%	3.5%
环保工程	0.8%	1.1%	2.2%	1.9%	1.5%	3.0%
消费产品和服务	4.8%	5.8%	2.1%	3.5%	2.8%	4.7%
网络产业	2.3%	4.8%	4.8%	2.4%	3.0%	4.9%
建筑业	0.1%	0.8%	0	0.3%	0.6%	0.2%
农林牧副渔	0.4%	0.6%	1.7%	0.7%	1.0%	0.9%
传播与文化娱乐	0.6%	1.1%	3.9%	0.8%	1.4%	2.0%
科技服务	4.3%	3.3%	3.4%	5.2%	5.2%	8.1%
通信设备	1.7%	2.3%	1.1%	1.4%	2.7%	2.3%
半导体	19.3%	12.5%	10.0%	10.9%	11.7%	5.4%
交通运输仓储和邮政业	2.6%	0.1%	0.7%	0.6%	0.2%	0.8%
其他 IT 产业	0.1%	0.3%	0.6%	0.6%	0.4%	1.6%
计算机硬件产业	3.6%	4.4%	0.9%	1.3%	3.0%	2.2%
光电子与光机电一体化	0.7%	1.3%	2.6%	1.6%	3.1%	2.6%
社会服务	1.0%	0.8%	0.7%	0.4%	0.9%	1.2%
批发和零售业	1.6%	0.7%	1.0%	1.3%	1.0%	0.9%
水电煤气	0.2%	0.1%	—	0.1%	0.2%	—
采掘业	0.1%	0.1%	—	0.1%	0.2%	—
核应用技术	—	0.3%	—	0.1%	—	—

9.3 中国创业投资引导基金投资项目所处阶段

从投资金额来看，2021 年获得引导基金支持与未获得引导基金支持的创业投资项目所处阶段比较如图 9-6 所示 [①]。

在种子期，获得引导基金支持的创业投资机构占比为 16.9%，未获得引导基金支持的创业投资机构占比为 7.3%；在起步期，获得引导基金支持的创业投资机构的比例为 28.7%，未获得引导基金支持的创业投资机构的比例为 26.8%；在成长（扩张）期，获得引导基金支持的创业投资机构占比为 40.4%，未获得引导基金支持的创业投资机构占比为 48.5%；在成熟（过渡）期，获得引导基金支持的创业投资机构占比为 13.9%，未获得引导基金支持的创业投资机构占比为 15.6%。总体而言，获得引导基金支持的创业投资机构在早前期阶段（种子期和起步期）的项目投资金额占比明显高于未获得引导基金支持的创业投资机构。与 2020 年相比，2021 年获得引导基金支持的创业投资机构在种子期的项目金额占比明显增加，在成长（扩张）期的项目金额占比有所减少，其余阶段的项目金额分布基本保持稳定。未获得引导基金支持的创业投资机构在起步期、成熟（过渡）期的项目金额占比明显提升，在成长（扩张）期的项目金额占比由 63.8% 下降至 48.5%，降幅达 15.3 个百分点。

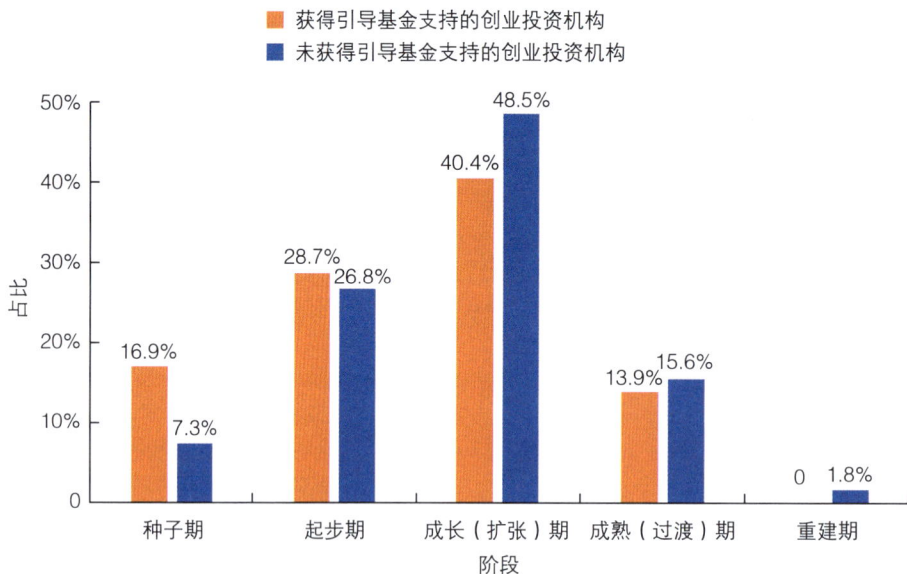

图 9-6　获得引导基金支持与未获得引导基金支持的创业投资项目
所处阶段比较（按投资金额）（2021 年）

[①] 有效样本数：获得引导基金支持 1945 份，未获得引导基金支持 1457 份。

从投资项目①来看，在种子期，获得引导基金支持的创业投资机构占比为 21.0%，未获得引导基金支持的创业投资机构占比为 25.3%；在起步期，获得引导基金支持的创业投资机构的比例为 39.7%，未获得引导基金支持的创业投资机构的比例为 28.1%；在成长（扩张）期，获得引导基金支持的创业投资机构占比为 34.6%，未获得引导基金支持的创业投资机构占比为 39.7%；在成熟（过渡）期，获得引导基金支持的创业投资机构占比为 4.6%，未获得引导基金支持的创业投资机构占比为 6.4%（图 9-7）。总体而言，获得引导基金支持的创业投资机构在起步期的投资项目数量占比显著高于未获得引导基金支持的创业投资机构，而在种子期、成长（扩张）期则略有差距。与 2020 年相比，2021 年获得引导基金支持的创业投资机构在种子期、起步期的项目占比有所增加，在成长（扩张）期、成熟（过渡）期的项目占比有所减少。未获得引导基金支持的创业投资机构在种子期的项目占比增势显著；而在起步期、成长（扩张）期、成熟（过渡）期的项目占比均有所下降。

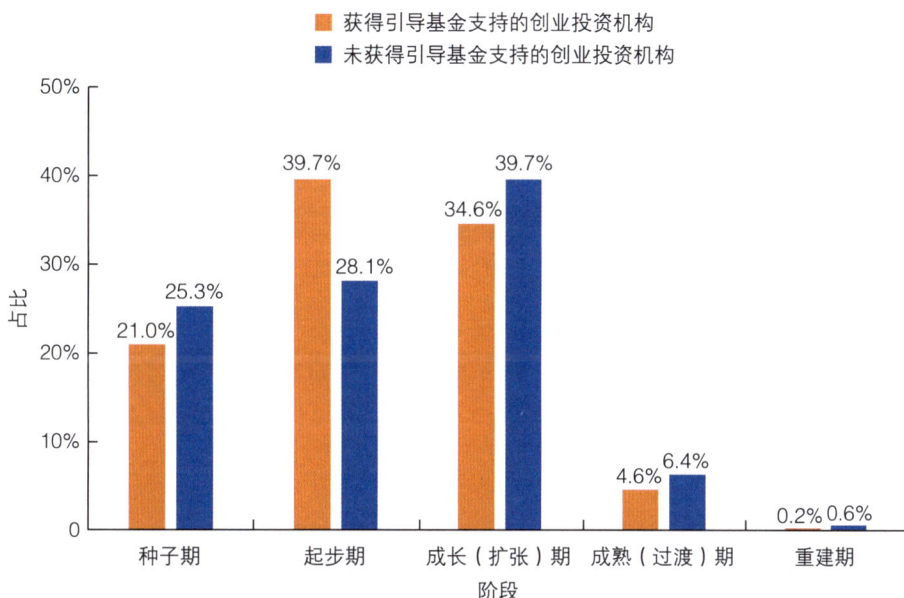

图 9-7　获得引导基金支持与未获得引导基金支持的创业投资项目
所处阶段比较（按投资项目数量）（2021 年）

9.4　中国创业投资引导基金投资项目运作情况

2021 年，获得引导基金支持的创业投资机构与未获得引导基金支持的创业投资机构在投资强度上略有差异。相比而言，获得引导基金支持的创业投资机构投资强度更大，2000 万元以上项目的投资占比为 76.0%，高于未获得引导基金支持的创业投资机构（图 9-8、表 9-2）。

---

① 排除未获得引导基金支持但资本来源中有引导基金的机构。

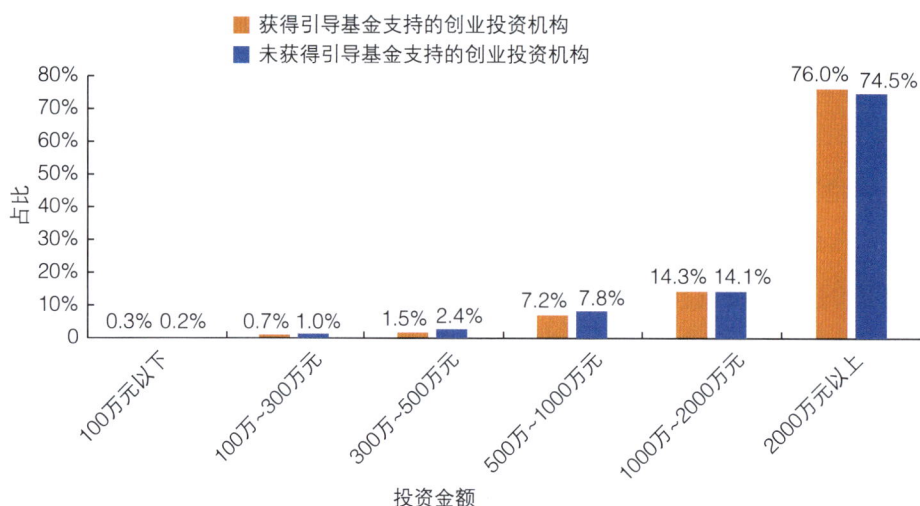

图 9-8　获得引导基金支持与未获得引导基金支持的创业投资机构单项投资金额分布（2021 年）

表 9-2　获得引导基金支持的创业投资机构与未获得引导基金支持的创业投资机构单项投资金额占比

类别	100 万元以下	100 万 ~ 300 万元	300 万 ~ 500 万元	500 万 ~ 1000 万元	1000 万 ~ 2000 万元	2000 万元以上
获得引导基金支持的创业投资机构	0.3%	0.7%	1.5%	7.2%	14.3%	76.0%
未获得引导基金支持的创业投资机构	0.2%	1.0%	2.4%	7.8%	14.1%	74.5%

　　从投资趋势来看，2021 年，获得引导基金支持的创业投资机构投资金额在 2000 万元以上的项目占比明显增加，接近 5 年内最高值（2019 年为 77.2%）（表 9-3）。

表 9-3　获得引导基金支持的创业投资机构的单项投资金额占比（2017—2021 年）

年份	100 万元以下	100 万 ~ 300 万元	300 万 ~ 500 万元	500 万 ~ 1000 万元	1000 万 ~ 2000 万元	2000 万元以上
2017	0.2%	1.4%	3.5%	8.6%	17.5%	68.8%
2018	0.2%	1.4%	3.1%	6.8%	13.4%	75.0%
2019	0.2%	1.2%	2.5%	6.4%	12.6%	77.2%
2020	0.1%	1.1%	2.8%	8.8%	16.2%	70.9%
2021	0.3%	0.7%	1.5%	7.2%	14.3%	76.0%

　　统计数据显示，2021 年获得引导基金支持的创业投资机构共计投资了 940 家高新技术企业，未获得引导基金支持的创业投资机构共计投资了 634 家高新技术企业。可见，获得

引导基金支持的创业投资机构更倾向于选择高新技术企业进行投资。与2020年相比，获得引导基金支持的创业投资机构投资于高新技术企业项目占比和平均投资金额均有所上升（表9-4）。

表9-4 创业投资机构项目中投资高新技术企业情况（2020—2021年）

类别	投资高新技术企业数量/家		投资高新技术企业项目占比		平均投资金额/万元	
	2021年	2020年	2021年	2020年	2021年	2020年
未获得引导基金支持的创业投资机构	634	351	39.6%	30.6%	2018.9	1895.4
获得引导基金支持的创业投资机构	940	551	44.3%	42.2%	2717.8	2144.7

图9-9和表9-5对比了2021年获得引导基金支持创业投资机构和未获得引导基金支持创业投资机构的项目运作状况。结果显示，获得引导基金支持创业投资机构的投资项目绝大多数还在继续运行，少数选择股东（管理者、同行）回购或被境内收购等；未获得引导基金支持的创业投资机构的投资项目中，70.1%在继续运行，选择股东（管理者、同行）回购、境内上市、清算的比例分别为8.1%、4.3%、3.3%，还有极少数项目选择被境内收购、被境外收购、境外上市等。相比2020年，2021年获得引导基金支持创业投资机构和未获得引导基金支持创业投资机构的投资项目继续运行的比例均略有增加，分别由77.4%上升至82.0%、由67.1%上升至70.1%。

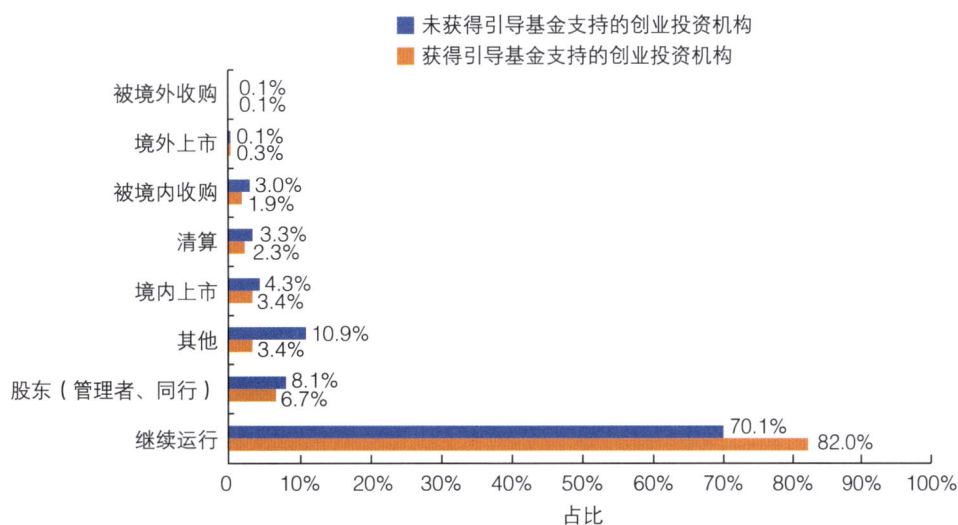

图9-9 获得引导基金支持与未获得引导基金支持的创业投资机构投资项目运作情况对比（2021年）

表 9-5 创业投资机构投资项目运作情况（2021年）

类别	继续运行	股东（管理者、同行）回购	其他	境内上市	清算	被境内收购	境外上市	被境外收购
获得引导基金支持的创业投资机构	82.0%	6.7%	3.4%	3.4%	2.3%	1.9%	0.3%	0.1%
未获得引导基金支持的创业投资机构	70.1%	8.1%	10.9%	4.3%	3.3%	3.0%	0.1%	0.1%

附　录

附录 A　2021 年美国创业投资回顾

一、总体概括

2021 年，美国创业投资活动达到了历史新高。美国创业投资基金的融资规模首次突破 1000 亿美元，创业投资额超过 3000 亿美元，创业投资支持的 IPO 融资规模超过 5000 亿美元，同时披露的创业投资支持的并购交易规模首次超过 1000 亿美元。

截至 2021 年底，美国共有 2889 家公司管理着 5338 支风险基金，管理的创业投资资产规模达到 9950 亿美元，其中约有 22% 为尚未动用的资金（附表 A-1、附图 A-1）。

附表 A-1　美国创业投资总体情况

指标	2007 年	2013 年	2021 年
现存创业投资管理机构数量 / 家	987	1132	2889
现存创业投资基金数量 / 支	1619	1767	5338
首次募集的创业投资机构数量 / 家	46	91	184
当年募集资金的创业投资基金数量 / 家	201	326	771
当年募集的资本额 / 十亿美元	33.8	22.4	131.2
创业投资管理资本金额 / 十亿美元	225.7	293.3	995.3
平均创业投资管理资本额 / 百万美元	217.4	224.9	353.6
平均创业投资基金规模 / 百万美元	128.1	131.0	129.7
当年新增创业投资基金平均规模 / 百万美元	185.5	88.7	185.5
创业投资管理机构管理资金规模中位值 / 百万美元	66.9	54.4	56.2

续表

指标	2007 年	2013 年	2021 年
截至目前创业投资基金规模中位值 / 百万美元	55.0	52.0	45.0
当年创业投资基金规模中位值 / 百万美元	100.0	29.7	50.0
截至目前最大创业投资基金募集额 / 百万美元	3000.0	1200.0	6655.3

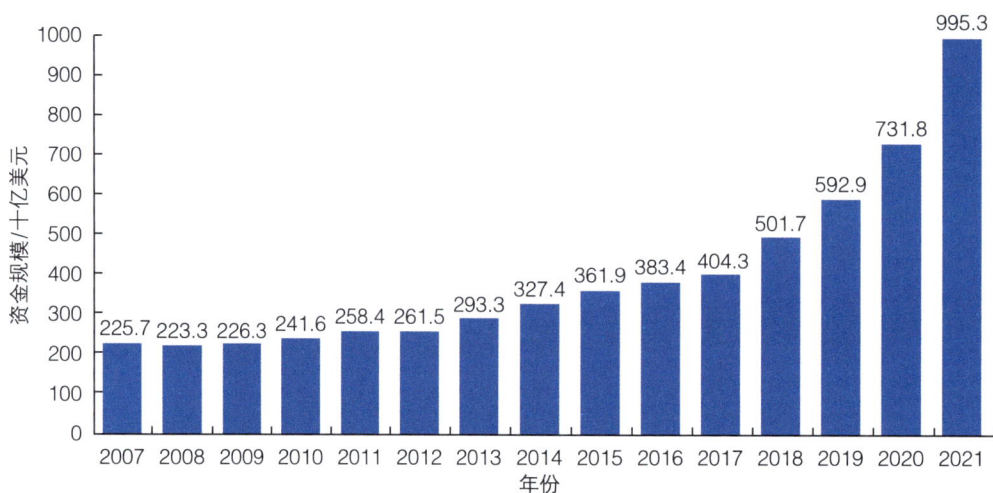

附图 A-1　美国创业投资管理资金规模（2007—2021 年）

　　2021 年，美国创业投资公司规模的中位值为 5600 万美元。尽管创业投资资产管理规模不断扩大，但大型基金占比仍然较低。截至 2021 年底，66% 的公司管理的资金规模不到 1 亿美元，132 家公司管理的资金规模超过 10 亿美元（附图 A-2）。

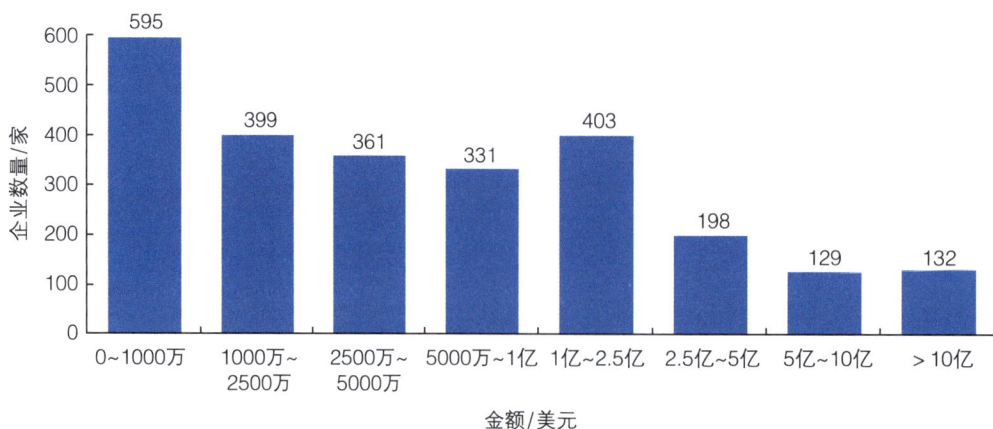

附图 A-2　美国创业投资管理资金规模分布（2021 年）

2021 年，全球共有 17 342 家活跃投资者对美国企业进行一轮或多轮投资，创下 2010 年以来的年度纪录。2021 年美国创业投资者数量为 3401 人，自 2004 年以来增加了 2.3 倍。进行首轮投资的美国创业投资者数量增加至 1751 家，此前 3 年一直稳定在 1400 家左右。从全球范围来看，由于中国、欧盟等地创业投资的发展，美国交易额占全球交易额的百分比从 2004 年的 82% 下降到了 2021 年的 48.8%（附表 A-2）。

附表 A-2　美国创业投资交易量在全球的占比情况

年份	全球交易额 / 十亿美元	美国交易额 / 十亿美元	全球交易量 / 项	美国交易量 / 项	美国交易额占全球交易额的百分比	美国交易量占全球交易量的百分比
2009	37.7	27.8	7211	4581	73.7%	63.5%
2010	48.6	32.0	9400	5560	65.8%	59.1%
2011	68.1	45.4	11 926	6901	66.7%	57.9%
2012	62.3	41.6	14 236	8026	66.9%	56.4%
2013	74.4	49.6	17 613	9512	66.6%	54.0%
2014	120.4	73.9	21 862	10 709	61.4%	49.0%
2015	177.3	85.8	27 323	11 341	48.4%	41.5%
2016	191.6	82.6	27 544	10 215	43.1%	37.1%
2017	200.7	88.5	29 021	11 101	44.1%	38.3%
2018	339.4	144.3	31 870	11 622	42.5%	36.5%
2019	309.8	144.8	32 110	12 510	46.7%	39.0%
2020	351.8	167.1	31 891	12 173	47.5%	38.2%
2021	682.6	332.8	40 072	15 855	48.8%	39.6%

二、资金募集

2021 年，美国有 771 支创业投资基金完成了 1310 亿美元的资金募集，较 2020 年分别增长 2% 和 55%；创业投资基金募集金额首次超过 1000 亿美元，创下了新的年度纪录（附图 A-3）。

附图 A-3　美国创业投资基金募集情况（2007—2021 年）

　　2021 年，规模在 20 亿美元以上的创业投资基金达到 10 支，使创业投资基金的中位值和平均规模分别达到 5000 万美元和 1.85 亿美元，这是自 2008 年以来的最高年度基金规模（附表 A-3）。

附表 A-3　美国募集的十大创业投资基金（2021 年）

投资者	基金名称	基金规模 /百万美元	募资完成日	基金所在州
老虎全球管理基金	老虎全球私募投资合伙人团体 14 期	6655.3	2021-03-31	纽约州
TCV	TCV 11 期	4000.0	2021-01-27	加利福尼亚州
旗舰先锋	旗舰先锋基金 7 期	3400.0	2021-06-14	马萨诸塞州
西北风险合作伙伴	西北风险合作伙伴 16 期	3000.0	2021-12-14	加利福尼亚州
范式（加密基金）	范式 1 基金	2486.0	2021-12-16	加利福尼亚州
柏尚风险投资公司	柏尚风险合作伙伴 11 期	2475.0	2021-02-25	纽约州
阿塞尔	阿塞尔领导人 3 期	2350.1	2021-04-08	加利福尼亚州
安德森·霍洛维茨基金	a16z 加密 3 期	2200.0	2021-06-24	加利福尼亚州
TPG	上升基金 2 期	2170.1	2021-05-10	哥伦比亚特区
债券资本（旧金山）	债券资本基金 2 期	2000.0	2021-03-04	加利福尼亚州

三、投资活动

2021 年，美国创业投资企业共向 14 411 家企业投资了 3328 亿美元，两项指标均创下了年度纪录（附图 A-4）。2021 年已连续 5 年有超过 1 万家企业获得创业投资，同时连续 4 年每年投资超过 1400 亿美元。

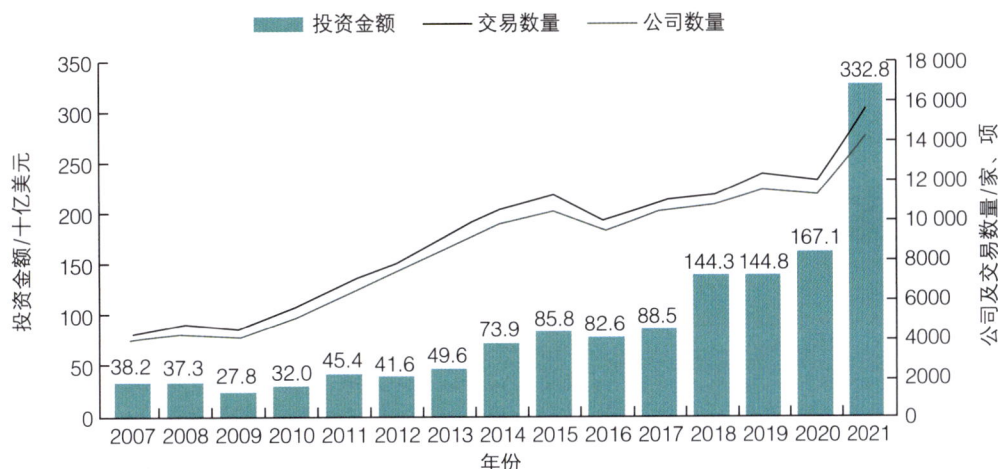

附图 A-4　美国创业投资企业当年投资情况（2007—2021 年）

与 2020 年相比，2021 年美国创业投资的大型交易增加了一倍多，共有 770 项交易，占总投资资本的 56%。这些大型交易中有许多是针对独角兽企业的，因为这些企业往往规模更大，而且处于成长周期的后期。独角兽企业吸引了 1400 多亿美元的投资，占总投资资本的 42%。2021 年完成的交易数量占总交易数量的 4%。2021 年，美国创业投资企业投资独角兽企业的金额较 2020 年增加 1.67 倍（附图 A-5）。

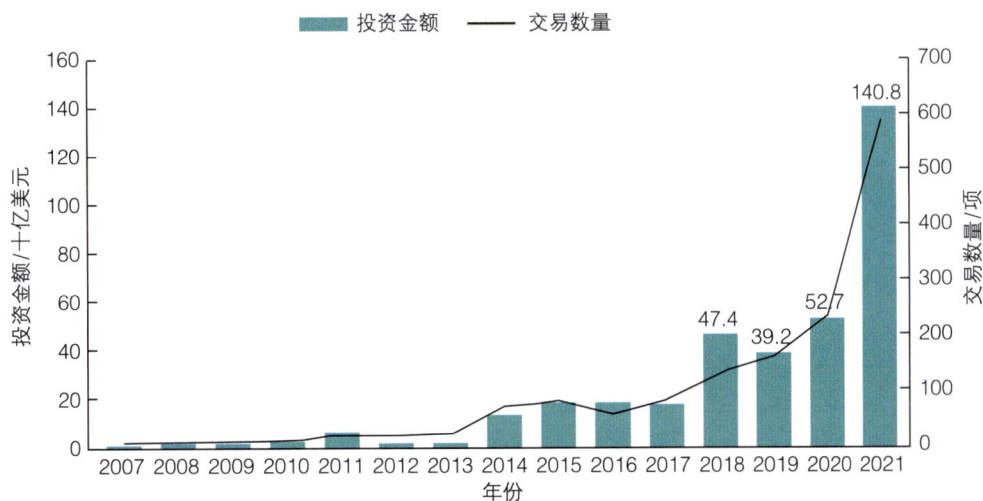

附图 A-5　美国创业投资企业投资独角兽企业情况（2007—2021 年）

（一）投资阶段

在经历了 2020 年的下降后，2021 年美国投资于天使 / 种子期的交易数量有所反弹，并达到了新高，有 6181 项天使 / 种子期交易筹集了 184 亿美元。然而，天使 / 种子期投资在创业投资交易总数中的比例降至 38.98%。2021 年，投资早期的交易数量创下了新的纪录，共有 4747 项交易，占创业投资交易总数的 30%，略高于 2020 年的比例（占比为 26.8%），融资 766 亿美元；投资后期的交易数量接近 5000 项，融资 2378 亿美元，分别占总交易数和投资资本的 31% 和 71%（附表 A-4、附图 A-6）。

附表 A-4　美国创业投资的阶段分布（按交易数量）　　　　单位：项

阶段	2012 年	2013 年	2014 年	2015 年	2016 年	2017 年	2018 年	2019 年	2020 年	2021 年
天使 / 种子期	3474	4595	5219	5719	4918	5228	5190	5549	5323	6181
早期	2517	2772	3078	3165	2945	3264	3418	3527	3263	4747
后期	2035	2145	2412	2457	2352	2609	3014	3434	3587	4927

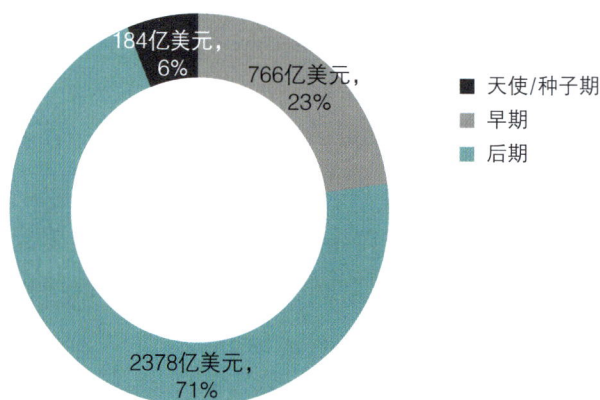

附图 A-6　美国创业投资的阶段分布（按投资金额）（2021 年）

（二）投资行业

2021 年，软件行业近 5800 项交易创造了 1237 亿美元的投资金额，投资金额比 2020 年增长了 1.4 倍。

能源行业是同比增长最大的行业。到 2021 年，259 项交易筹集了 87 亿美元，金额同比增长了 358%（附表 A-5）。拜登政府对清洁能源的关注是该行业投资复苏的主要原因。它可能会继续成为创业投资者和企业家应对全球长期能源挑战的焦点。

附表 A-5　美国按行业分类统计的投资状况（2020—2021 年）　　单位：十亿美元

行业	2020 年	2021 年
软件	51.6	123.7
商业服务	8.7	39.3
制药与生物技术	28.3	36.6
消费品与娱乐	4.5	32.0
医疗服务和系统	11.6	29.8
IT 硬件	5.0	9.0
医疗设备和用品	7.8	8.8
能源	1.9	8.7
媒体	3.5	4.8
其他行业	41.1	27.1

（三）投资轮次

2021 年，首轮投资的交易数量和投资金额实现大幅提升，4156 家公司的首轮投资共吸引了 236 亿美元（附图 A-7、附图 A-8）。然而，首轮投资金额和交易数量占比继续下降，分别为 26% 和 7%，创下历史新低。软件、媒体、医疗服务和系统行业首轮投资增幅最大，而医疗设备和用品及 IT 硬件行业是仅有的同比下降的行业。

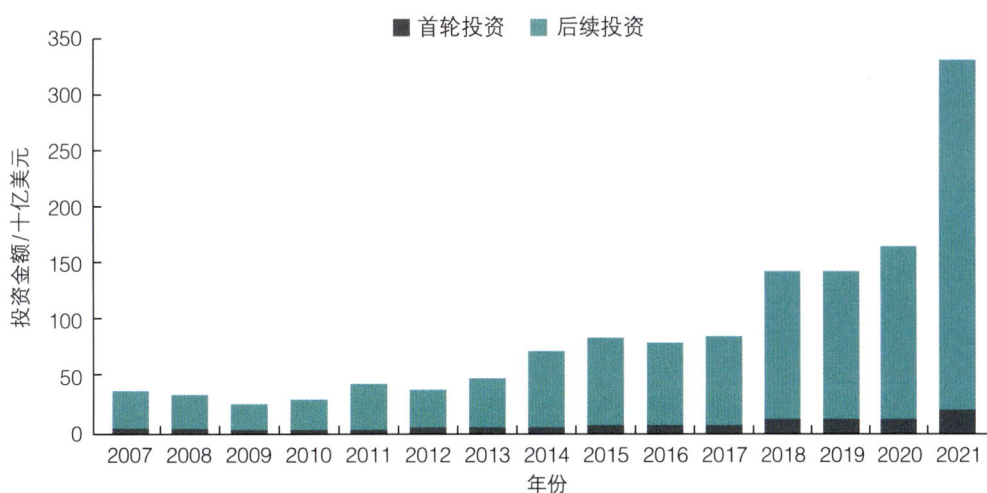

附图 A-7　美国创业投资的首轮投资与后续投资（按投资金额）（2007—2021 年）

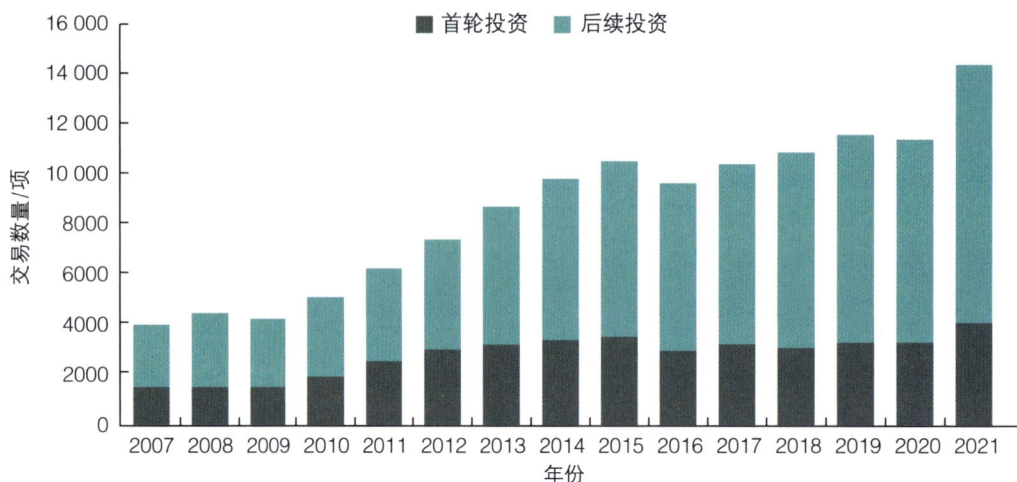

附图 A-8　美国创业投资的首轮投资与后续投资（按交易数量）（2007—2021 年）

四、投资退出

健康的退出环境是创业投资生命周期的关键组成部分。一旦投资成功，创业投资基金通常会通过首次公开募股（IPO），或者将其出售给可能更大的实体（收购、合并或交易出售），或者将其出售给金融买家（优先购买权），将其从这些公司中退出。

2021 年，创业投资机构通过 IPO 实现退出的 181 项项目的总价值为 6142 亿美元。2021 年，IPO 规模中位值达到 6.30 亿美元，IPO 后估值中位值达到 8.01 亿美元，两项指标均达到历史新高。这些上市公司从首次获得创业投资到 IPO 的时间中位值为 5.98 年，略低于前 10 年的均值（6.5 年）（附图 A-9、附表 A-6）。

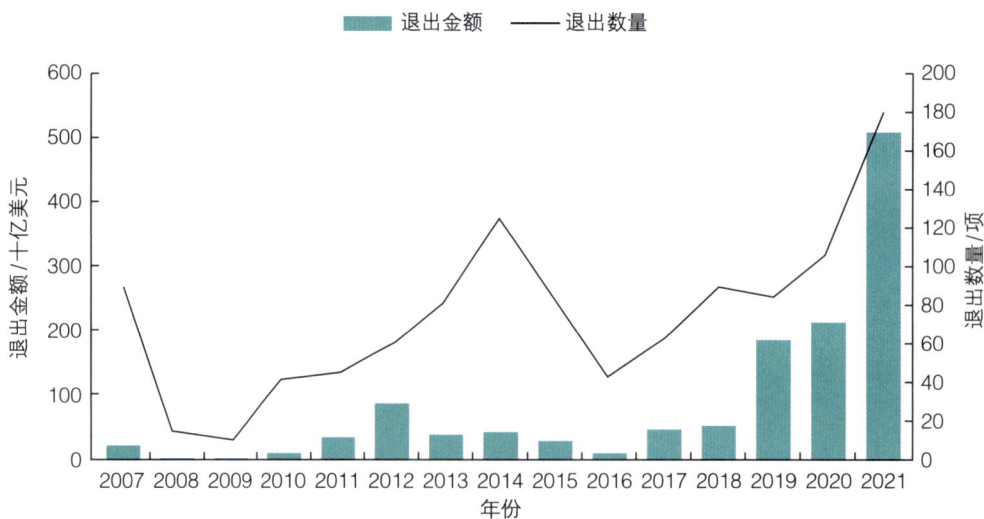

附图 A-9　美国创业投资支持企业 IPO 情况（2007—2021 年）

附表 A-6　美国创业投资企业的 IPO 价值及特征（2009—2021 年）

年份	IPO 数量/项	总价值/百万美元	IPO 规模中位值/百万美元	平均交易值/百万美元	IPO 价值/百万美元	IPO 后估值中位值/百万美元	IPO 后价值平均数/百万美元	从首次获得创业投资到 IPO 的时间中位值/年	从首次获得创业投资到 IPO 的平均时间/年
2009	9	3425.7	243.4	428.2	4392.1	327.5	549.0	6.0	7.1
2010	43	12 746.3	203.2	303.5	15 890.2	278.7	378.3	6.4	7.0
2011	46	37 793.3	331.2	944.8	43 333.3	423.6	1083.3	5.8	6.7
2012	59	91 537.5	291.7	1830.8	112 792.3	353.2	2050.8	7.1	7.7
2013	84	42 114.7	240.1	561.5	50 695.8	328.5	641.7	6.7	7.3
2014	124	44 356.7	187.1	369.6	53 601.6	249.9	454.3	7.2	7.4
2015	81	30 770.9	219.3	410.3	38 435.6	294.0	499.2	6.7	6.2
2016	42	13 327.8	180.6	325.1	16 232.7	244.3	386.5	7.8	7.2
2017	63	50 429.2	294.0	854.7	59 770.1	369.0	1013.1	7.2	6.9
2018	91	54 196.0	328.2	630.2	64 862.1	407.9	745.5	4.6	6.5
2019	84	190 096.2	363.9	2318.2	214 105.8	458.6	2611.0	6.8	6.8
2020	106	216 681.8	508.2	2145.4	250 257.4	703.7	2477.8	5.3	6.2
2021	181	512 401.2	630.2	3143.6	614 248.1	800.6	3656.2	6.0	6.7

　　2021 年，创业投资支持的并购活动继续强劲增长，连续 6 年披露的退出价值（交易金额）超过 500 亿美元；1357 项并购（其中 233 项有披露价值）披露的退出价值总共 1020 亿美元，较 2020 年创下的年度纪录增长 28%。2021 年，交易金额中位值和平均值分别达到 8000 万美元和 2.78 亿美元。与 2020 年相比，交易金额中位值同比增长 7%，而平均值下降 9%。被并购企业的存续期持续增加，并购退出时间的中位值为 5.5 年（附图 A-10、附表 A-7）。

附图 A-10　美国创业投资支持企业并购情况（2007—2021 年）

附表 A-7　美国创业投资企业并购退出情况及特征（2009—2021 年）

年份	并购数量 /项	披露并购数量 /项	交易金额 /百万美元	交易金额中位值 /百万美元	交易金额平均值 /百万美元	并购退出时间的中位值 /年	并购退出的平均时间 /年
2009	472	128	13 143.3	22.0	91.9	4.4	4.8
2010	692	232	35 676.9	42.5	137.7	4.3	5.0
2011	707	246	29 614.5	42.0	108.5	4.2	4.9
2012	822	244	36 786.6	40.0	138.3	4.5	5.1
2013	835	242	30 423.2	35.0	109.8	3.7	5.0
2014	961	290	67 849.3	50.0	205.6	4.5	5.4
2015	970	259	44 789.6	45.0	152.9	4.3	5.4
2016	917	225	60 520.7	66.0	222.5	4.5	5.6
2017	937	213	50 120.2	52.5	192.0	5.1	6.0
2018	1043	247	69 819.6	71.5	230.4	5.2	6.1
2019	1082	223	69 306.8	75.0	222.9	5.1	6.0
2020	987	164	79 699.4	75.0	306.5	5.4	6.3
2021	1357	233	102 144.1	80.0	278.3	5.5	6.1

资料来源：美国创业投资协会（National Venture Capital Association）。

附录 B　2021 年欧洲创业投资回顾

2021 年，欧洲创业投资总额创纪录达到 1029 亿欧元，首次突破 1000 亿欧元，投资者和初创公司完成了大量交易。尽管存在新冠肺炎疫情、宏观经济波动及通胀预期上升等不确定性因素，但创业投资支持的企业仍然吸引了大量投资。创业投资项目数量创纪录达到 10 583 项，这表明在欧洲创业投资领域，投资的频率和规模都在增长。随着越来越多投资者投资于通过高技能人才取得绝对优势的初创公司，欧洲创业投资的金额和项目数量都大幅上升，本土的创业投资生态系统也因此变得更成熟（附图 B-1）。

附图 B-1　欧洲创业投资总体情况（2011—2021 年)

一、资金募集

2021 年，欧洲 203 支创业投资基金总共交割并募集 217 亿欧元，与 2020 年相比，基金数量下降了 31.9%，募集资金增加了 10.1%（附图 B-2）。虽然，2021 年创业投资基金募集资金总额在历史上排第二位，但投资基金数量却是 2014 年以来最低值。最近 5 年，欧洲创业投资基金共募集了 994 亿欧元。随着一般合伙人和有限合伙人将越来越多的资金投入初创企业，强劲的回报预期和高增长的投资机会也吸引了更多的资本投入。尽管新冠肺炎疫情导致宏观经济波动和高通胀，但仍有大量资本流向软件、制药与生物技术等行业。

附图 B-2　欧洲创业投资基金融资情况（2011—2021 年）

二、投资活动

2021 年，欧洲创业投资单项项目规模在 2500 万欧元以上的项目数量继续快速增长，基金总额占比达到历史新高的 75.3%，投资总规模达到 774 亿欧元（附图 B-3）。

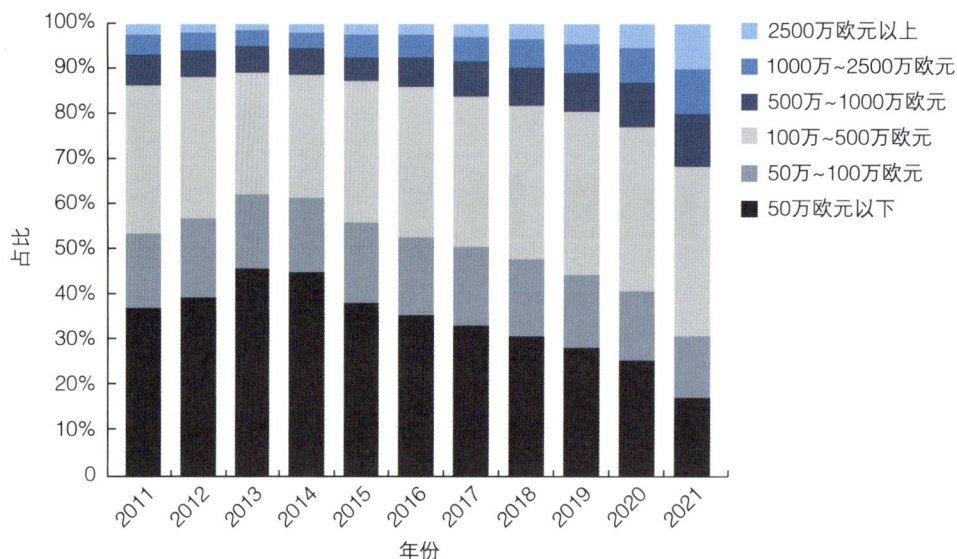

附图 B-3　欧洲创业投资单项项目规模（2011—2021 年）

（一）投资阶段

在过去 10 年中，后期项目投资的增加对欧洲创业投资生态系统的成熟至关重要。2021 年，投资后期项目资金占欧洲创业投资总额的 70.0%，创纪录达到 720 亿欧元（附图 B-4）。

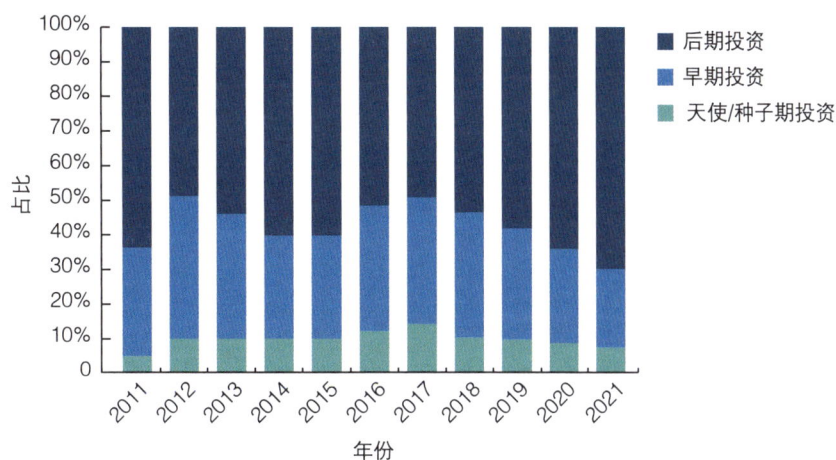

附图 B-4　欧洲创业投资基金投资的阶段分布（按投资金额）（2011—2021 年）

（二）投资行业分布

2021 年，软件成为欧洲创业投资最重要的投资领域，投资额达到 363 亿欧元，占比为35.2%。受新冠肺炎疫情影响，人们在网上花费的时间越来越多，这也使得很多原本只有线下消费模式的行业更多地开展线上业务，这些行业有制药与生物技术、零售及健康等。因此，利用云技术的企业可以通过远程工作降低成本并增加活跃用户，降低新冠肺炎疫情负面影响，从而吸引到资金雄厚的投资者（附图 B-5）。

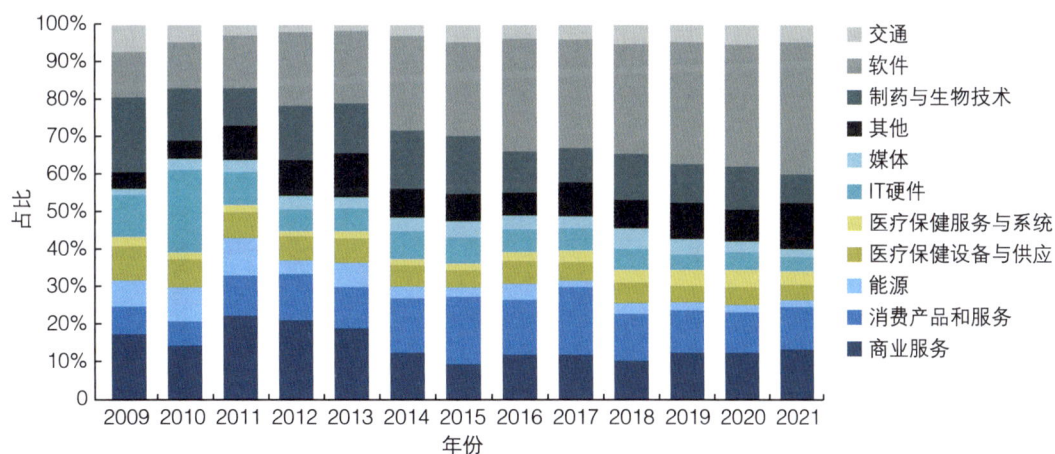

附图 B-5　欧洲创业投资基金投资的行业分布（按投资金额）（2009—2021 年）

三、退出活动

2021 年，欧洲创业投资基金退出金额飙升至 1425 亿欧元，是 2018 年创下的历史最高纪录的 3 倍多。纳入统计的退出项目数量为 1241 项，几乎达到了 2020 年的两倍（附图 B-6）。

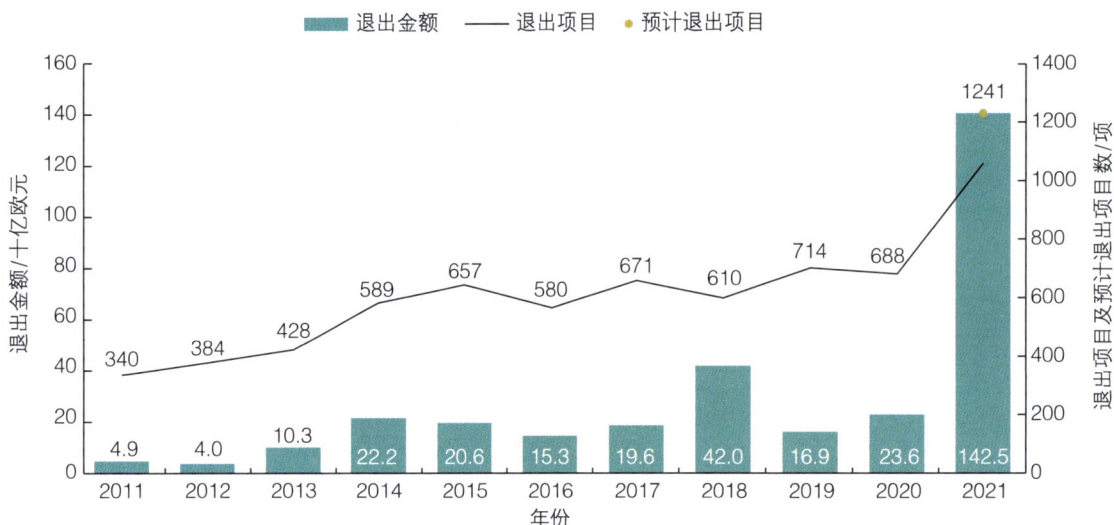

附图 B-6　欧洲创业投资基金退出情况（2011—2021 年）

2021 年，退出方式的可选择性和交易所之间的竞争性进一步推动了创业投资基金的退出。大多数欧洲创业投资基金支持的公司都能够通过传统的 IPO 方式实现退出，而特殊目的收购公司（SPAC）和直接公开发行（Direct Public IPO）进行的反向并购提供了另外可选择的退出途径。此外，2021 年伦敦证券交易所（London Stock Exchange）等欧洲证券交易机构也改革了规则，以吸引更多科技企业上市，这也为备受追捧的欧洲科技公司提供更多的退出选择。2021 年，欧洲企业公开上市（IPO）数量和交易金额双双突破历史新高，分别达到了 186 项和 1173 亿欧元，几乎是 2018 年峰值的 4 倍（附图 B-7、附图 B-8）。

附图 B-7　欧洲创业投资基金的主要退出方式（按交易金额）（2011—2021 年）

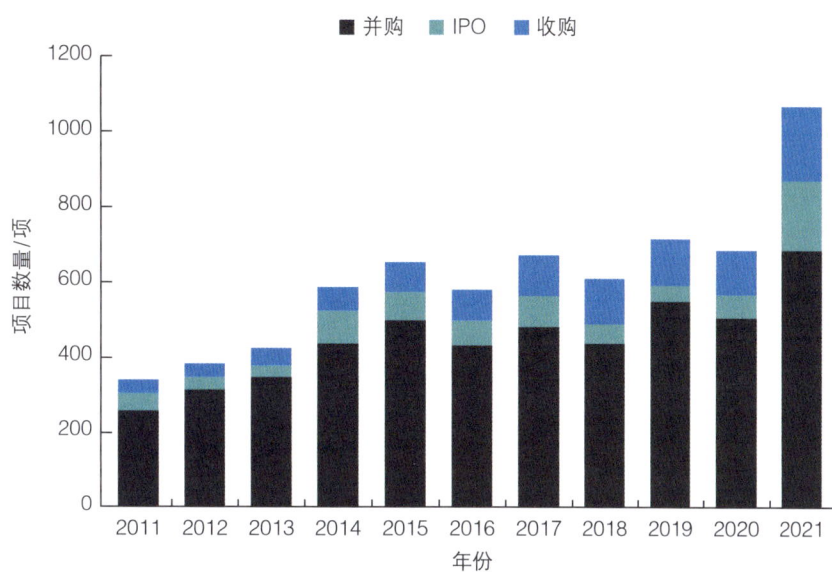

附图 B-8　欧洲创业投资基金的主要退出方式（按项目数量）（2011—2021 年）
（资料来源：欧洲创业投资协会）

附录 C　2021 年韩国创业投资回顾

一、韩国创业投资市场概况

2021 年，韩国创业投资发展再创新高，当年新注册数和累计注册资本增加显著。当年机构存量较 2020 年增加 32 家，新增创业投资机构 38 家，注销 6 家，累计注册资本突破 20 000 亿韩元，达 20 656 亿韩元（附表 C-1、附图 C-1）。

附表 C-1　韩国创业投资机构情况（2012—2021 年）

指标	2012 年	2013 年	2014 年	2015 年	2016 年	2017 年	2018 年	2019 年	2020 年	2021 年
当年新注册数 / 家	6	3	6	14	13	5	20	19	21	38
当年注销数 / 家	6	7	4	2	8	4	8	3	5	6
当年机构存量 / 家	105	101	103	115	120	121	133	149	165	197
累计注册资本 / 十亿韩元	1445.5	1394.7	1418.5	1484.3	1502.6	1522.8	1615.6	1788.3	1883.7	2065.6

附图 C-1　韩国创业投资机构情况（2012—2021 年）

截至 2021 年，共有 197 家创业投资机构管理着 1431 支基金（附表 C-1、附表 C-2、附图 C-2）。其中，当年新注册基金 404 支，较 2020 年增加了 198 支；当年注销基金 51 支，比 2020 年增加 3 支；创业投资基金累计承诺资本额为 413 970 亿韩元。

附表 C-2 韩国创业投资基金情况（2012—2021 年）

指标	2012 年	2013 年	2014 年	2015 年	2016 年	2017 年	2018 年	2019 年	2020 年	2021 年
当年新注册数 / 支	41	54	82	108	120	164	146	170	206	404
承诺资本额 / 十亿韩元	881.7	1719.1	2608.4	2582.2	3665.2	4585.6	4842.7	4241.1	6881.9	9404.4
当年注销数 / 支	46	31	37	26	46	51	58	55	48	51
承诺资本额 / 十亿韩元	8586.0	5272.0	8330.0	5709.0	8424.0	11 143.0	11 256.0	9845.0	9935.0	12 040.0
当年基金存量 / 支	379	403	448	530	604	717	805	920	1078	1431
累计承诺资本额 / 十亿韩元	9073.8	10 253.6	12 029.1	14 040.4	16 863.2	20 334.4	24 051.6	27 308.1	33 196.5	41 397.0

附图 C-2 韩国创业投资市场概况（2012—2021 年）

二、韩国创业投资活动

2021 年，韩国创业投资共投资项目 2438 项，投资金额为 76 802 亿韩元，两项指标近年来一直保持快速增长态势；投资金额增长尤其显著，比 2020 年增长 78.42%，创近 10 年新高；项目投资强度远大于往年，由 2020 年的 2.02 十亿韩元 / 项上升为 3.15 十亿韩元 / 项（附表 C-3）。

附表 C-3　韩国创业投资项目数及金额（2012—2021 年）

指标	2012 年	2013 年	2014 年	2015 年	2016 年	2017 年	2018 年	2019 年	2020 年	2021 年
投资项目数 / 项	688	755	901	1045	1191	1266	1399	1608	2130	2438
投资金额 / 十亿韩元	1233.3	1384.5	1639.3	2085.8	2150.3	2380.3	3424.9	4277.7	4304.5	7680.2
投资强度 /（十亿韩元 / 项）	1.79	1.83	1.82	2.00	1.81	1.88	2.45	2.66	2.02	3.15

注：投资强度 = 投资金额 ÷ 投资项目数。

三、韩国创业投资行业分布

2021 年，从投资项目数看，排名前三位的分别是 ICT 服务、零售 / 服务及生物 / 医药；从投资金额看，ICT 服务、生物 / 医药和零售 / 服务也是投资金额最多的 3 个行业。以上 3 个行业投资活动发展仍旧延续历史态势，3 个行业投资项目数和投资金额不仅绝对数额增加较多，三者合计占总量的比重也继续上升，分别达到了 66.61% 和 72.40%（附表 C-4、附图 C-3）。

附表 C-4　韩国创业投资行业分布（2021 年）

指标	ICT 服务	零售 / 服务	生物 / 医药	图像 / 性能 / 存储	电子 / 机器 / 设备	其他	ICT 制造	化工 / 材料	游戏	合计
投资项目数 / 项	886	519	440	220	213	185	116	98	93	2438[①]
投资金额 / 十亿韩元	2428.3	1454.8	1677.0	416.1	517.2	369.3	352.3	229.7	235.5	7680.2

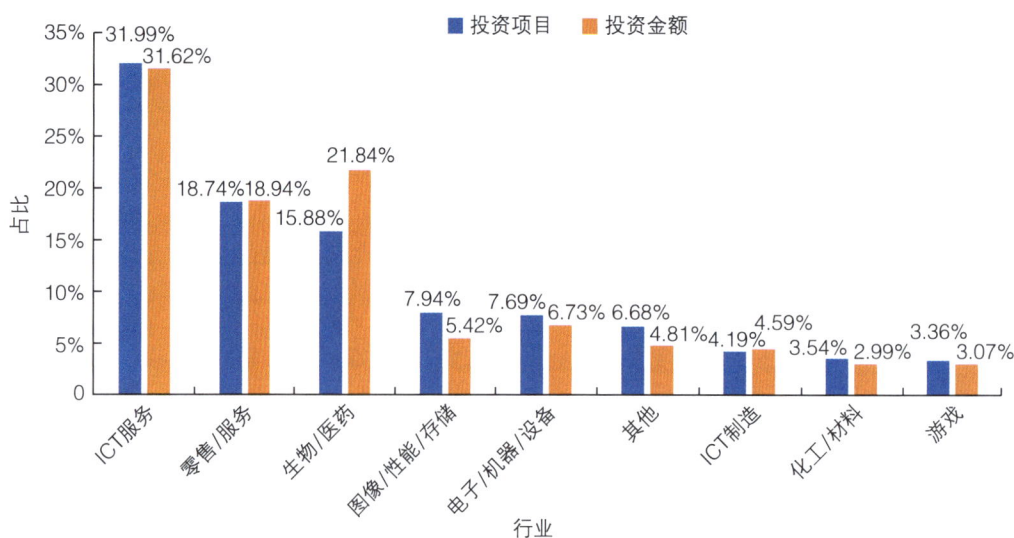

附图 C-3　韩国创业投资行业分布（2021 年）

---

① 报告原文投资项目总量数值为 2438，但根据该表格分项数合并计算为 2770。

四、韩国创业投资阶段分布

2021年，从投资项目看，早期的投资项目仍然多于创建期和扩展期，占比较2020年下降，从46.29%降至39.20%；从投资金额看，早期和创建期仍集中了韩国创业投资大量资金，二者累计占比较2020年微降，从70.79%降至69.55%（附表C-5、附图C-4、附图C-5）。

附表 C-5　韩国创业投资阶段分布（2021年）

指标	早期	创建期	扩展期	合计
投资项目数 / 项	969	939	564	2438[①]
投资金额 / 十亿韩元	1859.8	3481.4	2339.0	7680.2

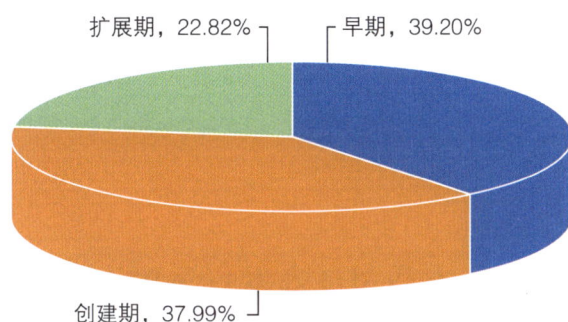

附图 C-4　韩国创业投资阶段分布（按投资项目）（2021年）

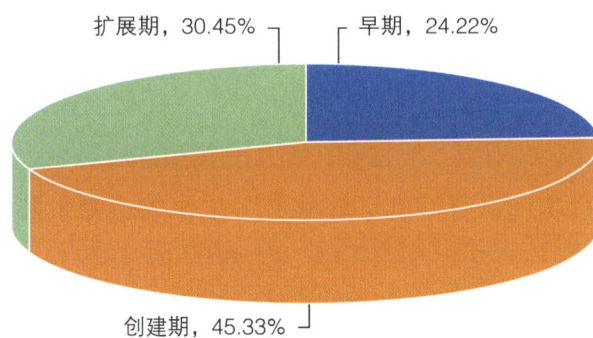

附图 C-5　韩国创业投资阶段分布（按投资金额）（2021年）
［资料来源：韩国创业投资协会（Korean Venture Capital Association）］

---

① 报告原文投资项目总量数值为2438，但根据该表格分项数合并计算为2472。

附录 D 北京证券交易所上市公司证券发行注册管理办法（试行）

中国证券监督管理委员会令 第 188 号

《北京证券交易所上市公司证券发行注册管理办法（试行）》已经 2021 年 10 月 28 日中国证券监督管理委员会 2021 年第 6 次委务会议审议通过，现予公布，自 2021 年 11 月 15 日起施行。

附件 1：

北京证券交易所上市公司证券发行注册管理办法（试行）

第一章 总 则

第一条 为了规范北京证券交易所上市公司（以下简称上市公司）证券发行行为，保护投资者合法权益和社会公共利益，根据《中华人民共和国证券法》（以下简称《证券法》）、《国务院办公厅关于贯彻实施修订后的证券法有关工作的通知》及相关法律法规，制定本办法。

第二条 上市公司申请在境内发行股票、可转换为股票的公司债券及中国证券监督管理委员会（以下简称中国证监会）认可的其他证券品种，适用本办法。

第三条 上市公司发行证券，可以向不特定合格投资者公开发行，也可以向特定对象发行。

第四条 上市公司发行证券的，应当符合《证券法》和本办法规定的发行条件和相关信息披露要求，依法经北京证券交易所（以下简称北交所）发行上市审核，并报中国证监会注册，但因依法实行股权激励、公积金转为增加公司资本、分配股票股利的除外。

第五条 上市公司应当诚实守信，依法充分披露投资者作出价值判断和投资决策所必需的信息，所披露信息必须真实、准确、完整，简明清晰、通俗易懂，不得有虚假记载、误导性陈述或者重大遗漏。

上市公司应当按照保荐人、证券服务机构要求，依法向其提供真实、准确、完整的财务会计资料和其他资料，配合相关机构开展尽职调查和其他相关工作。

上市公司的控股股东、实际控制人、董事、监事、高级管理人员应当配合相关机构开展尽职调查和其他相关工作，不得要求或者协助上市公司隐瞒应当提供的资料或者应当披露的信息。

第六条　保荐人应当诚实守信，勤勉尽责，按照依法制定的业务规则和行业自律规范的要求，充分了解上市公司经营情况和风险，对注册申请文件和信息披露资料进行全面核查验证，对上市公司是否符合发行条件独立作出专业判断，审慎作出保荐决定，并对募集说明书、发行情况报告书或者其他信息披露文件及其所出具的相关文件的真实性、准确性、完整性负责。

第七条　证券服务机构应当严格遵守法律法规、中国证监会制定的监管规则、业务规则和本行业公认的业务标准和道德规范，建立并保持有效的质量控制体系，保护投资者合法权益，审慎履行职责，作出专业判断与认定，并对募集说明书、发行情况报告书或者其他信息披露文件中与其专业职责有关的内容及其所出具文件的真实性、准确性、完整性负责。

证券服务机构及其相关执业人员应当对与本专业相关的业务事项履行特别注意义务，对其他业务事项履行普通注意义务，并承担相应法律责任。

证券服务机构及其执业人员从事证券服务应当配合中国证监会的监督管理，在规定的期限内提供、报送或披露相关资料、信息，并保证其提供、报送或披露的资料、信息真实、准确、完整，不得有虚假记载、误导性陈述或者重大遗漏。

证券服务机构应当妥善保存客户委托文件、核查和验证资料、工作底稿以及与质量控制、内部管理、业务经营有关的信息和资料。

第八条　对上市公司发行证券申请予以注册，不表明中国证监会和北交所对该证券的投资价值或者投资者的收益作出实质性判断或者保证，也不表明中国证监会和北交所对申请文件的真实性、准确性、完整性作出保证。

第二章　发行条件

第九条　上市公司向特定对象发行股票，应当符合下列规定：

（一）具备健全且运行良好的组织机构。

（二）具有独立、稳定经营能力，不存在对持续经营有重大不利影响的情形。

（三）最近一年财务会计报告无虚假记载，未被出具否定意见或无法表示意见的审计报告；最近一年财务会计报告被出具保留意见的审计报告，保留意见所涉及事项对上市公司的重大不利影响已经消除。本次发行涉及重大资产重组的除外。

（四）合法规范经营，依法履行信息披露义务。

第十条　上市公司存在下列情形之一的，不得向特定对象发行股票：

（一）上市公司或其控股股东、实际控制人最近三年内存在贪污、贿赂、侵占财产、挪用财产或者破坏社会主义市场经济秩序的刑事犯罪，存在欺诈发行、重大信息披露违法或者其他涉及国家安全、公共安全、生态安全、生产安全、公众健康安全等领域的重大违法行为。

（二）上市公司或其控股股东、实际控制人，现任董事、监事、高级管理人员最近一年内受到中国证监会行政处罚、北交所公开谴责；或因涉嫌犯罪正被司法机关立案侦查或者涉嫌违法违规正被中国证监会立案调查，尚未有明确结论意见。

（三）擅自改变募集资金用途，未作纠正或者未经股东大会认可。

（四）上市公司或其控股股东、实际控制人被列入失信被执行人名单且情形尚未消除。

（五）上市公司利益严重受损的其他情形。

第十一条　上市公司向不特定合格投资者公开发行股票的，除应当符合本办法第九条、第十条规定的条件外，还应当符合《北京证券交易所向不特定合格投资者公开发行股票注册管理办法（试行）》规定的其他条件。

第十二条　上市公司发行可转换为股票的公司债券，应当符合下列规定：

（一）具备健全且运行良好的组织机构；

（二）最近三年平均可分配利润足以支付公司债券一年的利息；

（三）具有合理的资产负债结构和正常的现金流量。

除前款规定条件外，上市公司向特定对象发行可转换为股票的公司债券，还应当遵守本办法第九条、第十条的规定；向不特定合格投资者公开发行可转换为股票的公司债券，还应当遵守本办法第十一条的规定。但上市公司通过收购本公司股份的方式进行公司债券转换的除外。

第十三条　上市公司存在下列情形之一的，不得发行可转换为股票的公司债券：

（一）对已公开发行的公司债券或者其他债务有违约或者延迟支付本息的事实，仍处于继续状态；

（二）违反《证券法》规定，改变公开发行公司债券所募资金用途。

第十四条　上市公司及其控股股东、实际控制人、主要股东不得向发行对象做出保底保收益或者变相保底保收益承诺，也不得直接或者通过利益相关方向发行对象提供财务资助或者其他补偿。

第十五条　上市公司最近一期末存在持有金额较大的财务性投资的，保荐人应当对上市公司本次募集资金的必要性和合理性审慎发表核查意见。

第三章　发行程序

第一节　发行人审议

第十六条　董事会应当依法就本次发行证券的具体方案、本次募集资金使用的可行性及其他必须明确的事项作出决议，并提请股东大会批准。

独立董事应当就证券发行事项的必要性、合理性、可行性、公平性发表专项意见。

第十七条　监事会应当对董事会编制的募集说明书等文件进行审核并提出书面审核意见。

第十八条　股东大会就本次发行证券作出决议，决议至少应当包括下列事项：

（一）本次发行证券的种类和数量（数量上限）；

（二）发行方式、发行对象或范围、现有股东的优先认购安排（如有）；

（三）定价方式或发行价格（区间）；

（四）限售情况（如有）；

（五）募集资金用途；

（六）决议的有效期；

（七）对董事会办理本次发行具体事宜的授权；

（八）发行前滚存利润的分配方案；

（九）其他必须明确的事项。

第十九条　股东大会就发行可转换为股票的公司债券作出决议，除应当符合本办法第十八条的规定外，还应当就债券利率、债券期限、赎回条款、回售条款、还本付息的期限和方式、转股期、转股价格的确定和修正等事项作出决议。

第二十条　股东大会就发行证券事项作出决议，必须经出席会议的股东所持表决权的2/3以上通过。上市公司应当对出席会议的持股比例在5%以下的中小股东表决情况单独计票并予以披露。

上市公司就发行证券事项召开股东大会，应当提供网络投票的方式，上市公司还可以通过其他方式为股东参加股东大会提供便利。

第二十一条　董事会、股东大会就向特定对象发行证券事项作出决议，应当按要求履行表决权回避制度，上市公司向原股东配售股份的除外。

第二十二条　上市公司拟引入战略投资者的，董事会、股东大会应当将引入战略投资者的事项作为单独议案，就每名战略投资者单独审议。

第二十三条　根据公司章程的规定，上市公司年度股东大会可以授权董事会向特定对象发行累计融资额低于一亿元且低于公司最近一年末净资产 20% 的股票（以下简称授权发行），该项授权的有效期不得超过上市公司下一年度股东大会召开日。

第二节　审核与注册

第二十四条　上市公司申请发行证券，应当按照中国证监会有关规定制作注册申请文件，依法由保荐人保荐并向北交所申报。北交所收到注册申请文件后，应当在五个工作日内作出是否受理的决定，本办法另有规定的除外。

第二十五条　自注册申请文件申报之日起，上市公司及其控股股东、实际控制人、董事、监事、高级管理人员，以及与本次证券发行相关的保荐人、证券服务机构及相关责任人员，即承担相应法律责任。

第二十六条　注册申请文件受理后，未经中国证监会或者北交所同意，不得改动。

发生重大事项的，上市公司、保荐人、证券服务机构应当及时向北交所报告，并按要求更新注册申请文件和信息披露资料。

第二十七条　上市公司发行证券，不属于本办法第二十八条规定情形的，保荐人应当指定保荐代表人负责具体保荐工作。

保荐人持续督导期间为证券上市当年剩余时间及其后两个完整会计年度。

保荐人及保荐代表人应当按照本办法及《证券发行上市保荐业务管理办法》的规定履行职责，并依法承担相应的责任。

第二十八条　上市公司向前十名股东、实际控制人、董事、监事、高级管理人员及核心员工发行股票，连续 12 个月内发行的股份未超过公司总股本 10% 且融资总额不超过 2000 万元的，无需提供保荐人出具的保荐文件以及律师事务所出具的法律意见书。

按照前款规定发行股票的，董事会决议中应当明确发行对象、发行价格和发行数量，且不得存在以下情形：

（一）上市公司采用授权发行方式发行；

（二）认购人以非现金资产认购；

（三）发行股票导致上市公司控制权发生变动；

（四）本次发行中存在特殊投资条款安排；

（五）上市公司或其控股股东、实际控制人，现任董事、监事、高级管理人员最近一年内被中国证监会给予行政处罚或采取监管措施、被北交所采取纪律处分。

第二十九条　北交所审核部门负责审核上市公司证券发行申请；北交所上市委员会负责对上市公司向不特定合格投资者公开发行证券的申请文件和审核部门出具的审核报告提出审议意见。

北交所应当根据本办法制定上市公司证券发行审核业务规则，并报中国证监会批准。

第三十条　北交所主要通过向上市公司提出审核问询、上市公司回答问题方式开展审核工作，判断上市公司是否符合发行条件和信息披露要求。

第三十一条　北交所按照规定的条件和程序，形成上市公司是否符合发行条件和信息披露要求的审核意见。认为上市公司符合发行条件和信息披露要求的，将审核意见、上市公司注册申请文件及相关审核资料报送中国证监会注册；认为上市公司不符合发行条件或者信息披露要求的，作出终止发行上市审核决定。

第三十二条　北交所应当自受理注册申请文件之日起两个月内形成审核意见。

上市公司采用授权发行方式向特定对象发行股票且按照竞价方式确定发行价格和发行对象的，北交所应当在两个工作日内作出是否受理的决定，并自受理注册申请文件之日起三个工作日内形成审核意见。

通过对上市公司实施现场检查、对保荐人实施现场督导、要求保荐人和证券服务机构对有关事项进行专项核查等方式要求上市公司补充、修改申请文件的时间不计算在内。

第三十三条　中国证监会收到北交所报送的审核意见、上市公司注册申请文件及相关审核资料后，履行发行注册程序。发行注册主要关注北交所发行上市审核内容有无遗漏，审核程序是否符合规定，以及上市公司在发行条件和信息披露要求的重大方面是否符合相关规定。中国证监会认为存在需要进一步说明或者落实事项的，可以要求北交所进一步问询。

中国证监会认为北交所对影响发行条件的重大事项未予关注或者北交所的审核意见依据明显不充分的，可以退回北交所补充审核。北交所补充审核后，认为上市公司符合发行条件和信息披露要求的，重新向中国证监会报送审核意见及相关资料，本办法第三十四条规定的注册期限重新计算。

第三十四条　中国证监会在十五个工作日内对上市公司的注册申请作出同意注册或不予注册的决定。通过要求北交所进一步问询、要求保荐人和证券服务机构等对有关事项进行核查、对发行人现场检查等方式要求发行人补充、修改申请文件的时间不计算在内。

第三十五条　中国证监会的予以注册决定，自作出之日起一年内有效，上市公司应当在注册决定有效期内发行证券，发行时点由上市公司自主选择。

第三十六条　中国证监会作出予以注册决定后、上市公司证券上市交易前，上市公司应当及时更新信息披露文件；保荐人以及证券服务机构应当持续履行尽职调查职责；发生重大事项的，上市公司、保荐人应当及时向北交所报告。北交所应当对上述事项及时处理，发现上市公司存在重大事项影响发行条件的，应当出具明确意见并及时向中国证监会报告。

中国证监会作出予以注册决定后、上市公司证券上市交易前，发生可能影响本次发行的重大事项的，中国证监会可以要求上市公司暂缓发行、上市；相关重大事项导致上市公司不符合发行条件的，应当撤销注册。中国证监会撤销注册后，证券尚未发行的，上市公司应当停止发行；证券已经发行尚未上市的，上市公司应当按照发行价并加算银行同期存款利息返还证券持有人。

第三十七条　上市公司申请向特定对象发行股票，可申请一次注册，分期发行。自中国证监会予以注册之日起，公司应当在三个月内首期发行，剩余数量应当在十二个月内发行完毕。首期发行数量应当不少于总发行数量的50%，剩余各期发行的数量由公司自行确定，每期发行后5个工作日内将发行情况报北交所备案。

第三十八条　北交所认为上市公司不符合发行条件或者信息披露要求，作出终止发行上市审核决定，或者中国证监会作出不予注册决定的，自决定作出之日起六个月后，上市公司可以再次提出证券发行申请。

第三十九条　上市公司证券发行上市审核或者注册程序的中止、终止等情形参照适用《北京证券交易所向不特定合格投资者公开发行股票注册管理办法（试行）》的相关规定。

第四十条　中国证监会和北交所可以对上市公司进行现场检查，可以要求保荐人、证券服务机构对有关事项进行专项核查并出具意见。

第三节　定价、发售与认购

第四十一条　上市公司发行证券，应当聘请具有证券承销业务资格的证券公司承销，但上市公司向特定对象发行证券且董事会提前确定全部发行对象的除外。

上市公司向不特定合格投资者公开发行股票的，发行承销的具体要求参照适用《北京证券交易所向不特定合格投资者公开发行股票注册管理办法（试行）》的相关规定，本办法另有规定的除外。

上市公司向特定对象发行证券的发行承销行为，适用本章规定。

第四十二条　上市公司向原股东配售股份的，应当采用代销方式发行。

控股股东应当在股东大会召开前公开承诺认配股份的数量。控股股东不履行认配股份的承诺，或者代销期限届满，原股东认购股票的数量未达到拟配售数量70%的，上市公司应当按照发行价并加算银行同期存款利息返还已经认购的股东。

第四十三条　上市公司向不特定合格投资者公开发行股票的，发行价格应当不低于公告招股意向书前二十个交易日或者前一个交易日公司股票均价。

第四十四条　上市公司向特定对象发行股票的，发行价格应当不低于定价基准日前二十个交易日公司股票均价的80%。

向特定对象发行股票的定价基准日为发行期首日。

上市公司董事会决议提前确定全部发行对象，且发行对象属于下列情形之一的，定价基准日可以为关于本次发行股票的董事会决议公告日、股东大会决议公告日或者发行期首日：

（一）上市公司的控股股东、实际控制人或者其控制的关联方；

（二）按照本办法第二十八条规定参与认购的上市公司前十名股东、董事、监事、高级管理人员及核心员工；

（三）通过认购本次发行的股票成为上市公司控股股东或实际控制人的投资者；

（四）董事会拟引入的境内外战略投资者。

第四十五条　上市公司向特定对象发行股票的，发行对象属于本办法第四十四条第三款规定以外情形的，上市公司应当以竞价方式确定发行价格和发行对象。

上市公司向特定对象发行可转换为股票的公司债券的，上市公司应当采用竞价方式确定利率和发行对象，本次发行涉及发行可转换为股票的公司债券购买资产的除外。

董事会决议确定部分发行对象的，确定的发行对象不得参与竞价，且应当接受竞价结果，并明确在通过竞价方式未能产生发行价格的情况下，是否继续参与认购、价格确定原则及认购数量。

上市公司发行证券采用竞价方式的，上市公司和承销商的控股股东、实际控制人、董事、监事、高级管理人员及其控制或者施加重大影响的关联方不得参与竞价。

第四十六条　上市公司以竞价方式向特定对象发行股票的，在发行期首日前一工作日，上市公司及承销商可以向符合条件的特定对象提供认购邀请书。认购邀请书发送对象至少应当包括：

（一）已经提交认购意向书的投资者；

（二）上市公司前二十名股东；

（三）合计不少于十家证券投资基金管理公司、证券公司或保险机构。

认购邀请书发送后，上市公司及承销商应当在认购邀请书约定的时间内收集特定投资者签署的申购报价表。

在申购报价期间，上市公司及承销商应当确保任何工作人员不泄露发行对象的申购报价情况。

申购报价结束后，上市公司及承销商应当对有效申购按照报价高低进行累计统计，按照价格优先等董事会确定的原则合理确定发行对象、发行价格和发行股数。

第四十七条　上市公司向特定对象发行证券的，发行对象确定后，上市公司应当与发行对象签订认购合同，上市公司向原股东配售股份的除外。

第四十八条　向特定对象发行的股票，自发行结束之日起六个月内不得转让，做市商为取得做市库存股参与发行认购的除外，但做市商应当承诺自发行结束之日起六个月内不得申请退出为上市公司做市。

发行对象属于本办法第四十四条第三款规定情形的，其认购的股票自发行结束之日起十二个月内不得转让。法律法规、部门规章对前述股票的限售期另有规定的，同时还应当遵守相关规定。

第四十九条　上市公司向原股东配售股份的，应当向股权登记日在册的股东配售，且配售比例应当相同。

向原股东配售股份的价格由上市公司和承销商协商确定，豁免适用本节关于向特定对象发行股票定价与限售的相关规定。

第五十条　上市公司在证券发行过程中触及北交所规定的终止上市情形的，应当终止发行。

第四章　信息披露

第五十一条　上市公司应当按照中国证监会制定的信息披露规则，编制并披露募集说明书、发行情况报告书等信息披露文件。

上市公司应当以投资者需求为导向，根据自身特点，有针对性地披露上市公司基本信息、本次发行情况以及本次发行对上市公司的影响。

中国证监会制定的信息披露规则是信息披露的最低要求。不论上述规则是否有明确规定，凡是投资者作出价值判断和投资决策所必需的信息，上市公司均应当充分披露。

第五十二条　中国证监会依法制定募集说明书、发行情况报告书内容与格式准则等信息披露规则，对相关信息披露文件的内容、格式等作出规定。

北交所可以依据中国证监会部门规章和规范性文件，制定信息披露细则或指引，在中国证监会确定的信息披露内容范围内，对信息披露提出细化和补充要求。

第五十三条　上市公司应当结合现有主营业务、生产经营规模、财务状况、技术条件、发展目标、前次发行募集资金使用情况等因素合理确定募集资金规模，充分披露本次募集资金的必要性和合理性。

第五十四条　上市公司应当按照中国证监会和北交所有关规定及时披露董事会决议、股东大会通知、股东大会决议、受理通知、审核决定、注册决定等发行进展公告。

第五十五条　北交所认为上市公司符合发行条件和信息披露要求，将上市公司注册申请文件报送中国证监会时，募集说明书等文件应当同步在北交所网站和中国证监会网站公开。

第五十六条　上市公司应当在发行证券前在符合《证券法》规定的信息披露平台刊登经注册生效的募集说明书，同时将其置备于公司住所、北交所，供社会公众查阅。

第五十七条　向特定对象发行证券的，上市公司应当在发行结束后，按照中国证监会和北交所的有关要求编制并披露发行情况报告书。

申请分期发行的上市公司应在每期发行后，按照中国证监会和北交所的有关要求进行披露，并在全部发行结束或者超过注册文件有效期后按照中国证监会的有关要求编制并披露发行情况报告书。

第五十八条　上市公司可以将募集说明书以及有关附件刊登于其他报刊、网站，但披露内容应当完全一致，且不得早于在符合《证券法》规定的信息披露平台的披露时间。

第五章　监督管理与法律责任

第五十九条　中国证监会建立对北交所发行上市审核工作和发行承销过程监管的监督机制，可以对北交所相关工作进行检查或抽查。对于中国证监会监督过程中发现的问题，北交所应当整改。

第六十条　北交所应当发挥自律管理作用，对证券发行相关行为进行监督。发现上市公司及其控股股东、实际控制人、董事、监事、高级管理人员以及保荐人、承销商、证券服务机构及其相关执业人员等违反法律、行政法规和中国证监会相关规定的，应当向中国证监会报告，并采取自律管理措施。

北交所对证券发行承销过程实施自律管理。发现异常情形或者涉嫌违法违规的，中国证监会可以要求北交所对相关事项进行调查处理，或者直接责令上市公司、承销商暂停或中止发行。

第六十一条　中国证券业协会应当发挥自律管理作用，对从事证券发行业务的保荐人进行监督，督促其勤勉尽责地履行尽职调查和督导职责。发现保荐人有违反法律、行政法规和中国证监会相关规定的行为，应当向中国证监会报告，并采取自律管理措施。

中国证券业协会应当建立对承销商询价、定价、配售行为和询价投资者报价行为的自律管理制度，并加强相关行为的监督检查，发现违规情形的，应当及时采取自律管理措施。

第六十二条　北交所发行上市审核工作存在下列情形之一的，由中国证监会责令改正；情节严重的，追究直接责任人员相关责任：

（一）未按审核标准开展发行上市审核工作；

（二）未按审核程序开展发行上市审核工作；

（三）不配合中国证监会对发行上市审核工作和发行承销监管工作的检查、抽查，或者不按中国证监会的整改要求进行整改。

第六十三条　上市公司在证券发行文件中隐瞒重要事实或者编造重大虚假内容的，中国证监会可以视情节轻重，对上市公司及相关责任人员依法采取责令改正、监管谈话、出具警示函等监管措施，或者采取证券市场禁入的措施。

第六十四条　上市公司的控股股东、实际控制人违反本办法规定，致使上市公司报送的注册申请文件和披露的信息存在虚假记载、误导性陈述或者重大遗漏，或者组织、指使上市公司进行财务造假、利润操纵或者在发行证券文件中隐瞒重要事实或编造重大虚假内容的，中国证监会可以视情节轻重，依法采取责令改正、监管谈话、出具警示函等监管措施，或者采取证券市场禁入的措施。

上市公司的董事、监事和高级管理人员违反本办法规定，致使上市公司报送的注册申请文件和披露的信息存在虚假记载、误导性陈述或者重大遗漏的，中国证监会可以视情节轻重，依法采取责令改正、监管谈话、出具警示函等监管措施，或者采取证券市场禁入的措施。

第六十五条　保荐人未勤勉尽责，致使上市公司信息披露资料存在虚假记载、误导性陈述或者重大遗漏的，中国证监会可以视情节轻重，对保荐人及相关责任人员依法采取责令改正、监管谈话、出具警示函、暂停保荐业务资格一年到三年、证券市场禁入等措施。

证券服务机构未勤勉尽责，致使上市公司信息披露资料中与其职责有关的内容及其所出具的文件存在虚假记载、误导性陈述或者重大遗漏的，中国证监会可以视情节轻重，对证券服务机构及相关责任人员，依法采取责令改正、监管谈话、出具警示函、证券市场禁入等措施。

第六十六条　保荐人存在下列情形之一的，中国证监会可以视情节轻重，采取暂停保荐业务资格三个月至三年的监管措施；情节特别严重的，撤销其业务资格：

（一）伪造或者变造签字、盖章；

（二）重大事项未报告、未披露；

（三）以不正当手段干扰审核注册工作；

（四）不履行其他法定职责。

第六十七条　上市公司、保荐人、证券服务机构存在以下情形之一的，中国证监会可以视情节轻重，依法采取责令改正、监管谈话、出具警示函等监管措施：

（一）制作或者出具的文件不齐备或者不符合要求；

（二）擅自改动注册申请文件、信息披露资料或者其他已提交文件；

（三）注册申请文件或者信息披露资料存在相互矛盾或者同一事实表述不一致且有实质性差异；

（四）文件披露的内容表述不清，逻辑混乱，严重影响投资者理解；

（五）未及时报告或者未及时披露重大事项。

第六十八条　承销商及其直接负责的主管人员和其他责任人员在承销证券过程中，存在违法违规行为的，中国证监会可以视情节轻重，依法采取责令改正、监管谈话、出具警示函等监管措施，或者采取证券市场禁入的措施。

第六十九条　北交所按照本办法第三十二条第二款开展审核工作的，北交所和中国证监会发现上市公司或者相关中介机构及其责任人员存在相关违法违规行为的，中国证监会按照本章规定从重处罚。

第七十条　参与认购的投资者擅自转让限售期限未满的证券的，中国证监会可以视情节轻重，依法采取责令改正、监管谈话、出具警示函等监管措施。

第七十一条　相关主体违反本办法第十四条规定的，中国证监会可以视情节轻重，依法采取责令改正、监管谈话、出具警示函等监管措施，或者采取证券市场禁入的措施。

第七十二条　上市公司及其控股股东和实际控制人、董事、监事、高级管理人员，保荐人、承销商、证券服务机构及其相关执业人员，在证券发行活动中存在其他违反本办法规定行为的，中国证监会可以视情节轻重，依法采取责令改正、监管谈话、出具警示函、责令公开说明、责令定期报告等监管措施，或者采取证券市场禁入的措施。

上市公司及其控股股东、实际控制人、董事、监事、高级管理人员以及保荐人、承销商、证券服务机构及其相关执业人员等违反《证券法》依法应予以行政处罚的，中国证监会将依法予以处罚。涉嫌犯罪的，依法移送司法机关，追究其刑事责任。

第七十三条　中国证监会将遵守本办法的情况记入证券市场诚信档案，会同有关部门加强信息共享，依法实施守信激励与失信惩戒。

第六章　附　则

第七十四条　本办法所称战略投资者，是指符合下列情形之一，且与上市公司具有协同效应，愿意长期持有上市公司较大比例股份，愿意且有能力协助上市公司提高公司治理质量，具有良好诚信记录，最近三年未受到中国证监会行政处罚或被追究刑事责任的投资者：

（一）能够为上市公司带来领先的技术资源，增强上市公司的核心竞争力和创新能力，带动上市公司产业技术升级，提升上市公司盈利能力；

（二）能够为上市公司带来市场渠道、品牌等战略性资源，促进上市公司市场拓展，推动实现上市公司销售业绩提升；

（三）具备相关产业投资背景，且自愿设定二十四个月及以上限售期的其他长期投资者。

境外战略投资者应当同时遵守国家的相关规定。

第七十五条　本办法所称的核心员工，应当由上市公司董事会提名，并向全体员工公示和征求意见，由监事会发表明确意见后，经股东大会审议批准。

第七十六条　上市公司向不特定合格投资者公开发行可转换为股票的公司债券的，还应当遵守中国证监会的相关规定。

上市公司发行优先股的，其申请、审核、注册、发行等相关程序，参照本办法相关规定执行。

第七十七条　本办法自 2021 年 11 月 15 日起施行。

附件 2:

《北京证券交易所上市公司证券发行注册管理办法（试行）》立法说明

根据深化新三板改革、将精选层变更设立为北京证券交易所（以下简称北交所）并试点注册制的总体要求，为构建"小额、快速、灵活、多元"的再融资制度，支持创新型中小企业利用北交所做优做强，保护投资者合法权益和社会公共利益，证监会起草了《北京证券交易所上市公司证券发行注册管理办法（试行）》（以下简称《再融资办法》），规范北交所上市公司证券发行行为。现将有关情况说明如下:

一、起草原则

《再融资办法》坚持市场化法治化方向，在深入总结新三板发行监管实践的基础上，吸收借鉴成熟市场做法，建立和完善契合创新型中小企业特点的持续融资机制。起草过程中主要遵循了以下原则:

一是借鉴沪深交易所成熟做法，明确北交所再融资基本要求。落实《证券法》关于证券发行注册制的各项要求，吸收借鉴科创板、创业板再融资制度的成熟做法，明确发行条件、发行程序、信息披露、监督管理等方面的基本要求，构建北交所再融资制度的基本框架。

二是突出北交所市场特色，契合创新型中小企业需求。充分尊重企业发展规律和成长阶段，满足创新型中小企业多元化的融资需求，提供普通股、可转债、优先股等多种融资品种选择，建立健全向不特定合格投资者公开发行、向特定对象发行等制度安排，引入授权发行、自办发行等灵活的发行机制，降低中小企业融资成本。

三是强化投资者合法权益保护，设置有针对性的风险防控机制。要求上市公司合理确定募集资金规模，充分披露对外募资的必要性和合理性，保护投资者的知情权。建立新股发行价格与二级市场交易价格挂钩机制，平衡新老股东利益。明确了"以竞价发行为原则，以定价发行为例外"的发行定价机制，防范向关联方低价发行进行利益输送。

二、规则框架与主要内容

《再融资办法》共六章七十七条，分为总则、发行条件、发行程序、信息披露、监督管理与法律责任以及附则。主要内容如下：

（一）明确再融资制度总体要求。对立法依据、适用范围、融资品种、审核注册安排等总体要求予以明确，同时按照注册制要求，进一步厘清、强化各方责任：上市公司为信息披露第一责任人，应当真实、准确、完整地披露信息；保荐人需对申请文件进行全面核查验证并对真实性、准确性、完整性负责；证券服务机构对与其专业职责有关的内容负责。

（二）依法分类设置发行条件。按照《证券法》规定，经国务院同意，从创新型中小企业实际情况出发，与产品风险特征相匹配，分别设定上市公司定向发行股票、公开发行股票以及发行可转债的条件。同时明确禁止保底承诺、规范财务投资等方面的监管要求。

（三）构建清晰明确的发行程序。上市公司再融资应当经董事会、股东大会审议，监事会应当提出书面审核意见。

建立北交所审核与证监会注册两环节各有侧重、相互衔接的审核注册程序，明确各环节时限要求，提升审核透明度。明确发行定价、限售要求，其中，公开发行不低于市价发行，可以采取询价、竞价或直接定价的发行方式；定向发行要求不低于市价八折发行，原则上应当通过竞价方式确定发行对象和发行价格，普通投资者限售不少于 6 个月。

（四）强化信息披露要求。上市公司应当按照募集说明书准则等要求编制并披露信息，注重以投资者需求为导向，根据自身特点，有针对性地披露发行相关信息。证监会依法制定相关信息披露规则，并授权北交所提出细化和补充要求。上市公司应当通过临时报告的形式及时披露董事会、股东大会、受理、审核、注册等发行进展情况，同时在提交证监会注册环节以及发行环节按要求披露募集说明书、发行保荐书等相关文件。

（五）强化各方责任追究。多措并举加大违法违规追责力度，切实提高违法成本。加强自律监管，由北交所和证券业协会对再融资过程中相关违法违规行为采取自律管理措施。

强化行政监管"硬"约束，证监会可以对上市公司、中介机构以及责任人员，采取市场禁入等严厉措施。加大行政、刑事追责力度，相关主体依法应予以行政处罚的，证监会依法予以行政处罚，涉嫌犯罪的，依法移送司法机关追究刑事责任。

三、社会公众意见建议采纳情况

公开征求意见期间，共收到意见建议 24 条，证监会在认真研究基础上作了吸收采纳，主要情况如下：

（一）关于持续融资品种。有意见提出，应当为北交所上市公司发行除普通股、可转债、优先股外的其他融资品种预留制度空间。我们采纳了相关建议，将第三条修改为"上市公司发行证券，可以向不特定合格投资者公开发行，也可以向特定对象发行"。

（二）关于可转债发行条件。有意见提出，应当增加发行可转债的消极条件；也有建议认为，应当允许亏损企业发行可转债。对于第一类建议，我们已吸收采纳，明确已发行的债券存在违约或违规改变募集资金用途未作纠正等情形的，不得发行可转债。对于第二类建议，考虑到《证券法》明确要求公开发行公司债券，最近三年平均可分配利润足以支付公司债券一年的利息，我们没有采纳。

此外，还有部分意见涉及配套规则衔接问题，我们已在规范性文件和自律规则层面作出明确规定。

特此说明。

附录 E　北京证券交易所向不特定合格投资者公开发行股票注册管理办法（试行）

中国证券监督管理委员会令　第 187 号

《北京证券交易所向不特定合格投资者公开发行股票注册管理办法（试行）》已经 2021 年 10 月 28 日中国证券监督管理委员会 2021 年第 6 次委务会议审议通过，现予公布，自 2021 年 11 月 15 日起施行。

附件：《北京证券交易所向不特定合格投资者公开发行股票注册管理办法（试行）》

中国证券监督管理委员会主席：易会满

2021 年 10 月 30 日

北京证券交易所向不特定合格投资者公开发行股票注册管理办法（试行）

第一章　总　则

第一条　为了规范北京证券交易所（以下简称北交所）试点注册制向不特定合格投资者公开发行股票相关活动，保护投资者合法权益和社会公共利益，根据《中华人民共和国证券法》（以下简称《证券法》）、《国务院办公厅关于贯彻实施修订后的证券法有关工作的通知》及相关法律法规，制定本办法。

第二条　股票向不特定合格投资者公开发行（以下简称公开发行）并在北交所上市的发行注册，适用本办法。

前款所称的合格投资者应当符合中国证券监督管理委员会（以下简称中国证监会）和北交所的投资者适当性管理规定。

第三条　北交所充分发挥对全国中小企业股份转让系统（以下简称全国股转系统）的示范引领作用，深入贯彻创新驱动发展战略，聚焦实体经济，主要服务创新型中小企业，重点支持先进制造业和现代服务业等领域的企业，推动传统产业转型升级，培育经济发展新动能，促进经济高质量发展。

第四条　公开发行股票并在北交所上市，应当符合发行条件、上市条件以及相关信息披露要求，依法经北交所发行上市审核，并报中国证监会注册。

第五条　发行人应当诚实守信，依法充分披露投资者作出价值判断和投资决策所必需的信息，所披露信息必须真实、准确、完整，简明清晰、通俗易懂，不得有虚假记载、误导性陈述或者重大遗漏。

发行人应当按保荐人、证券服务机构要求，依法向其提供真实、准确、完整的财务会计资料和其他资料，配合相关机构开展尽职调查和其他相关工作。

发行人的控股股东、实际控制人、董事、监事、高级管理人员应当配合相关机构开展尽职调查和其他相关工作，不得要求或者协助发行人隐瞒应当提供的资料或者应当披露的信息。

第六条　保荐人应当诚实守信，勤勉尽责，按照依法制定的业务规则和行业自律规范的要求，充分了解发行人经营情况和风险，对注册申请文件和信息披露资料进行全面核查验证，对发行人是否符合发行条件、上市条件独立作出专业判断，审慎作出保荐决定，并对招股说明书及其所出具的相关文件的真实性、准确性、完整性负责。

第七条　证券服务机构应当严格遵守法律法规、中国证监会制定的监管规则、业务规则和本行业公认的业务标准和道德规范，建立并保持有效的质量控制体系，保护投资者合法权益，审慎履行职责，作出专业判断与认定，并对招股说明书或者其他信息披露文件中与其专业职责有关的内容及其所出具的文件的真实性、准确性、完整性负责。

证券服务机构及其相关执业人员应当对与本专业相关的业务事项履行特别注意义务，对其他业务事项履行普通注意义务，并承担相应法律责任。

证券服务机构及其执业人员从事证券服务应当配合中国证监会的监督管理，在规定的期限内提供、报送或披露相关资料、信息，并保证其提供、报送或披露的资料、信息真实、准确、完整，不得有虚假记载、误导性陈述或者重大遗漏。

证券服务机构应当妥善保存客户委托文件、核查和验证资料、工作底稿以及与质量控制、内部管理、业务经营有关的信息和资料。

第八条　对发行人公开发行股票申请予以注册，不表明中国证监会和北交所对该股票的投资价值或者投资者的收益作出实质性判断或者保证，也不表明中国证监会和北交所对注册申请文件的真实性、准确性、完整性作出保证。

第二章　发行条件

第九条　发行人应当为在全国股转系统连续挂牌满十二个月的创新层挂牌公司。

第十条　发行人申请公开发行股票，应当符合下列规定：

（一）具备健全且运行良好的组织机构；

（二）具有持续经营能力，财务状况良好；

（三）最近三年财务会计报告无虚假记载，被出具无保留意见审计报告；

（四）依法规范经营。

第十一条　发行人及其控股股东、实际控制人存在下列情形之一的，发行人不得公开发行股票：

（一）最近三年内存在贪污、贿赂、侵占财产、挪用财产或者破坏社会主义市场经济秩序的刑事犯罪；

（二）最近三年内存在欺诈发行、重大信息披露违法或者其他涉及国家安全、公共安全、生态安全、生产安全、公众健康安全等领域的重大违法行为；

（三）最近一年内受到中国证监会行政处罚。

第三章　注册程序

第十二条　发行人董事会应当依法就本次股票发行的具体方案、本次募集资金使用的可行性及其他必须明确的事项作出决议，并提请股东大会批准。

发行人监事会应当对董事会编制的招股说明书等文件进行审核并提出书面审核意见。

第十三条　发行人股东大会就本次股票发行作出决议，至少应当包括下列事项：

（一）本次公开发行股票的种类和数量；

（二）发行对象的范围；

（三）定价方式、发行价格（区间）或发行底价；

（四）募集资金用途；

（五）决议的有效期；

（六）对董事会办理本次发行具体事宜的授权；

（七）发行前滚存利润的分配方案；

（八）其他必须明确的事项。

第十四条　发行人股东大会就本次股票发行事项作出决议，必须经出席会议的股东所持表决权的 2/3 以上通过。发行人应当对出席会议的持股比例在 5% 以下的中小股东表决情况单独计票并予以披露。

发行人就本次股票发行事项召开股东大会，应当提供网络投票的方式，发行人还可以通过其他方式为股东参加股东大会提供便利。

第十五条　发行人申请公开发行股票，应当按照中国证监会有关规定制作注册申请文件，依法由保荐人保荐并向北交所申报。北交所收到注册申请文件后，应当在五个工作日内作出是否受理的决定。

保荐人应当指定保荐代表人负责具体保荐工作。

第十六条　自注册申请文件申报之日起，发行人及其控股股东、实际控制人、董事、监事、高级管理人员，以及与本次股票公开发行相关的保荐人、证券服务机构及相关责任人员，即承担相应法律责任。

第十七条　注册申请文件受理后，未经中国证监会或者北交所同意，不得改动。

发生重大事项的，发行人、保荐人、证券服务机构应当及时向北交所报告，并按要求更新注册申请文件和信息披露资料。

第十八条　北交所设立独立的审核部门，负责审核发行人公开发行并上市申请；设立上市委员会，负责对审核部门出具的审核报告和发行人的申请文件提出审议意见。北交所可以设立行业咨询委员会，负责为发行上市审核提供专业咨询和政策建议。

北交所应当根据本办法制定发行上市审核业务规则，并报中国证监会批准。

第十九条　北交所主要通过向发行人提出审核问询、发行人回答问题方式开展审核工作，判断发行人是否符合发行条件、上市条件和信息披露要求。

第二十条　北交所按照规定的条件和程序，形成发行人是否符合发行条件和信息披露要求的审核意见。认为发行人符合发行条件和信息披露要求的，将审核意见、发行人注册申请文件及相关审核资料报送中国证监会注册；认为发行人不符合发行条件或者信息披露要求的，作出终止发行上市审核决定。

第二十一条　北交所应当自受理注册申请文件之日起两个月内形成审核意见，通过对发行人实施现场检查、对保荐人实施现场督导、要求保荐人和证券服务机构对有关事项进行专项核查等方式要求发行人补充、修改申请文件的时间不计算在内。

第二十二条　中国证监会收到北交所报送的审核意见、发行人注册申请文件及相关审核资料后，履行发行注册程序。发行注册主要关注北交所发行上市审核内容有无遗漏，审核程序是否符合规定，以及发行人在发行条件和信息披露要求的重大方面是否符合相关规定。中国证监会认为存在需要进一步说明或者落实事项的，可以要求北交所进一步问询。

中国证监会认为北交所对影响发行条件的重大事项未予关注或者北交所的审核意见依据明显不充分的，可以退回北交所补充审核。北交所补充审核后，认为发行人符合发行条件和信息披露要求的，重新向中国证监会报送审核意见及相关资料，本办法第二十三条规定的注册期限重新计算。

第二十三条　中国证监会在二十个工作日内对发行人的注册申请作出同意注册或不予注册的决定，通过要求北交所进一步问询、要求保荐人和证券服务机构等对有关事项进行核查、对发行人现场检查等方式要求发行人补充、修改申请文件的时间不计算在内。

第二十四条　中国证监会的予以注册决定，自作出之日起一年内有效，发行人应当在注册决定有效期内发行股票，发行时点由发行人自主选择。

第二十五条　中国证监会作出予以注册决定后、发行人股票上市交易前，发行人应当及时更新信息披露文件内容，财务报表已过有效期的，发行人应当补充财务会计报告等文件；保荐人以及证券服务机构应当持续履行尽职调查责任；发生重大事项的，发行人、保荐人应当及时向北交所报告。北交所应当对上述事项及时处理，发现发行人存在重大事项影响发行条件、上市条件的，应当出具明确意见并及时向中国证监会报告。

中国证监会作出予以注册决定后、发行人股票上市交易前，发生可能影响本次发行的重大事项的，中国证监会可以要求发行人暂缓发行、上市；相关重大事项导致发行人不符合发行条件的，应当撤销注册。中国证监会撤销注册后，股票尚未发行的，发行人应当停止发行；股票已经发行尚未上市的，发行人应当按照发行价并加算银行同期存款利息返还股票持有人。

第二十六条　北交所认为发行人不符合发行条件或者信息披露要求，作出终止发行上市审核决定，或者中国证监会作出不予注册决定的，自决定作出之日起六个月后，发行人可以再次提出公开发行股票并上市申请。

第二十七条　北交所应当提高审核工作透明度，接受社会监督，公开下列事项：

（一）发行上市审核标准和程序等发行上市审核业务规则和相关业务细则；

（二）在审企业名单、企业基本情况及审核工作进度；

（三）发行上市审核问询及回复情况，但涉及国家秘密或者发行人商业秘密的除外；

（四）上市委员会会议的时间、参会委员名单、审议的发行人名单、审议结果及现场问询问题；

（五）对股票公开发行并上市相关主体采取的自律监管措施或者纪律处分；

（六）北交所规定的其他事项。

中国证监会应当按规定公开股票发行注册相关的监管信息。

第二十八条　存在下列情形之一的，发行人、保荐人应当及时书面报告北交所或者中国证监会，北交所或者中国证监会应当中止相应发行上市审核程序或者发行注册程序：

（一）发行人及其控股股东、实际控制人涉嫌贪污、贿赂、侵占财产、挪用财产或者破坏社会主义市场经济秩序的犯罪，或者涉嫌欺诈发行、重大信息披露违法或其他涉及国家安全、公共安全、生态安全、生产安全、公众健康安全等领域的重大违法行为，被立案调查或者被司法机关侦查，尚未结案；

（二）发行人的保荐人或者签字保荐代表人以及律师事务所、会计师事务所等证券服务机构或者相关签字人员因公开发行股票并上市、上市公司证券发行、并购重组业务涉嫌违法违规，或者其他业务涉嫌违法违规且对市场有重大影响，正在被中国证监会立案调查，或者正在被司法机关侦查，尚未结案；

（三）发行人的保荐人以及律师事务所、会计师事务所等证券服务机构被中国证监会依法采取限制业务活动、责令停业整顿、指定其他机构托管、接管等措施，或者被北交所实施一定期限内不接受其出具的相关文件的纪律处分，尚未解除；

（四）发行人的签字保荐代表人、签字律师、签字会计师等中介机构签字人员被中国证监会依法采取认定为不适当人选等监管措施或者证券市场禁入的措施，或者被北交所实施一定期限内不接受其出具的相关文件的纪律处分，尚未解除；

（五）发行人及保荐人主动要求中止发行上市审核程序或者发行注册程序，理由正当且经北交所或者中国证监会同意；

（六）发行人注册申请文件中记载的财务资料已过有效期，需要补充提交；

（七）中国证监会规定的其他情形。

前款所列情形消失后，发行人可以提交恢复申请；因前款第（二）项规定情形中止的，保荐人以及律师事务所、会计师事务所等证券服务机构按照有关规定履行复核程序后，发行人也可以提交恢复申请。北交所或者中国证监会按照规定恢复发行上市审核程序或者发行注册程序。

第二十九条　存在下列情形之一的，北交所或者中国证监会应当终止相应发行上市审核程序或者发行注册程序，并向发行人说明理由：

（一）发行人撤回注册申请或者保荐人撤销保荐；

（二）发行人未在要求的期限内对注册申请文件作出解释说明或者补充、修改；

（三）注册申请文件存在虚假记载、误导性陈述或者重大遗漏；

（四）发行人阻碍或者拒绝中国证监会、北交所依法对发行人实施检查、核查；

（五）发行人及其关联方以不正当手段严重干扰发行上市审核或者发行注册工作；

（六）发行人法人资格终止；

（七）注册申请文件内容存在重大缺陷，严重影响投资者理解和发行上市审核或者发行注册工作；

（八）发行人注册申请文件中记载的财务资料已过有效期且逾期三个月未更新；

（九）发行人发行上市审核程序中止超过北交所规定的时限或者发行注册程序中止超过三个月仍未恢复；

（十）北交所认为发行人不符合发行条件或者信息披露要求；

（十一）中国证监会规定的其他情形。

第三十条　中国证监会和北交所可以对发行人进行现场检查，可以要求保荐人、证券服务机构对有关事项进行专项核查并出具意见。

第四章　信息披露

第三十一条　发行人应当按照中国证监会制定的信息披露规则，编制并披露招股说明书。

发行人应当以投资者需求为导向，结合所属行业的特点和发展趋势，充分披露自身的创新特征。

中国证监会制定的信息披露规则是信息披露的最低要求。不论上述规则是否有明确规定，凡是投资者作出价值判断和投资决策所必需的信息，发行人均应当充分披露。

第三十二条　中国证监会依法制定招股说明书内容与格式准则等信息披露规则，对相关信息披露文件的内容、格式等作出规定。

北交所可以依据中国证监会部门规章和规范性文件，制定信息披露细则或指引，在中国证监会确定的信息披露内容范围内，对信息披露提出细化和补充要求。

第三十三条　北交所受理注册申请文件后，发行人应当按规定将招股说明书、发行保荐书、上市保荐书、审计报告和法律意见书等文件在北交所网站预先披露。

北交所将发行人注册申请文件报送中国证监会时，前款规定的文件应当同步在北交所网站和中国证监会网站公开。

预先披露的招股说明书及其他注册申请文件不能含有价格信息，发行人不得据此发行股票。

第三十四条　发行人在发行股票前应当在符合《证券法》规定的信息披露平台刊登经注册生效的招股说明书，同时将其置备于公司住所、北交所，供社会公众查阅。

发行人可以将招股说明书以及有关附件刊登于其他报刊、网站，但披露内容应当完全一致，且不得早于在符合《证券法》规定的信息披露平台的披露时间。

第五章　发行上市保荐的特别规定

第三十五条　公开发行股票并在北交所上市保荐业务，适用《证券发行上市保荐业务管理办法》（以下简称《保荐办法》），本办法另有规定的除外。

北交所应当根据《保荐办法》和本办法制定发行保荐业务规则，并报中国证监会批准。

第三十六条　保荐人应当按照中国证监会和北交所的规定制作、报送和披露发行保荐书、上市保荐书、回复意见等相关文件，遵守中国证监会和北交所的规定，配合中国证监会和北交所工作，自提交保荐文件之日起，保荐人及其保荐代表人应承担相应的责任。

第三十七条　保荐人持续督导期间为公开发行股票上市当年剩余时间及其后三个完整会计年度。

第六章　发行承销

第三十八条　公开发行股票并在北交所上市的发行与承销行为，适用本办法。

北交所应当根据本办法制定发行承销业务规则，并报中国证监会批准。

第三十九条　发行人公开发行股票，应当聘请具有证券承销业务资格的证券公司承销，按照《证券法》有关规定签订承销协议，确定采取代销或包销方式。

第四十条　证券公司承销公开发行股票，应当依据本办法以及依法制定的业务规则和行业自律规范的有关风险控制和内部控制等相关规定，制定严格的风险管理制度和内部控制制度，加强定价和配售过程管理，落实承销责任。为股票发行出具相关文件的证券服务机构和人员，应当按照行业公认的业务标准和道德规范，严格履行法定职责，对其所出具文件的真实性、准确性和完整性承担责任。

第四十一条　发行人可以与主承销商自主协商直接定价，也可以通过合格投资者网上竞价，或者网下询价等方式确定股票发行价格和发行对象。发行人和主承销商应当在招股说明书和发行公告中披露本次发行股票采用的定价方式。

发行人应当对定价依据及定价方式、定价的合理性作出充分说明并披露，主承销商应当对本次发行价格的合理性、相关定价依据和定价方法的合理性，是否损害现有股东利益等发表意见。

第四十二条　发行人通过网下询价方式确定股票发行价格和发行对象的，询价对象应当是经中国证券业协会注册的网下投资者。

发行人和主承销商可以根据北交所和中国证券业协会相关自律规则的规定，设置网下投资者的具体条件，并在发行公告中预先披露。

第四十三条　获中国证监会同意注册后，发行人与主承销商应当及时向北交所报送发行与承销方案。

第四十四条 公开发行股票可以向战略投资者配售。发行人的高级管理人员、核心员工可以参与战略配售。

前款所称的核心员工，应当由公司董事会提名，并向全体员工公示和征求意见，由监事会发表明确意见后，经股东大会审议批准。

发行人应当与战略投资者事先签署配售协议。发行人和主承销商应当在发行公告中披露战略投资者的选择标准、向战略投资者配售的股票总量、占本次发行股票的比例以及持有期限等。

第四十五条 发行人、承销机构及相关人员不得存在以下行为：

（一）泄露询价或定价信息；

（二）以任何方式操纵发行定价；

（三）夸大宣传，或以虚假广告等不正当手段诱导、误导投资者；

（四）向投资者提供除招股意向书等公开信息以外的公司信息；

（五）以提供透支、回扣或者中国证监会认定的其他不正当手段诱使他人申购股票；

（六）以代持、信托持股等方式谋取不正当利益或向其他相关利益主体输送利益；

（七）直接或通过其利益相关方向参与申购的投资者提供财务资助或者补偿；

（八）以自有资金或者变相通过自有资金参与网下配售；

（九）与投资者互相串通，协商报价和配售；

（十）收取投资者回扣或其他相关利益；

（十一）中国证监会规定的其他情形。

第七章 监督管理与法律责任

第四十六条 中国证监会建立对北交所发行上市审核工作和发行承销过程监管的监督机制，可以对北交所相关工作进行检查或抽查。对于中国证监会监督过程中发现的问题，北交所应当整改。

第四十七条 北交所应当发挥自律管理作用，对公开发行并上市相关行为进行监督。发现发行人及其控股股东、实际控制人、董事、监事、高级管理人员以及保荐人、承销商、证券服务机构及其相关执业人员等违反法律、行政法规和中国证监会相关规定的，应当向中国证监会报告，并采取自律管理措施。

北交所对股票发行承销过程实施自律管理。发现异常情形或者涉嫌违法违规的，中国证监会可以要求北交所对相关事项进行调查处理，或者直接责令发行人、承销商暂停或中止发行。

第四十八条　中国证券业协会应当发挥自律管理作用，对从事股票公开发行业务的保荐人进行监督，督促其勤勉尽责地履行尽职调查和督导职责。发现保荐人有违反法律、行政法规和中国证监会相关规定的行为，应当向中国证监会报告，并采取自律管理措施。

中国证券业协会应当建立对承销商询价、定价、配售行为和询价投资者报价行为的自律管理制度，并加强相关行为的监督检查，发现违规情形的，应当及时采取自律管理措施。

第四十九条　北交所发行上市审核工作存在下列情形之一的，由中国证监会责令改正；情节严重的，追究直接责任人员相关责任：

（一）未按审核标准开展发行上市审核工作；

（二）未按审核程序开展发行上市审核工作；

（三）不配合中国证监会对发行上市审核工作和发行承销监管工作的检查、抽查，或者不按中国证监会的整改要求进行整改。

第五十条　发行人在发行股票文件中隐瞒重要事实或者编造重大虚假内容的，中国证监会可以视情节轻重，对发行人及相关责任人员依法采取责令改正、监管谈话、出具警示函等监管措施，或者采取证券市场禁入的措施。

第五十一条　发行人的控股股东、实际控制人违反本办法规定，致使发行人所报送的注册申请文件和披露的信息存在虚假记载、误导性陈述或者重大遗漏，或者组织、指使发行人进行财务造假、利润操纵或者在发行股票文件中隐瞒重要事实或编造重大虚假内容的，中国证监会可以视情节轻重，依法采取责令改正、监管谈话、出具警示函等监管措施，或者采取证券市场禁入的措施。

发行人的董事、监事和高级管理人员违反本办法规定，致使发行人所报送的注册申请文件和披露的信息存在虚假记载、误导性陈述或者重大遗漏的，中国证监会可以视情节轻重，依法采取责令改正、监管谈话、出具警示函等监管措施，或者采取证券市场禁入的措施。

第五十二条　保荐人未勤勉尽责，致使发行人信息披露资料存在虚假记载、误导性陈述或者重大遗漏的，中国证监会可以视情节轻重，对保荐人及相关责任人员依法采取责令改正、监管谈话、出具警示函、暂停保荐业务资格一年到三年、撤销保荐业务资格、证券市场禁入等措施。

证券服务机构未勤勉尽责，致使发行人信息披露资料中与其职责有关的内容及其所出具的文件存在虚假记载、误导性陈述或者重大遗漏的，中国证监会可以视情节轻重，对证券服务机构及相关责任人员依法采取责令改正、出具警示函、证券市场禁入等措施。

第五十三条　保荐人存在下列情形之一的，中国证监会可以视情节轻重，采取暂停保荐业务资格三个月至三年的监管措施；情节特别严重的，撤销其业务资格：

（一）伪造或者变造签字、盖章；

（二）重大事项未报告、未披露；

（三）以不正当手段干扰审核注册工作；

（四）不履行其他法定职责。

第五十四条　发行人、保荐人、证券服务机构存在以下情形之一的，中国证监会可以视情节轻重，依法采取责令改正、监管谈话、出具警示函等监管措施：

（一）制作或者出具的文件不齐备或者不符合要求；

（二）擅自改动注册申请文件、信息披露资料或者其他已提交文件；

（三）注册申请文件或者信息披露资料存在相互矛盾或者同一事实表述不一致且有实质性差异；

（四）文件披露的内容表述不清，逻辑混乱，严重影响投资者理解；

（五）未及时报告或者未及时披露重大事项。

第五十五条　承销商及其直接负责的主管人员和其他责任人员在承销证券过程中，违反本办法第四十五条规定的，中国证监会可以视情节轻重，依法采取责令改正、监管谈话、出具警示函等监管措施，或者采取证券市场禁入的措施。

第五十六条　发行人及其控股股东和实际控制人、董事、监事、高级管理人员，保荐人、承销商、证券服务机构及其相关执业人员，在股票公开发行并上市相关的活动中存在其他违反本办法规定行为的，中国证监会可以视情节轻重，依法采取责令改正、监管谈话、出具警示函、责令公开说明、责令定期报告等监管措施，或者采取证券市场禁入的措施。

发行人及其控股股东、实际控制人、董事、监事、高级管理人员以及保荐人、承销商、证券服务机构及其相关执业人员等违反《证券法》依法应予以行政处罚的，中国证监会将依法予以处罚。涉嫌犯罪的，依法移送司法机关，追究其刑事责任。

第五十七条　中国证监会将遵守本办法的情况记入证券市场诚信档案，会同有关部门加强信息共享，依法实施守信激励与失信惩戒。

第八章　附　则

第五十八条　本办法自 2021 年 11 月 15 日起施行。

附录 F　关于加强私募投资基金监管的若干规定

中国证券监督管理委员会公告〔2020〕71 号

现公布《关于加强私募投资基金监管的若干规定》，自公布之日起施行。

中国证监会

2020 年 12 月 30 日

关于加强私募投资基金监管的若干规定

第一条　为了规范私募投资基金（以下简称私募基金）业务活动，保护投资者和相关当事人的合法权益，促进私募基金行业健康发展，防范金融风险，根据《证券投资基金法》《私募投资基金监督管理暂行办法》（以下简称《私募办法》）等法律法规，制定本规定。

第二条　在中国证券投资基金业协会（以下简称基金业协会）依法登记的私募基金管理人从事私募基金业务，适用本规定。

私募基金管理人在初次开展资金募集、基金管理等私募基金业务活动前，应当按照规定在基金业协会完成登记。

第三条　未经登记，任何单位或者个人不得使用"基金"或者"基金管理"字样或者近似名称进行私募基金业务活动，法律、行政法规另有规定的除外。

私募基金管理人应当在名称中标明"私募基金""私募基金管理""创业投资"字样，并在经营范围中标明"私募投资基金管理""私募证券投资基金管理""私募股权投资基金管理""创业投资基金管理"等体现受托管理私募基金特点的字样。

第四条　私募基金管理人不得直接或者间接从事民间借贷、担保、保理、典当、融资租赁、网络借贷信息中介、众筹、场外配资等任何与私募基金管理相冲突或者无关的业务，中国证券监督管理委员会（以下简称中国证监会）另有规定的除外。

第五条　私募基金管理人的出资人不得有代持、循环出资、交叉出资、层级过多、结构复杂等情形，不得隐瞒关联关系或者将关联关系非关联化。同一单位、个人控股或者实际控制两家及以上私募基金管理人的，应当具有设立多个私募基金管理人的合理性与必要性，全面、及时、准确披露各私募基金管理人业务分工，建立完善的合规风控制度。

第六条　私募基金管理人、私募基金销售机构及其从业人员在私募基金募集过程中不得直接或者间接存在下列行为：

（一）向《私募办法》规定的合格投资者之外的单位、个人募集资金或者为投资者提供多人拼凑、资金借贷等满足合格投资者要求的便利；

（二）通过报刊、电台、电视、互联网等公众传播媒体，讲座、报告会、分析会等方式，布告、传单、短信、即时通讯工具、博客和电子邮件等载体，向不特定对象宣传推介，但是通过设置特定对象确定程序的官网、客户端等互联网媒介向合格投资者进行宣传推介的情形除外；

（三）口头、书面或者通过短信、即时通讯工具等方式直接或者间接向投资者承诺保本保收益，包括投资本金不受损失、固定比例损失或者承诺最低收益等情形；

（四）夸大、片面宣传私募基金，包括使用安全、保本、零风险、收益有保障、高收益、本金无忧等可能导致投资者不能准确认识私募基金风险的表述，或者向投资者宣传预期收益率、目标收益率、基准收益率等类似表述；

（五）向投资者宣传的私募基金投向与私募基金合同约定投向不符；

（六）宣传推介材料有虚假记载、误导性陈述或者重大遗漏，包括未真实、准确、完整披露私募基金交易结构、各方主要权利义务、收益分配、费用安排、关联交易、委托第三方机构以及私募基金管理人的出资人、实际控制人等情况；

（七）以登记备案、金融机构托管、政府出资等名义为增信手段进行误导性宣传推介；

（八）委托不具有基金销售业务资格的单位或者个人从事资金募集活动；

（九）以从事资金募集活动为目的设立或者变相设立分支机构；

（十）法律、行政法规和中国证监会禁止的其他情形。

私募基金管理人的出资人、实际控制人、关联方不得从事私募基金募集宣传推介，不得从事或者变相从事前款所列行为。

私募基金募集完毕，私募基金管理人应当按照规定到基金业协会履行备案手续。私募基金管理人不得管理未备案的私募基金。

第七条　私募基金的投资者人数累计不得超过《证券投资基金法》《公司法》《合伙企业法》等法律规定的特定数量。投资者转让基金份额的，受让人应当为合格投资者且基金份额受让后投资者人数应当符合本条规定。国务院金融监督管理部门监管的机构依法发行的资产管理产品、合格境外机构投资者、人民币合格境外机构投资者，视为《私募办法》第十三条规定的合格投资者，不再穿透核查最终投资者。

任何单位和个人不得通过将私募基金份额或者其收（受）益权进行拆分转让，或者通过为单一融资项目设立多只私募基金等方式，以变相突破合格投资者标准或投资者人数限制。

第八条　私募基金管理人不得直接或者间接将私募基金财产用于下列投资活动：

（一）借（存）贷、担保、明股实债等非私募基金投资活动，但是私募基金以股权投资为目的，按照合同约定为被投企业提供 1 年期限以内借款、担保除外；

（二）投向保理资产、融资租赁资产、典当资产等类信贷资产、股权或其收（受）益权；

（三）从事承担无限责任的投资；

（四）法律、行政法规和中国证监会禁止的其他投资活动。

私募基金有前款第（一）项规定行为的，借款或者担保到期日不得晚于股权投资退出日，且借款或者担保余额不得超过该私募基金实缴金额的 20%；中国证监会另有规定的除外。

第九条　私募基金管理人及其从业人员从事私募基金业务，不得有下列行为：

（一）未对不同私募基金单独管理、单独建账、单独核算，将其固有财产、他人财产混同于私募基金财产，将不同私募基金财产混同运作，或者不公平对待不同私募基金财产；

（二）使用私募基金管理人及其关联方名义、账户代私募基金收付基金财产；

（三）开展或者参与具有滚动发行、集合运作、期限错配、分离定价等特征的资金池业务；

（四）以套取私募基金财产为目的，使用私募基金财产直接或者间接投资于私募基金管理人、控股股东、实际控制人及其实际控制的企业或项目等自融行为；

（五）不公平对待同一私募基金的不同投资者，损害投资者合法权益；

（六）私募基金收益不与投资项目的资产、收益、风险等情况挂钩，包括不按照投资标的实际经营业绩或者收益情况向投资者分红、支付收益等；

（七）直接或者间接侵占、挪用私募基金财产；

（八）不按照合同约定进行投资运作或者向投资者进行信息披露；

（九）利用私募基金财产或者职务之便，以向私募基金、私募基金投资标的及其关联方收取咨询费、手续费、财务顾问费等名义，为自身或者投资者以外的人牟取非法利益、进行利益输送；

（十）泄露因职务便利获取的未公开信息、利用该信息从事或者明示、暗示他人从事相关的交易活动；

（十一）从事内幕交易、操纵证券期货市场及其他不正当交易活动；

（十二）玩忽职守，不按照监管规定或者合同约定履行职责；

（十三）法律、行政法规和中国证监会禁止的其他行为。私募基金管理人的出资人和实际控制人、私募基金托管人、私募基金销售机构及其他私募基金服务机构及其出资人、实际控制人，不得有前款所列行为或者为前款行为提供便利。

第十条　私募基金管理人管理的私募基金不得直接或者间接投资于国家禁止或者限制投资的项目，不符合国家产业政策、环境保护政策、土地管理政策的项目，但证券市场投资除外。

第十一条　私募基金管理人不得从事损害私募基金财产或者投资者利益的关联交易等投资活动。私募基金管理人应当建立健全关联交易管理制度，对关联交易定价方法、交易审批程序等进行规范。使用私募基金财产与关联方进行交易的，私募基金管理人应当遵守法律、行政法规、中国证监会的规定和私募基金合同约定，防范利益冲突，投资前应当取得全体投资者或者投资者认可的决策机制决策同意，投资后应当及时向投资者充分披露信息。

第十二条　私募基金管理人及其出资人和实际控制人、私募基金托管人、私募基金销售机构和其他私募基金服务机构所提交的登记备案信息及其他信息材料，不得有虚假记载、误导性陈述或者重大遗漏，并应当按照规定持续履行信息披露和报送义务，确保所提交信息材料及时、准确、真实、完整。

私募基金管理人及其出资人和实际控制人、私募基金托管人、私募基金销售机构和其他私募基金服务机构及其从业人员应当配合中国证监会及其派出机构依法履行职责，如实提供有关文件和材料，不得拒绝、阻碍和隐瞒。

第十三条　中国证监会及其派出机构依法从严监管私募基金管理人、私募基金托管人、私募基金销售机构和其他私募基金服务机构及其从业人员的私募基金业务活动，严厉打击各类违法违规行为。对违反本规定的，中国证监会及其派出机构可以依照《私募办法》的规定，采取行政监管措施、市场禁入措施，实施行政处罚，并记入中国资本市场诚信信息数据库；涉嫌犯罪的，依法移送司法机关追究刑事责任。《证券投资基金法》等法律、行政法规另有规定的，依照其规定处理。

基金业协会依法开展私募基金管理人登记和私募基金备案，加强自律管理与风险监测。对违反本规定的，基金业协会可以依法依规进行处理。

第十四条　本规定自发布之日起施行。

证券公司、基金管理公司、期货公司及其子公司从事私募基金业务，不适用本规定。

本规定施行前已登记私募基金管理人不符合本规定，按下列要求执行：

（一）不符合本规定第四条、第五条、第六条第一款第（九）项、第十一条的，应当自本规定施行之日起一年内完成整改；

（二）不符合本规定第六条第三款的，应当自本规定施行之日六个月内完成整改，整改期内暂停新增私募基金募集和备案；

（三）不符合本规定第六条第一款第（一）项至第（八）项、第六条第一款第（十）项、第七条、第九条、第十二条的，中国证监会及其派出机构可以依照本规定第十三条进行处理，基金业协会可以依法依规进行处理；

（四）不符合本规定第八条、第十条的，不得新增此类投资，不得新增募集规模，不得新增投资者，不得展期，合同到期后予以清算。

《关于加强私募投资基金监管的若干规定》起草说明

为进一步加强私募投资基金（以下简称私募基金）监管，严厉打击各类违法违规行为，严控私募基金增量风险，稳妥化解私募基金存量风险，提升行业规范发展水平，保护投资者合法权益，根据有关法律法规，在总结实践经验基础上，经反复研究，中国证监会起草了《关于加强私募投资基金监管的若干规定》（以下简称《规定》）。现说明如下：

一、起草背景

近年来，我国私募基金行业快速发展，在支持创业创新、推进供给侧结构性改革、提高直接融资比重、服务实体经济和居民财富管理等方面发挥了重要作用。截至 2020 年底，在基金业协会登记的私募基金管理人 2.46 万家，备案私募基金 9.68 万只，管理基金规模 15.97 万亿元。但私募基金行业在快速发展同时，也暴露出许多问题，包括公开或者变相公开募集资金、规避合格投资者要求、不履行登记备案义务、错综复杂的集团化运作、资金池运作、利益输送、自融自担等，甚至出现侵占、挪用基金财产、非法集资等严重侵害投资者利益的违法违规行为，行业风险逐步显现。

根据关于加强金融监管的有关要求，紧紧围绕贯彻落实服务实体经济、防范金融风险、深化金融改革的基本任务，经反复调研，全面总结私募基金领域风险事件的发生特点和处置经验，通过重申和细化私募基金监管的底线要求，让私募行业真正回归"私募"和"投资"的本源，推动优胜劣汰的良性循环，促进行业规范可持续发展。

二、主要内容

《规定》共十四条，主要包括以下内容：

（一）规范私募基金管理人名称、经营范围和业务范围

名称上，私募基金管理人应当统一规范，标明"私募基金""私募基金管理""创业投资"字样。经营范围上，为体现受托管理私募基金的业务属性特点，应当标明"私募投资基金管理""私募证券投资基金管理""私募股权投资基金管理""创业投资基金管理"等字样。对上述要求，《规定》实行"新老划断"。

业务范围上，要求私募基金管理人聚焦投资管理主业，可以围绕私募基金管理开展资金募集、投资管理、顾问服务、为被投企业提供管理咨询等业务，但不得从事与私募基金管理存在冲突或无关的其他业务。

（二）优化集团化私募基金管理人监管

私募基金管理人股权结构应当清晰、稳定，《规定》要求私募基金管理人在登记时如实披露其出资结构，不得隐瞒关联关系，严禁出资人代持、交叉持股、循环出资等行为。为优化对集团化私募基金管理人监管效能，《规定》允许同一主体设立两家以上私募基金管理人，但其应当如实说明设立多个管理人的合理性与必要性，披露各管理人业务分工，建立完善的合规风控制度，确保集团能对其控制的各管理人说得清楚、控制得住、负得起责。对于能够建立良好内部治理和风控体系的集团化私募基金管理人，可给予差异化监管，实现扶优限劣。

（三）重申细化非公开募集和合格投资者要求

《规定》进一步细化《私募投资基金监督管理暂行办法》合格投资者的范围，对国务院金融监督管理部门监管的资产管理产品不再穿透核查，不合并计算投资者人数，为私募基金引入长期资金扫除制度障碍。同时，立足私募基金"非公开募集"本质，坚守"合格投资者"基石不动摇，细化重申私募基金募集过程中的禁止性行为要求，包括不得违反合格投资者要求募集资金，不得通过互联网等载体向不特定对象宣传推介，不得向投资者承诺保本保收益、夸大宣传、虚假宣传，不得设立以从事资金募集活动为目的的分支机构以及突破投资者人数限制等。

此外，明确私募基金管理人的出资人、实际控制人、关联方如果不具有基金销售资格，未受私募基金管理人委托从事基金销售的，不得从事资金募集活动。

（四）明确私募基金财产投资要求

《规定》着力引导私募基金回归证券投资、股权投资等，重申投资活动"利益共享、风险共担"的本质，严禁使用基金财产从事借（存）贷、担保、明股实债等非私募基金投

资活动，严禁投向类信贷资产或其收（受）益权，不得从事承担无限责任的投资，不得从事国家禁止投资、限制投资以及不符合国家产业政策、环保政策、土地管理政策的项目等。

同时，遵从商业惯例，允许私募基金以股权投资为目的，为被投企业提供短期借款、担保，借款或者担保余额不得超过该私募基金实缴金额的 20%。

（五）强化私募基金管理人及从业人员等主体规范要求

《规定》要求私募基金管理人、私募基金托管人、私募基金销售机构、其他服务机构及从业人员践行诚实信用、谨慎勤勉的义务，秉承投资者合法利益优先原则，规范开展关联交易，严禁基金财产混同、资金池运作、违规自融、不公平对待基金财产和投资者等违法违规情形。

（六）明确法律责任和过渡期安排

《规定》重申私募基金管理人及从业人员等主体从事私募基金业务应当主动配合监管，对违反规定从事私募基金业务的，综合运用行政、自律、司法等多种手段追究相关机构和人员的法律责任。为平稳过渡，《规定》针对不符合规定的存量私募基金管理人，通过实行新老划断、设置过渡期等予以分类处理。同时将结合整改情况，对主动提前完成整改的私募基金管理人，给予适当的差异化监管和自律安排。

总体上，《规定》进一步重申和强化了私募基金行业执业的底线行为规范，形成了私募基金管理人及从业人员等主体的"十不得"禁止性要求。

附录 G　中国银保监会办公厅关于资产支持计划和保险私募基金登记有关事项的通知

银保监办发〔2021〕103号

各保险资产管理机构：

为持续深入落实国务院"放管服"工作部署，进一步深化保险资金运用市场化改革，提高服务实体经济质效，银保监会决定将资产支持计划和保险私募基金由注册制改为登记制。现就有关事项通知如下：

一、保险资产管理机构发起设立资产支持计划，实行初次申报核准、后续产品登记。初次申报核准由银保监会依据相关规定办理，后续产品登记由中保保险资产登记交易系统有限公司依据监管规定和登记规则办理。

二、保险资产管理机构的下属机构发起设立保险私募基金，由中国保险资产管理业协会依据监管规定和登记规则办理登记。

三、中保保险资产登记交易系统有限公司和中国保险资产管理业协会（以下统称登记机构）应当于保险资产管理机构或其下属机构提交资产支持计划或保险私募基金（以下统称产品）登记材料之日起5个工作日内出具登记结果。

四、保险资产管理机构或其下属机构承担设立产品的合规风控主体责任，在产品设立和登记过程中应当履行下列职责：

（一）加强产品设立和登记内部管理，建立健全并严格实施产品登记管理制度，明确产品合规和风险管理责任人，确保产品登记工作规范有序开展。

（二）按照监管规定和登记机构的登记规则，真实、准确、完整、及时提交登记材料，不得有虚假记载、误导性陈述或重大遗漏。

（三）建立严格的数据质量管控和责任追究机制，持续提高登记信息质量，加强产品存续期管理。

（四）银保监会规定的其他职责。

五、登记机构仅对登记材料的完备性和合规性进行查验，不对产品的投资价值和风险作实质性判断。在办理产品登记过程中应当履行下列职责：

（一）加强产品登记工作管理。制定并实施产品登记规则和操作流程，建立完善登记信息系统，做好系统运营维护和数据备份工作。完善保密制度并采取保密措施，确保登记信息安全。

（二）提高登记工作效率和透明度。精简登记材料，优化工作流程，提高登记效率和服务质量，定期向产品管理人通报登记工作情况。

（三）加强产品登记后数据统计和风险监测。管理和维护登记信息，定期向银保监会报送产品登记情况、业务运行情况、风险监测报告和其他有关情况。发现重大风险和违规行为线索，应当及时报告银保监会，必要时协助银保监会开展相关工作。

（四）银保监会规定的其他职责。

六、银保监会依据相关规定，加强对产品登记工作的业务指导和监督，发现保险资产管理机构和登记机构未按规定和程序履行相应职责的，依法采取相应监管措施，不断完善事中事后监管。

七、本通知自 2021 年 10 月 1 日起施行。《中国银保监会办公厅关于资产支持计划注册有关事项的通知》（银保监办发〔2019〕143 号）、《关于股权投资计划和保险私募基金注册有关事项的通知》（资金部函〔2019〕1 号）同时废止。

中国银保监会办公厅

2021 年 9 月 18 日

附录 H 财政部 税务总局 发展改革委 证监会 关于上海市浦东新区特定区域公司型创业投资 企业有关企业所得税试点政策的通知

财税〔2021〕53 号

上海市财政局，国家税务总局上海市税务局，上海市发展和改革委员会，上海市地方金融监督管理局，中国证券监督管理委员会上海监管局：

为进一步推动创业投资发展，根据中共中央、国务院有关文件精神，在上海市浦东新区特定区域试行公司型创业投资企业的企业所得税优惠政策。现将有关政策通知如下：

一、对上海市浦东新区特定区域内公司型创业投资企业，转让持有 3 年以上股权的所得占年度股权转让所得总额的比例超过 50% 的，按照年末个人股东持股比例减半征收当年企业所得税；转让持有 5 年以上股权的所得占年度股权转让所得总额的比例超过 50% 的，按照年末个人股东持股比例免征当年企业所得税。

上述两种情形下，应分别适用以下公式计算当年企业所得税免征额：

（一）转让持有 3 年以上股权的所得占年度股权转让所得总额的比例超过 50% 的：

企业所得税免征额 = 年末个人股东持股比例 × 本年度企业所得税应纳税额 ÷ 2

（二）转让持有 5 年以上股权的所得占年度股权转让所得总额的比例超过 50% 的：

企业所得税免征额 = 年末个人股东持股比例 × 本年度企业所得税应纳税额

二、本通知所称公司型创业投资企业，应同时符合以下条件：

（一）在上海市浦东新区特定区域内注册成立，实行查账征收的居民企业。

（二）符合《创业投资企业管理暂行办法》（发展改革委等 10 部门令第 39 号）或者《私募投资基金监督管理暂行办法》（证监会令第 105 号）要求，并按照规定完成备案且规范运作。

三、本通知所称上海市浦东新区特定区域是指中国（上海）自由贸易试验区、中国（上海）自由贸易试验区临港新片区浦东部分和张江科学城。其中：中国（上海）自由贸易试验区，按照《国务院关于印发进一步深化中国（上海）自由贸易试验区改革开放方案的通知》（国发〔2015〕21 号）规定的地理范围执行；中国（上海）自由贸易试验区临港新片区浦东部分，按照《国务院关于印发中国（上海）自由贸易试验区临港新片区总体方案的通知》（国发〔2019〕15 号）规定的地理范围中位于浦东的部分执行；张江科学城，按照《上海市人民政府关于印发〈上海市张江科学城发展"十四五"规划〉的通知》（沪府发〔2021〕11 号）规定的地理范围执行。

四、个人股东从公司型创业投资企业取得的股息红利，按照规定缴纳个人所得税。

五、本通知自 2021 年 1 月 1 日起实施。2021 年 1 月 1 日前发生的股权投资，在本通知规定的执行期内转让股权取得的所得符合本通知第一条规定的，适用本通知规定的税收政策。

财政部

税务总局

发展改革委

证监会

2021 年 9 月 8 日

附录Ⅰ　通过审核机构

安徽丰创生物技术产业创业投资有限公司	合肥中科亚商创业投资管理有限公司
安徽国耀创业投资有限公司	建银皖江产业基金管理（安徽）有限公司
安徽国元创投有限责任公司	六安高科创业投资有限公司
安徽汇智富创业投资有限公司	六安中安天使基金合伙企业（有限合伙）
安徽火花科技创业投资有限公司	芜湖瑞建汽车产业创业投资有限公司
安徽省高新创业投资有限责任公司	新能源汽车科技创新（合肥）股权投资合伙企业
安徽省科技产业投资有限公司	（有限合伙）
安徽皖投泰信创业投资基金管理有限公司	宣城火花科技创业投资有限公司
安徽智鼎创业投资有限公司	爱康创业投资有限公司
安庆发投创业投资有限公司	北京安芙兰创业投资有限公司
蚌埠市天使投资基金（有限合伙）	北京安龙创业投资基金（有限合伙）
蚌埠市远大创新创业投资有限公司	北京安盛投资管理有限公司
蚌埠中城创业投资有限公司	北京北斗融创投资管理有限公司
池州中安创业投资基金合伙企业（有限合伙）	北京晨光宏盛中小企业创业投资有限公司
滁州浚源创业投资中心（有限合伙）	北京晨晖创新投资管理有限公司
合肥德丰杰启峰创业投资管理有限公司	北京晨山创业投资基金合伙企业（有限合伙）
合肥高特佳创业投资有限责任公司	北京创新工场智创股权投资合伙企业（有限合伙）
合肥高新产业投资有限公司	北京创新壹舟投资管理有限公司
合肥高新创业投资管理合伙企业（有限合伙）	北京鼎和高达投资管理有限公司
合肥高新科技创业投资有限公司	北京方信资本管理有限公司
合肥国科新能股权投资管理合伙企业（有限合伙）	北京丰泽久源创业投资有限责任公司
合肥赛富合元创业投资中心（有限合伙）	北京高榕四期康腾股权投资合伙企业（有限合伙）
合肥市创新科技风险投资有限公司	北京高新技术创业投资有限公司
合肥市高科技风险投资有限公司	北京海聚助力投资管理有限公司
合肥新兴产业创业投资合伙企业（有限合伙）	北京海洋基石创业投资管理有限公司
合肥新站高新创业投资合伙企业（有限合伙）	北京海豫祺创业投资管理有限公司
合肥兴泰资本管理有限公司	北京航天二期产业投资基金（有限合伙）
合肥元瑞芳十创业投资合伙企业（有限合伙）	北京航天国调创业投资基金（有限合伙）

北京荷塘国际健康创业投资管理有限公司　　北京首科创业投资有限公司

北京恒资时代创业投资股份有限公司　　北京水木国鼎投资管理有限公司

北京洪泰同创投资管理有限公司　　北京水木领航创业投资中心（有限合伙）

北京汇江华盛创业投资有限公司　　北京腾业创业投资管理有限公司

北京嘉木英实创业投资管理中心（有限合伙）　　北京天峰汇泉投资管理有限公司

北京金科君创投资管理有限公司　　北京同创共享医疗股权投资基金合伙企业（有限合伙）

北京金桥鹰石创业投资中心（有限合伙）　　北京同方以衡资产管理有限公司

北京君联同道投资管理合伙企业（有限合伙）　　北京险峰长青投资咨询有限公司

北京考拉昆仑投资管理有限公司　　北京协同创新投资管理有限公司

北京科慧创业投资基金管理有限公司　　北京新光创业投资有限公司

北京科技创新投资管理有限公司　　北京信中利投资股份有限公司

北京朗玛峰创业投资管理有限公司　　北京亿润创业投资有限公司

北京诺华资本投资管理有限公司　　北京亦庄二期生物医药产业投资基金（有限合伙）

北京启创科远股权投资基金合伙企业（有限合伙）　　北京亦庄普丰国际创业投资管理有限公司

北京启航创业投资管理有限公司　　北京银河吉星创业投资有限责任公司

北京启航投资管理有限公司　　北京引航创业投资有限公司

北京启明融新股权投资合伙企业（有限合伙）　　北京英诺昌盛投资管理有限公司

北京启沃博观投资管理合伙企业（有限合伙）　　北京英诺创易佳科技创业投资中心（有限合伙）

北京青年创业投资有限公司　　北京用友幸福投资管理有限公司

北京青山同创投资有限公司　　北京元航投资管理有限公司

北京融胜同创投资有限公司　　北京元培科技创新投资中心（有限合伙）

北京瑞鑫安泰创业投资中心（有限合伙）　　北京源码资本投资有限公司

北京睿嘉资产管理有限公司　　北京远望创业投资有限公司

北京润信新材智创业投资基金合伙企业（有限合伙）　　北京浙控金诚资产管理有限公司

北京三行资本管理有限责任公司　　北京真格天成投资管理有限公司

北京三益投资管理有限公司　　北京中发前沿投资管理有限公司

北京尚融资本管理有限公司　　北京中关村创业投资发展有限公司

北京盛景嘉成投资管理有限公司　　北京中关村协同创新投资基金管理有限公司

北京盛元丰亨创业投资有限公司　　北京中关村智友投资合伙企业（有限合伙）

北京施拉特创业投资管理有限公司　　北京中技天博创业投资有限公司

北京世纪方舟资本管理中心（有限合伙）　　北京中科创星创业投资管理合伙企业（有限合伙）

北京市久盛立德创业投资管理中心（有限合伙）　　北京中自创新人工智能创投一期基金（有限合伙）

北京市元亨盈盛创业投资管理中心（有限合伙）　　北京众联投资有限公司

北京首创创业投资有限公司　　晨山（北京）投资管理有限公司

北京首发展天玑创业投资中心（有限合伙）　　春华景智（北京）股权投资合伙企业（有限合伙）

德同（北京）投资管理股份有限公司

富汇创新创业投资管理有限公司

高能天汇创业投资有限公司

光大三山创业投资管理有限公司

国科嘉和（北京）投资管理有限公司

国投创业投资管理有限公司

海风联投资顾问（北京）有限责任公司

汉世纪国际投资管理（北京）有限公司

航发基金管理有限公司

荷塘创业投资管理（北京）有限公司

华德诚志重科股权投资（北京）合伙企业
（有限合伙）

吉视传媒创业投资有限公司

将门投资管理顾问（北京）有限公司

九州华伟创业投资有限公司

君联资本管理股份有限公司

开信创业投资管理（北京）有限公司

昆吾九鼎（北京）医药投资管理有限公司

昆吾九鼎投资管理有限公司

理工创动（北京）投资管理有限公司

联想创新（北京）投资管理有限公司

启迪之星（北京）投资管理有限公司

千山资本管理有限公司

清控银杏创业投资管理（北京）有限公司

仁和金砂（北京）投资基金管理有限公司

赛伯乐投资集团有限公司

圣康世纪投资控股（北京）有限公司

丝路华创投资管理（北京）有限公司

腾飞天使（北京）投资管理有限公司

天裕创业投资有限公司

通用技术创业投资有限公司

同冀华成创业投资（北京）有限公司

维多利安创业投资管理有限公司

意谷（北京）投资管理有限公司

银港创业投资有限责任公司

浙商万嘉（北京）创业投资管理有限公司

中电科核心技术研发股权投资基金（北京）合伙企业
（有限合伙）

中鼎开源创业投资管理有限公司

中关村三川（北京）股权投资管理有限公司

中国风险投资有限公司

中国科技产业投资管理有限公司

中通融金基金管理（北京）有限责任公司

福建北辰星投资管理有限公司

福建红桥创业投资管理有限公司

福建华兴创业投资有限公司

福建省惊喜一下智能科技有限公司

国兴（厦门）投资管理有限公司

合方创新（厦门）私募基金管理有限公司

弘信创业工场投资集团股份有限公司

罗普特（厦门）投资管理有限公司

衢州润哲闽越股权投资合伙企业（有限合伙）

守拙（厦门）股权投资有限公司

厦门创翼创业投资有限公司

厦门德韬金瑞私募基金管理有限公司

厦门高能海银创业投资管理有限公司

厦门高新技术创业中心有限公司

厦门高新技术风险投资有限公司

厦门高新科创天使创业投资有限公司

厦门广道创业投资管理有限公司

厦门国升发展私募基金管理有限责任公司

厦门国升铭道创业投资合伙企业（有限合伙）

厦门海西创业投资有限公司

厦门海西股权投资中心管理有限公司

厦门海峡科技创新股权投资基金管理有限公司

厦门弘信移动互联股权投资合伙企业（有限合伙）

厦门弘信云创业股权投资管理合伙企业（有限合伙）

厦门华登创业投资有限公司

厦门火炬集团创业投资有限公司

厦门坚果投资管理有限公司

厦门京道产业投资基金管理有限公司	佛山市荟金海纳资本管理有限公司
厦门京道科创投资合伙企业（有限合伙）	佛山市赛尔米克基金管理有限公司
厦门京道乐勤创业投资管理有限公司	佛山市顺德区东方晨星基金管理有限公司
厦门隆领海西创业投资合伙企业（有限合伙）	佛山市优势集成创业投资管理有限公司
厦门隆领投资合伙企业（有限合伙）	佛山优势资本创业投资管理有限公司
厦门铭源红桥投资管理有限公司	光大控股创业投资（深圳）有限公司
厦门青瓦投资管理有限公司	广东博源创业投资有限公司
厦门软件产业投资发展有限公司	广东动量资本管理有限公司
厦门市七晟创业投资有限公司	广东国科创业投资有限公司
厦门伟泰晟弘股权投资合伙企业（有限合伙）	广东国科蓝海创业投资企业（有限合伙）
厦门新格瑞杰投资管理合伙企业（有限合伙）	广东国民创新创业投资管理有限公司
厦门信诚通创业投资有限公司	广东海润锦龙资本管理有限公司
厦门英诺爱特投资管理有限公司	广东珩创投资管理有限公司
厦门英诺嘉业股权投资基金合伙企业（有限合伙）	广东弘德恒顺新材料创业投资合伙企业（有限合伙）
厦门英特嘉投资管理有限公司	广东花城十六号创业投资合伙企业（有限合伙）
厦门中和元投资管理有限公司	广东集成富达基金管理中心（有限合伙）
厦门中和致信创业投资合伙企业（有限合伙）	广东暨科成果转化创业投资基金合伙企业（有限合伙）
中闽金服（福建）信息科技有限公司	广东金九格基金管理有限公司
白银科键创新创业投资基金合伙企业（有限合伙）	广东凯鼎投资有限公司
甘肃兰白试验区张江创新创业投资基金合伙企业（有限合伙）	广东磊晋同创股权投资基金管理有限公司
甘肃普高创业投资基金（有限合伙）	广东力合开物创业投资基金合伙企业（有限合伙）
甘肃省科技风险投资有限公司	广东力量股权投资基金管理有限公司
甘肃中睿泰德新兴农业投资基金（有限合伙）	广东猎投创业投资基金合伙企业（有限合伙）
兰州高科创业投资担保有限公司	广东猎投基金管理合伙企业（有限合伙）
兰州鸿富创业投资基金（有限合伙）	广东猎投三期创业投资合伙企业（有限合伙）
兰州科技产业发展投资基金（有限合伙）	广东岭鑫资本管理有限公司
兰州科技创新创业风险投资基金（有限合伙）	广东领阳投资管理有限公司
兰州重点产业知识产权运营基金（有限合伙）	广东千灯中欣投资管理有限公司
诚承投资控股有限公司	广东瑞浩股权投资基金管理有限公司
创源（东莞市）股权投资合伙企业（有限合伙）	广东瑞信投资有限公司
东江智胜（东莞市）股权投资合伙企业（有限合伙）	广东睿和投资管理有限公司
东莞红土创业投资有限公司	广东省科技创业投资有限公司
佛山红土君晟创业投资合伙企业（有限合伙）	广东省科技风险投资有限公司
佛山吉富投资管理有限公司	广东省粤科创新创业投资母基金有限公司
	广东省粤科大学生创新创业投资有限公司

广东省粤科金融集团有限公司

广东顺德高新创业投资管理有限公司

广东顺德科创基金投资有限公司

广东莞商清大股权投资合伙企业（有限合伙）

广东乡融股权投资基金管理有限公司

广东湘三泽医药创业投资企业（有限合伙）

广东协同创新产业投资基金管理有限公司

广东兴邦股权投资基金管理有限公司

广东星域股权投资基金管理有限公司

广东燕缘股权投资基金管理有限公司

广东宜利凯旋股权投资基金管理企业（有限合伙）

广东蚁米创业投资合伙企业（有限合伙）

广东易高智汇股权投资基金管理有限公司

广东银瑞投资管理有限公司

广东优势易盛创业投资管理合伙企业（有限合伙）

广东粤科白云新材料创业投资有限公司

广东粤科财信创业投资合伙企业（有限合伙）

广东粤科创赛种子一号创业投资有限公司

广东粤科创业投资管理有限公司

广东粤科风险投资管理有限公司

广东粤科格金先进制造投资合伙企业（有限合伙）

广东粤科泓润创业投资有限公司

广东粤科惠华电子信息产业创业投资有限公司

广东粤科钜华创业投资有限公司

广东粤科润华创业投资有限公司

广东粤科天使一号创业投资有限公司

广东粤科拓思智能装备创业投资有限公司

广东粤科威溶特创业投资合伙企业（有限合伙）

广东粤科新鹤创业投资有限公司

广东粤科昱拓股权投资合伙企业（有限合伙）

广东粤科粤茂创新创业投资基金（有限合伙）

广东粤科智成股权投资管理有限公司

广东中大粤科投资有限公司

广州安健信医疗健康产业股权投资基金（有限合伙）

广州长策投资管理有限公司

广州诚信创业投资有限公司

广州创世伙伴二期股权投资合伙企业（有限合伙）

广州达安京汉投资咨询有限公司

广州达安京汉医疗健康产业投资企业（有限合伙）

广州丹麓创业投资基金合伙企业（有限合伙）

广州德福投资咨询合伙企业（有限合伙）

广州复朴奥飞数据产业投资基金合伙企业（有限合伙）

广州广开智行股权投资合伙企业（有限合伙）

广州瀚科股权投资合伙企业（有限合伙）

广州花城八号创业投资合伙企业（有限合伙）

广州花城成长创业投资合伙企业（有限合伙）

广州花城创业投资合伙企业（有限合伙）

广州花城三号创业投资合伙企业（有限合伙）

广州吉富新芯创业投资合伙企业（有限合伙）

广州佳诚六号创业投资合伙企业（有限合伙）

广州佳诚十号创业投资合伙企业（有限合伙）

广州凯得瞪羚创业投资合伙企业（有限合伙）

广州科学城创业投资管理有限公司

广州萌芽投资企业（有限合伙）

广州乾兴引导股权投资合伙企业（有限合伙）

广州勤安投资管理有限公司

广州趣道资产管理有限公司

广州三美投资管理中心（有限合伙）

广州市达安资本投资管理有限公司

广州市中海汇金创业投资合伙企业（有限合伙）

广州司浦林信息产业创业投资企业（有限合伙）

广州穗开创芯股权投资基金合伙企业（有限公司）

广州穗开股权投资有限公司

广州穗开新兴壹号股权投资中心（有限合伙）

广州穗开舟汇股权投资合伙企业（有限合伙）

广州廷博创业投资有限公司

广州星海爱乐股权投资管理有限公司

广州星海股权投资基金管理有限公司

广州阳和健胜创业投资基金合伙企业（有限合伙）

广州蚁米凯得产业投资基金合伙企业（有限合伙）

广州蚁米町丰创业投资合伙企业（有限合伙）

广州蚁米投资管理有限公司

广州蚁米戊星股权投资合伙企业（有限合伙）

广州越秀区丹麓创业投资基金合伙企业（有限合伙）

广州正达创业投资合伙企业（有限合伙）

广州至善创业投资合伙企业（有限合伙）

广州至尚益信股权投资企业（有限合伙）

广州智盛股权投资基金管理有限公司

广州中创崔毅天使投资企业（有限合伙）

国投（广东）创业投资管理有限公司

哈匹国际投资管理（深圳）有限公司

华玖股权投资（广东）有限公司

汇智创业投资有限公司

君盛投资管理有限公司

朗玛峰创业投资有限公司

朗玛三十九号（深圳）创业投资中心（有限合伙）

朗玛四十七号（深圳）创业投资中心（有限合伙）

朗玛四十三号（深圳）创业投资中心（有限合伙）

朗玛四十五号（深圳）创业投资中心（有限合伙）

朗玛五十号（深圳）创业投资中心（有限合伙）

朗玛五十一号（深圳）创业投资中心（有限合伙）

凌群创业投资（深圳）有限公司

清远高新区华科创投基金（有限合伙）

深圳澳银创业投资管理企业（有限合伙）

深圳澳银新兴科技创业投资企业（有限合伙）

深圳创富成长创业投资有限公司

深圳创客智联股权投资管理有限公司

深圳创享恒绽创业投资合伙企业（有限合伙）

深圳创享家赋成长创业投资合伙企业（有限合伙）

深圳创享润祥天使创业投资合伙企业（有限合伙）

深圳创展谷创业投资有限公司

深圳国成世纪创业投资有限公司

深圳国中创业投资管理有限公司

深圳海纳挚金创业投资合伙企业（有限合伙）

深圳力合载物创业投资有限公司

深圳南山上华红土双创股权投资基金合伙企业（有限合伙）

深圳诺辉岭南投资管理有限公司

深圳奇迹之光创业投资企业（有限合伙）

深圳市澳银成长创业投资企业（有限合伙）

深圳市保中太创业投资有限公司

深圳市长宏投资管理有限公司

深圳市创福汇产业运营信息有限公司

深圳市达晨财智创业投资管理有限公司

深圳市达晨创业投资有限公司

深圳市达实股权投资发展有限公司

深圳市大米成长新兴产业股权投资基金合伙企业（有限合伙）

深圳市鼎实创业投资有限公司

深圳市鼎正投资咨询有限公司

深圳市东方汇富创业投资管理有限公司

深圳市东方现代产业投资管理有限公司

深圳市泛友创业投资有限公司

深圳市分享创业投资管理有限公司

深圳市分享投资合伙企业（有限合伙）

深圳市分享择善精准医疗创业投资合伙企业（有限合伙）

深圳市孚威创业投资有限公司

深圳市富土私募股权投资基金管理有限公司

深圳市国成科技投资有限公司

深圳市海创创新基金合伙企业（有限合伙）

深圳市汉迪创业投资有限公司

深圳市加法创业投资有限公司

深圳市佳利泰创业投资有限公司

深圳市杰博创投资咨询合伙企业（有限合伙）

深圳市金域九鼎股权投资中心（有限合伙）

深圳市君丰创业投资基金管理有限公司

深圳市南桥股权投资基金合伙企业（有限合伙）

深圳市南桥资本投资管理合伙企业（有限合伙）

深圳市南山创业投资有限公司

深圳市年利达创业投资有限公司	银河粤科（广东）产业投资基金（有限合伙）
深圳市朋年投资集团有限公司	银河粤科基金管理有限公司
深圳市前海野文投资管理有限公司	盈富泰克创业投资有限公司
深圳市琴江成长创业投资合伙企业（有限合伙）	盈富泰克国家新兴产业创业投资引导基金（有限合伙）
深圳市琴江投资管理有限公司	智策创业投资管理（广州）有限公司
深圳市融创创业投资有限公司	中钰贤齐（深圳）投资管理有限公司
深圳市深港产学研科技发展有限公司	珠海港湾达泰股权投资合伙企业（有限合伙）
深圳市松禾天使创业投资合伙企业（有限合伙）	珠海港湾科宏创业投资有限公司
深圳市同威盛跃投资中心（有限合伙）	珠海港湾科睿创业投资有限公司
深圳市同心文鼎基金管理有限公司	珠海港湾科睿贰号创业投资基金合伙企业（有限合伙）
深圳市享融创业投资合伙企业（有限合伙）	珠海港湾壹号创业投资基金合伙企业（有限合伙）
深圳市享投就投创业投资合伙企业（有限合伙）	珠海高科创业投资管理有限公司
深圳市新势能天使创业投资企业（有限合伙）	珠海高新创业投资有限公司
深圳市鑫海泰投资咨询有限公司	珠海高新技术创业投资管理有限公司
深圳市亚布力创新股权投资管理有限公司	珠海高新天使创业投资有限公司
深圳市阳和生物医药产业投资有限公司	珠海横琴长策二号股权投资企业（有限合伙）
深圳市倚锋创业投资有限公司	珠海横琴长卓股权投资企业（有限合伙）
深圳市远联产业投资企业（有限合伙）	珠海横琴华业天成四期创业投资合伙企业（有限合伙）
深圳市中美创投硅谷行基金管理企业（有限合伙）	珠海横琴西玛斯股权投资合伙企业（有限合伙）
深圳市中美共创互联网资产管理企业（有限合伙）	珠海红杉资本股权投资中心（有限合伙）
深圳文昊舟商成长股权投资合伙企业（有限合伙）	珠海金控高新产业投资中心（有限合伙）
深圳文昊舟商股权投资合伙企业（有限合伙）	珠海九控投资有限公司
深圳西交海纳创业投资有限公司	珠海科创高科创业投资基金合伙企业（有限合伙）
深圳仙瞳精睿创业投资企业（有限合伙）	珠海力高贰号股权投资基金合伙企业（有限合伙）
深圳仙瞳生物医疗股权投资基金合伙企业（有限合伙）	珠海力高壹号创业投资基金合伙企业（有限合伙）
深圳鑫天瑜精选股权投资合伙企业（有限合伙）	珠海领先互联高新技术产业投资中心（有限合伙）
深圳鑫天瑜六期股权投资合伙企业（有限合伙）	珠海清华科技园创业投资有限公司
深圳鑫天瑜三期股权投资合伙企业（有限合伙）	珠海市庚通投资合伙企业（有限合伙）
深圳鑫天瑜五期股权投资合伙企业（有限合伙）	珠海市横琴乾元中鼎股权投资合伙企业（有限合伙）
深圳鑫天瑜一期股权投资合伙企业（有限合伙）	珠海招商银科股权投资中心（有限合伙）
深圳英诺天使投资合伙企业（有限合伙）	北海万豪铭安投资合伙企业（有限合伙）
深圳远致富海新兴产业投资企业（有限合伙）	广西广投鼎新引导基金运营有限责任公司
深圳正响投资合伙企业（有限合伙）	广西国富创新股权投资基金管理有限公司
深圳追梦者投资企业（有限合伙）	广西国厚资产管理有限公司
泰豪晟大创业投资有限公司	广西海东科技创业投资有限公司

广西锦蓝投资管理中心（有限合伙）	贵州贵孵一起创天使基金投资中心（有限合伙）
广西来宾鑫隆创业基金投资管理有限公司	贵州国喜投资有限公司
广西米富基础创投投资管理中心（有限合伙）	贵州红土创业投资有限公司
广西钦州联同众创投资咨询有限公司	贵州金通达投资有限公司
广西榕华创业孵化基地有限公司	贵州省创新赋能大数据投资基金合伙企业（有限合伙）
广西榕华科技投资有限公司	贵州省科技风险投资有限公司
广西新丝路创业投资基金有限责任公司	贵州双龙航空港创业投资有限公司
广西中小企业创业投资有限公司	贵州中水建设管理股份有限公司
广西自贸区启远保恒创业投资合伙企业（有限合伙）	贵州筑银资本管理有限公司
南宁厚润德基金管理有限公司	凯里市合峰投资有限公司
南宁市揽胜亿融基金管理有限公司	铜仁梵净山科技创业投资有限公司
梧州市引导基金有限责任公司	海南师范大学科技园管理有限公司
鼎信博成创业投资有限公司	海南众汇资本管理有限公司
贵阳博实火炬新兴产业创业投资企业（有限合伙）	保定市创元科技风险投资有限公司
贵阳成创合力创业投资管理企业（有限合伙）	国投京津冀科技成果转化创业投资基金（有限合伙）
贵阳创新天使投资基金有限公司	河北国创创业投资有限公司
贵阳高新创业投资有限公司	河北金冀达创业投资有限公司
贵阳工投生物医药产业创业投资有限公司	河北科技投资集团有限公司
贵阳观山湖现代服务业发展创业投资基金合伙企业（有限合伙）	河北领创嘉盛创业投资有限公司
	河北天鑫创业投资有限公司
贵阳甲秀创业投资中心（有限合伙）	河北为润股权投资基金管理有限公司
贵阳市创业投资有限公司	河北兴石创业投资有限公司
贵阳市大数据安全产业创业投资基金有限公司	河北燕郊燕胜创业投资有限公司
贵阳市服务外包及呼叫产业创业投资基金有限公司	廊坊市高科创新创业投资有限公司
贵阳市工业发展基金合伙企业（有限合伙）	秦皇岛市科技创新投资有限公司
贵阳市工业和信息化产业发展引导基金有限公司	荣盛创业投资有限公司
贵阳市科技创新引导基金创业投资有限公司	石家庄科技创业投资有限公司
贵阳市星火现代服务业创业投资有限公司	唐山高新创业投资有限公司
贵阳市引凤高技术产业创业投资基金有限公司	唐山科技创业投资管理有限责任公司
贵阳市筑创大数据发展创业投资有限公司	河南汴州基金管理有限公司
贵阳中小企业发展基金（有限合伙）	河南创业投资股份有限公司
贵州创在青春创业投资中心（有限合伙）	河南德瑞恒通高端装备创业投资基金有限公司
贵州鼎信博成投资管理有限公司	河南高新众创空间有限公司
贵州鼎信卓越创业投资有限公司	河南睿达资产管理中心（有限合伙）
贵州贵孵创业孵化投资管理有限公司	河南赛淇高技术服务创业投资基金（有限合伙）

河南省国控基金管理有限公司

河南豫资朴创股权投资基金管理有限公司

河南战兴产业投资基金（有限合伙）

河南智慧和信基金管理有限公司

河南中创信环保产业创业投资基金（有限合伙）

河南中金汇融私募基金管理有限公司

鹤壁金鹤上市辅导投资基金（有限合伙）

焦作通财创新创业投资基金（有限合伙）

洛阳周山高创科技成果转化创业投资基金（有限合伙）

信阳市汇盈创业孵化有限公司

郑州百瑞创新资本创业投资有限公司

郑州浩海投资发展中心（有限合伙）

郑州企巢资产管理有限公司

郑州乾乾投资管理中心（有限合伙）

郑州易企投资产管理有限公司

郑州优埃富欧投资管理有限公司

郑州郑大眉湖创业投资管理有限公司

郑州中惠融金创业投资管理中心（有限合伙）

大庆市高新技术产业投资企业（有限合伙）

哈尔滨爱立方投资管理有限公司

哈尔滨创新投资有限公司

哈尔滨创业投资集团有限公司

哈尔滨东方汇富创业投资管理有限公司

哈尔滨富德恒创业投资企业（有限合伙）

哈尔滨华滨创业投资管理有限公司

哈尔滨华滨光辉创业投资企业（有限合伙）

哈尔滨嘉玺创业投资管理有限公司

哈尔滨经济技术开发区新兴产业股权投资企业（有限合伙）

哈尔滨君丰创业投资企业（有限合伙）

哈尔滨凯致辰风创业投资有限公司

哈尔滨科力创业投资管理有限公司

哈尔滨朗江创新股权投资企业

哈尔滨朗江创新股权投资企业（有限合伙）

哈尔滨朗江创业投资管理有限公司

哈尔滨联创创业投资企业（有限合伙）

哈尔滨市天琪创业投资企业（有限合伙）

哈尔滨市天琪股权投资基金管理企业（有限合伙）

哈尔滨越榕阳光创业投资企业（有限合伙）

哈尔滨云谷创业投资管理有限公司

哈尔滨云谷创业投资企业（有限合伙）

黑龙江辰能工大创业投资有限公司

黑龙江凯致天使创业投资企业（有限合伙）

黑龙江科力北方投资企业（有限合伙）

黑龙江科力天使创业投资有限公司

黑龙江省工研院创业投资管理有限公司

黑龙江省工研院创业投资企业（有限合伙）

黑龙江省科力高科技产业投资有限公司

齐齐哈尔市科技成果转化创业投资合伙企业（有限合伙）

楚商领先（武汉）创业投资基金管理有限公司

楚商先锋（武汉）创业投资中心（有限合伙）

湖北产融资本管理有限公司

湖北高长信新材料创业投资合伙企业（有限合伙）

湖北高金生物科技创业投资基金合伙企业（有限合伙）

湖北红土创业投资有限公司

湖北九派创业投资有限公司

湖北军融高技术服务创业投资基金中心（有限合伙）

湖北量科高投创业投资有限公司

湖北珞珈梧桐创业投资有限公司

湖北青柠创业投资基金有限公司

湖北盛世高金创业投资有限公司

湖北新能源投资管理有限公司

湖北资环创业投资基金合伙企业（有限合伙）

科华（宜都）科技创业投资基金（有限合伙）

科华银赛创业投资有限公司

人福大成（武汉）投资管理有限公司

武汉百赢汇智创业投资基金合伙企业（有限合伙）

武汉百赢生物产业投资管理有限公司

武汉博行问道创业投资合伙企业（有限合伙）

武汉布斯投资资讯有限公司

武汉创星汇天使投资基金合伙企业（有限合伙）

武汉东湖百兴投资管理有限公司

武汉东湖华科创业投资中心（有限合伙）

武汉东湖众合天使投资中心（有限合伙）

武汉东科创星创业投资管理有限公司

武汉烽火光电子信息创业投资基金企业（有限合伙）

武汉光谷产业发展基金管理有限公司

武汉光谷烽火科技创业投资有限公司

武汉光谷烽火投资基金管理有限公司

武汉光谷人才创业投资合伙企业（有限合伙）

武汉光谷人福生物医药创业投资基金中心（有限合伙）

武汉聚华传新私募基金管理有限公司

武汉科派企业咨询有限公司

武汉启迪东湖创业投资有限公司

武汉天堂硅谷科技创新资产管理有限公司

武汉天亿弘方投资管理有限公司

武汉禹生私募基金管理有限公司

武汉智启临空智慧城市创业投资基金合伙企业（有限合伙）

武汉中科开物创业投资基金管理有限公司

武汉中科科源创业投资合伙企业（有限合伙）

翼天使（湖北）股权投资管理有限公司

长沙大定投资管理有限公司

长沙鼎钧投资管理有限公司

长沙高新技术创业投资管理有限公司

长沙麓谷创业投资管理有限公司

长沙麓谷高新移动互联网创业投资有限公司

长沙市科技风险投资管理有限公司

长沙天巽投资合伙企业（有限合伙）

长沙通程投资管理有限公司

长沙通和投资管理咨询有限公司

长沙兴创投资管理合伙企业（有限合伙）

常德合金生物科技投资中心（有限合伙）

常德沅澧产业投资控股有限公司

常德智能制造装备产业投资合伙企业（有限合伙）

常德中科芙蓉创业投资有限责任公司

常德中科现代农业投资管理中心（有限合伙）

哈工成长（岳阳）私募股权基金企业（有限合伙）

衡阳高新南粤基金管理有限公司

洪江市产业引导基金合伙企业（有限合伙）

湖南财富同超创业投资管理股份有限公司

湖南财富同超创业投资有限公司

湖南财信湘江岳麓山技术孵化转化发展创业投资合伙企业（有限合伙）

湖南鼎信泰和股权投资管理有限公司

湖南枫石私募股权投资基金管理有限公司

湖南高创新时代创业投资合伙企业（有限合伙）

湖南高科发创智能制造装备创业投资有限公司

湖南高新创业投资管理有限公司

湖南国微集成电路创业投资基金合伙企业（有限合伙）

湖南国微投资管理合伙企业（有限合伙）

湖南海捷投资有限公司

湖南海捷先进装备创业投资有限公司

湖南湖大海捷津杉创业投资有限公司

湖南华菱津杉投资管理有限公司

湖南汇垠天星股权投资私募基金管理有限公司

湖南玖诚创业投资合伙企业（有限合伙）

湖南君行健创业投资有限公司

湖南浚源鼎立创业投资管理有限公司

湖南昆石私募股权基金管理有限公司

湖南乐华私募股权基金管理有限公司

湖南麓晨创业投资基金管理有限公司

湖南美林股权投资基金管理有限公司

湖南梦洁永创创业投资合伙企业（有限合伙）

湖南摩根信通投资有限公司

湖南南粤睿融叁号创业投资合伙企业（有限合伙）

湖南蒲公英私募股权基金管理有限公司

湖南麒源企业管理中心（有限合伙）

湖南千帆私募股权基金管理有限公司

湖南瑞世私募股权基金管理有限公司	株洲聚时代私募股权基金合伙企业（有限合伙）
湖南睿泽创业投资有限公司	株洲科创创业投资管理有限公司
湖南三一创业投资管理有限公司	株洲科聚创业投资企业（有限合伙）
湖南三泽生物医药创业投资企业（有限合伙）	株洲时代创新投资企业（有限合伙）
湖南省财信精益投资合伙企业（有限合伙）	株洲市国投创新创业投资有限公司
湖南省天惠军民融合投资基金合伙企业（有限合伙）	株洲市青年创业引导投资合伙企业（有限合伙）
湖南省中小微企业产业投资基金管理有限公司	株洲市融创基金管理有限公司
湖南天巽高端制造产业投资基金合伙企业（有限合伙）	株洲市世富投资管理有限公司
湖南天巽投资管理有限公司	株洲中车时代高新投资有限公司
湖南文化旅游创业投资基金企业（有限合伙）	摆渡创新工场集团有限公司
湖南希言壹号创业投资合伙企业（有限合伙）	长春科技大市场创业投资有限公司
湖南湘投高科技创业投资有限公司	长春科技风险投资有限公司
湖南新能源创业投资基金企业（有限合伙）	长春市科技发展中心有限公司
湖南兴湘新兴产业投资基金管理有限公司	吉林省创投基金管理有限公司
湖南永创伟业创业投资企业（有限合伙）	吉林省科技投资基金有限公司
湖南域达企业管理中心（有限合伙）	常创（常州）创业投资合伙企业（有限合伙）
湖南云发股权投资管理有限公司	常创天使（常州）创业投资中心（有限合伙）
湖南招商湘江产业管理有限公司	常熟博瀚创业投资有限公司
湖南兆富资产管理有限公司	常熟博融创业投资有限公司
湖南浙商嘉立创业投资有限公司	常熟金茂创业投资管理有限公司
湖南臻泰股权投资管理合伙企业（有限合伙）	常熟经济开发区高新技术创业投资有限公司
湖南中大联合创业咨询有限公司	常熟市国发创业投资有限公司
湖南中科高科动力产业创业投资基金企业（有限合伙）	常熟市瑞特创业发展有限公司
华菱津杉（湖南）创业投资有限公司	常熟中科东南创业投资有限公司
怀化众益达私募股权基金管理有限公司	常州滨创一号创业投资合伙企业（有限合伙）
津市津鑫投资发展有限公司	常州常高新智能制造投资中心（有限合伙）
涟源市创业投资有限责任公司	常州常金创业投资有限公司
农银国际（湖南）投资管理有限公司	常州常以创业投资管理有限公司
三泽创业投资管理有限公司	常州常以创业投资中心（有限合伙）
韶山高新创业投资有限公司	常州创业投资集团有限公司
湘潭智造谷产业投资管理有限责任公司	常州德丰杰清洁技术创业投资中心（有限合伙）
益阳高新产业发展投资集团有限公司	常州德丰杰投资管理有限公司
岳阳临港高新技术产业发展有限公司	常州德丰杰正道创业投资中心（有限合伙）
中大联合（长沙）创业投资管理合伙企业（有限合伙）	常州德丰杰正道投资管理有限公司
株洲高新动力产业投资发展有限公司	常州东方产业引导创业投资有限责任公司

常州丰益投资管理中心（有限合伙）　　　　常州睿泰玖号创业投资中心（有限合伙）

常州沣时扬创业投资中心（有限合伙）　　　常州睿泰陆号创业投资中心（有限合伙）

常州沣智扬创业投资中心（有限合伙）　　　常州睿泰叁号创业投资中心（有限合伙）

常州蜂鸟创业投资合伙企业（有限合伙）　　常州睿泰十二号创业投资中心（有限合伙）

常州高睿创业投资管理有限公司　　　　　　常州睿泰拾号创业投资中心（有限合伙）

常州高投创业投资有限公司　　　　　　　　常州赛富高新创业投资管理有限公司

常州高新创业投资有限公司　　　　　　　　常州赛富高新创业投资中心（有限合伙）

常州高新技术风险投资有限公司　　　　　　常州市滨城投资管理集团有限公司

常州高新区印刷电子产业基金创业投资有限公司　　常州市久益股权投资中心（有限合伙）

常州和嘉资本管理有限公司　　　　　　　　常州市政府投资基金管理有限公司

常州和泰股权投资有限公司　　　　　　　　常州天创股权投资中心（有限合伙）

常州和裕创业投资有限公司　　　　　　　　常州天崀股权投资中心（有限合伙）

常州红土人才投资合伙企业（有限合伙）　　常州天融股权投资中心（有限合伙）

常州嘉和达创业投资中心（有限合伙）　　　常州武进红土创业投资有限公司

常州金码创业投资管理合伙企业（有限合伙）　　常州新北区壹号纾困股权投资中心（有限合伙）

常州金茂经信创业投资管理企业（有限合伙）　　常州信辉创业投资有限公司

常州金茂新兴产业创业投资合伙企业（有限合伙）　　常州悦石科泰思投资合伙企业（有限合伙）

常州九洲创星创业投资合伙企业（有限合伙）　　常州正赛联创业投资管理有限公司

常州力合华富创业投资有限公司　　　　　　常州正赛联创业投资合伙企业（有限合伙）

常州力合清源投资管理合伙企业（有限合伙）　　常州重道投资管理有限公司

常州领创创业投资有限公司　　　　　　　　丹阳盛宇鸿图创业投资合伙企业（有限合伙）

常州牡丹江南创业投资有限责任公司　　　　丹阳市高新技术创业投资有限公司

常州启泰二号创业投资合伙企业（有限合伙）　　高投名力成长创业投资有限公司

常州启泰三号创业投资合伙企业（有限合伙）　　光控（海门）创业投资有限公司

常州启泰四号创业投资合伙企业（有限合伙）　　国科瑞祺物联网创业投资有限公司

常州青枫云港投资中心（有限合伙）　　　　国仟创业投资管理（苏州）有限公司

常州青年创业投资中心（有限合伙）　　　　海安峰融创业投资有限公司

常州青企联合创业投资合伙企业（有限合伙）　　海安峰融投资管理有限公司

常州清源创新投资管理合伙企业（有限合伙）　　海安嘉和投资有限公司

常州清源东方投资管理合伙企业（有限合伙）　　海安锦润投资管理有限公司

常州瑞烁创业投资合伙企业（有限合伙）　　海安昆鹏投资有限公司

常州睿泰捌号创业投资中心（有限合伙）　　海安千石投资管理有限公司

常州睿泰创业投资管理有限公司　　　　　　海安青蓝创业投资有限公司

常州睿泰创业投资中心（有限合伙）　　　　海安双惠创业投资有限公司

常州睿泰贰号创业投资中心（有限合伙）　　海安向嵘投资合伙企业（有限合伙）

海门时代伯乐创富股权投资合伙企业（有限合伙）

海门时代伯乐股权投资合伙企业（有限合伙）

华软创业投资无锡合伙企业（有限合伙）

华软创业投资宜兴合伙企业（有限合伙）

华映光辉投资管理（无锡）有限公司

淮安市创业投资有限公司

淮安市淮上英才创业投资有限公司

淮安市金控创业投资有限公司

淮安浙科成远创业投资合伙企业（有限合伙）

江苏产才融合创业投资五期基金（有限合伙）

江苏常州东方投资控股有限公司

江苏常州武商创业投资合伙企业（有限合伙）

江苏大丰众成科技创业投资有限公司

江苏大生文化产业发展有限公司

江苏大运河星轩创业投资基金（有限合伙）

江苏鼎信资本管理有限公司

江苏风行天下创业投资有限公司

江苏高鼎科技创业投资有限公司

江苏高弘投资管理有限公司

江苏高晋创业投资有限公司

江苏高科技投资集团有限公司

江苏高投成长价值股权投资合伙企业（有限合伙）

江苏高投创新科技创业投资合伙企业（有限合伙）

江苏高投创新天使创业投资合伙企业（有限合伙）

江苏高投创业投资管理有限公司

江苏高投发展创业投资有限公司

江苏高投科贷创业投资企业（有限合伙）

江苏高投宁泰创业投资合伙企业（有限合伙）

江苏高投中小企业创业投资有限公司

江苏高新创业投资管理有限公司

江苏高新创业投资有限公司

江苏氿渡投资有限公司

江苏昊海投资发展集团有限公司

江苏恒凯投资有限公司

江苏弘瑞科技创业投资有限公司

江苏红黄蓝创业投资有限公司

江苏华控创业投资有限公司

江苏华控投资管理有限公司

江苏华全创业投资有限公司

江苏华睿投资管理有限公司

江苏汇鸿创业投资有限公司

江苏逮泉君海荣芯投资合伙企业（有限合伙）

江苏金茂低碳产业创业投资有限公司

江苏金茂环保产业创业投资有限公司

江苏金炻创业投资有限公司

江苏九洲创业投资管理有限公司

江苏九洲投资集团创业投资有限公司

江苏聚融创业投资有限公司

江苏科泉高新创业投资有限公司

江苏连拓投资管理有限公司

江苏隆鑫创业投资有限公司

江苏铭旺投资基金管理有限公司

江苏南通沿海创业投资基金（有限合伙）

江苏人才创新创业投资二期基金（有限合伙）

江苏人才创新创业投资合伙企业（有限合伙）

江苏如东高新创业投资有限公司

江苏瑞明创业投资管理有限公司

江苏瑞庭投资管理有限公司

江苏桑夏投资有限公司

江苏省高科技产业投资股份有限公司

江苏省苏高新风险投资股份有限公司

江苏省现代服务业发展创业投资基金（有限合伙）

江苏盛泉创业投资有限公司

江苏思佰益投资管理有限公司

江苏苏豪投资集团有限公司

江苏腾海创业投资有限公司

江苏天氏创业投资有限公司

江苏万硕投资有限公司

江苏橡树资本投资有限公司

江苏新材料产业创业投资企业（有限合伙）

江苏新创投资有限公司	南京高达资本管理有限公司
江苏新顶旭科技创业投资有限公司	南京高新创业投资有限公司
江苏信泉创业投资管理有限公司	南京国信金智创业投资中心（有限合伙）
江苏盐城龙湖文化产业发展有限公司	南京红土创业投资有限公司
江苏盐渎西城建设发展有限公司	南京科源投资管理有限公司
江苏毅达成果创新创业投资基金（有限合伙）	南京栖霞科技发展投资有限公司
江苏毅达股权投资基金管理有限公司	南京瑞明博创业投资有限公司
江苏英掘投资管理有限公司	南京盛宇投资管理有限公司
江苏鹰能创业投资有限公司	南京市鼓楼科技创新投资发展有限公司
江苏振海投资发展有限公司	南京市栖霞区科技创业投资有限公司
江苏振邮科技产业投资管理有限公司	南京市秦淮产业发展基金有限公司
江苏智光创业投资有限公司	南京文化创业投资有限公司
江苏中关村科技产业园创业投资有限公司	南京协立创业投资有限公司
江苏中科物联网科技创业投资有限公司	南京信安呈益股权投资基金（有限合伙）
江苏紫金文化产业二期创业投资基金（有限合伙）	南京毅达股权投资管理企业（有限合伙）
江苏紫金文化产业发展基金（有限合伙）	南京中成创业投资有限公司
江苏紫金文化创业投资合伙企业（有限合伙）	南通邦融二期股权投资基金中心（有限合伙）
江阴银杏谷股权投资合伙企业（有限合伙）	南通产控邦盛创业投资管理有限公司
毐泉（扬州）创业创新基金（有限合伙）	南通成为常青股权投资合伙企业（有限合伙）
句容市高新创业投资有限公司	南通创源科技园发展有限公司
昆山红土创业投资管理有限公司	南通创源投资有限公司
昆山红土高新创业投资有限公司	南通得一投资中心（有限合伙）
昆山市工研院创业投资有限公司	南通国泰创业投资有限公司
昆山市昆鹏创业投资合伙企业（有限合伙）	南通瀚信股权投资合伙企业（有限合伙）
昆山西咸立体城投资管理有限公司	南通恒富创业投资合伙企业（有限合伙）
昆山银桥投资中心（有限合伙）	南通衡盛股权投资基金中心（有限合伙）
昆山中科昆开创业投资有限公司	南通红土伟达创业投资管理有限公司
连云港金海创业投资有限公司	南通红土伟达创业投资有限公司
连云港市润财创业投资发展有限公司	南通金德投资有限公司
龙码（无锡）投资管理有限公司	南通金玖锐信投资管理有限公司
明石创业投资江苏有限公司	南通金源汇富创业投资合伙企业（有限合伙）
南京创熠鼓楼高投毅达天使创业投资基金（有限合伙）	南通康成亨重点成长型企业股权投资合伙企业（有限合伙）
南京创熠信安呈益科技股权投资基金（有限合伙）	
南京创熠中南投资基金合伙企业（有限合伙）	南通科创创业投资管理有限公司
南京恩然瑞光投资管理中心（有限合伙）	南通科技创业投资有限公司

南通蓝海投资有限公司

南通蓝湾壹号创业投资合伙企业（有限合伙）

南通磊泽投资有限公司

南通玲珑湾天使投资基金合伙企业（有限合伙）

南通懋德股权投资中心（有限合伙）

南通平衡创业投资基金中心（有限合伙）

南通启华生物医疗产业基金合伙企业（有限合伙）

南通赛东风创业服务有限公司

南通神辉广厦投资中心（有限合伙）

南通时代伯乐创业投资合伙企业（有限合伙）

南通时代伯乐众邦股权投资合伙企业（有限合伙）

南通兴华投资有限公司

南通迅和投资有限公司

南通迅通投资有限公司

南通元创科技投资有限公司

南通中南谷投资管理有限公司

宁波弘晟致和投资管理合伙企业（有限合伙）

农银国联无锡投资管理有限公司

启东金浦贰号私募投资基金合伙企业（有限合伙）

启东天择产业投资合伙企业（有限合伙）

启赋安泰（常州）新材料产业基金合伙企业（有限合伙）

人保（苏州）科技保险创业投资企业（有限合伙）

苏民创业投资有限公司

苏州诚美真和管理咨询合伙企业（有限合伙）

苏州诚美真华创业投资合伙企业（有限合伙）

苏州创禾创业投资管理有限公司

苏州丛蓉投资管理合伙企业（有限合伙）

苏州德睿亨风创业投资有限公司

苏州德晟亨风创业投资合伙企业（有限合伙）

苏州荻溪文化创意产业投资中心（有限合伙）

苏州东方汇富创业投资企业（有限合伙）

苏州敦行价值创业投资合伙企业（有限合伙）

苏州敦行投资管理有限公司

苏州风物资产管理有限公司

苏州府学投资管理有限公司

苏州富丽高新投资企业（有限合伙）

苏州富丽泰泓投资企业（有限合伙）

苏州富丽投资有限公司

苏州高创天使电子商务产业投资合伙企业（有限合伙）

苏州高创天使二号投资合伙企业（有限合伙）

苏州高创天使三号投资合伙企业（有限合伙）

苏州高创天使一号投资合伙企业（有限合伙）

苏州高华创业投资管理有限公司

苏州高锦创业投资有限公司

苏州高美云景创业投资合伙企业（有限合伙）

苏州高美资本管理有限公司

苏州高铨创业投资企业（有限合伙）

苏州高新创业投资集团清源新麟创业投资管理有限公司

苏州高新创业投资集团融联管理有限公司

苏州高新创业投资集团融晟投资管理有限公司

苏州高新创业投资集团太湖金谷资本管理有限公司

苏州高新创业投资集团新麟管理有限公司

苏州高新创业投资集团有限公司

苏州高新创业投资集团中小企业发展管理有限公司

苏州高新创业投资集团中小企业天使投资有限公司

苏州高新风投创业投资管理有限公司

苏州高新富德投资企业（有限合伙）

苏州高新国发创业投资有限公司

苏州高新华富创业投资企业

苏州高新明鑫创业投资管理有限公司

苏州高新启源创业投资有限公司

苏州高新区创业科技投资管理有限公司

苏州高新友利创业投资有限公司

苏州高钺创业投资管理有限公司

苏州工投宏正创业投资管理有限公司

苏州工业园区领军创业投资有限公司

苏州工业园区睿灿投资企业（有限合伙）

苏州工业园区太浩成长二期创业投资合伙企业（有限合伙）

苏州工业园区涌望投资中心（有限合伙）

苏州工业园区元禾原点创业投资管理有限公司　苏州聚展创业投资企业（有限合伙）

苏州贡湖创业投资中心（有限合伙）　苏州君实协立创业投资有限公司

苏州国发创富创业投资企业（有限合伙）　苏州科技城创业投资有限公司

苏州国发创业投资控股有限公司　苏州蓝贰创业投资有限公司

苏州国发东方创业投资管理有限公司　苏州蓝壹创业投资有限公司

苏州国发服务业创业投资企业（有限合伙）　苏州龙驹创合创业投资合伙企业（有限合伙）

苏州国发高铁文化创业投资管理有限公司　苏州龙驹创联创业投资企业（有限合伙）

苏州国发高铁文化创业投资中心（有限合伙）　苏州龙驹东方投资管理企业（有限合伙）

苏州国发高新创业投资管理有限公司　苏州麦创投资管理有限公司

苏州国发股权投资基金管理有限公司　苏州麦创正信创业投资中心（有限合伙）

苏州国发恒富创业投资企业（有限合伙）　苏州孟溪创业投资中心（有限合伙）

苏州国发宏富创业投资企业（有限合伙）　苏州明鑫高投创业投资有限公司

苏州国发建富创业投资企业（有限合伙）　苏州乾融泰润创业投资合伙企业（有限合伙）

苏州国发聚富创业投资有限公司　苏州清策创业投资合伙企业（有限合伙）

苏州国发黎曼创业投资有限公司　苏州清弘环创投资合伙企业（有限合伙）

苏州国发融富创业投资管理企业（有限合伙）　苏州清睿华赢创业投资合伙企业（有限合伙）

苏州国发融富创业投资企业（有限合伙）　苏州清研汽车产业创业投资企业（有限合伙）

苏州国发天使创业投资企业（有限合伙）　苏州清研资本管理企业（有限合伙）

苏州国发添富创业投资企业（有限合伙）　苏州清源华擎创业投资企业（有限合伙）

苏州国发文化产业创业投资企业（有限合伙）　苏州瑞华投资合伙企业（有限合伙）

苏州国发涌富创业投资企业（有限合伙）　苏州瑞通龙熙新兴创业投资企业（有限合伙）

苏州国发源富创业投资企业（有限合伙）　苏州生茂创业投资合伙企业（有限合伙）

苏州国发智富创业投资企业（有限合伙）　苏州盛泉百涛创业投资管理有限公司

苏州国仟医疗创业投资企业（有限合伙）　苏州盛泉海成创业投资合伙企业（有限合伙）

苏州国仟医械二期创业投资企业（有限合伙）　苏州盛泉万泽创业投资合伙企业（有限合伙）

苏州昊君华兴创业投资合伙企业（有限合伙）　苏州市科技创新创业投资有限公司

苏州浩数资本管理有限公司　苏州市千苏创业投资合伙企业（有限合伙）

苏州红土大数据创业投资有限公司　苏州市苏信创业投资有限公司

苏州华创赢达创业投资基金企业（有限合伙）　苏州市吴江创迅创业投资有限公司

苏州华研私募基金管理合伙企业（有限合伙）　苏州市吴江创业投资有限公司

苏州环秀湖创业投资中心（有限合伙）　苏州市吴中创业投资有限公司

苏州嘉睿万杉创业投资合伙企业（有限合伙）　苏州市吴中科技创业园管理有限公司

苏州境成高锦股权投资企业（有限合伙）　苏州市相城创新产业创业投资中心（有限合伙）

苏州聚瀚创业投资合伙企业（有限合伙）　苏州市相城创业投资有限责任公司

苏州聚新中小科技创业投资企业（有限合伙）　苏州市相城埭溪创业投资有限责任公司

苏州市相城高新创业投资有限责任公司

苏州市相城基金管理有限公司

苏州市相城蠡溪创业投资中心（有限合伙）

苏州市相城区澄悦创业投资有限责任公司

苏州市相城区湘溪创业投资有限公司

苏州顺融创业投资管理合伙企业（有限合伙）

苏州顺融进取创业投资合伙企业（有限合伙）

苏州顺融进取二期创业投资合伙企业（有限合伙）

苏州顺融瑞腾创业投资合伙企业（有限合伙）

苏州顺融天使二期创业投资合伙企业（有限合伙）

苏州顺融天使三期创业投资合伙企业（有限合伙）

苏州顺融天使四期创业投资合伙企业（有限合伙）

苏州苏科创投资管理有限公司

苏州太浩成长创业投资合伙企业（有限合伙）

苏州太浩创业投资管理合伙企业（普通合伙）

苏州蔚蓝投资管理有限公司

苏州吴中国发创业投资管理有限公司

苏州吴中国发创业投资有限公司

苏州吴中科技创业投资有限公司

苏州相渭汽车产业投资中心（有限合伙）

苏州协立股权投资管理中心（有限合伙）

苏州协立宽禁带创业投资中心（有限合伙）

苏州协立投资管理有限公司

苏州新麟创业投资有限公司

苏州新麟二期创业投资企业（有限合伙）

苏州新麟三期创业投资企业（有限合伙）

苏州新晟信息产业投资企业（有限合伙）

苏州信慧成创业投资管理有限公司

苏州旭融股权投资基金管理有限公司

苏州雅枫投资管理有限公司

苏州亿和创业投资有限公司

苏州亿文创新资本管理有限公司

苏州亿新熠合投资企业（有限合伙）

苏州茵联启程创业投资合伙企业（有限合伙）

苏州英豪资产管理有限公司

苏州永溪创业投资中心（有限合伙）

苏州元禾控股股份有限公司

苏州元泰华实创业投资合伙企业（有限合伙）

苏州远康鼎祥投资管理合伙企业（有限合伙）

苏州中科中鑫创业投资合伙企业（有限合伙）

苏州中鑫创新投资管理有限公司

苏州众达盛景创业投资合伙企业（有限合伙）

苏州紫荆华创创业投资合伙企业（有限合伙）

宿迁国发创业投资企业（有限合伙）

宿迁科技创业投资有限公司

宿迁市开创创业投资有限公司

宿迁毅达新兴创业投资合伙企业（有限合伙）

太仓高新创业投资有限公司

太仓市科技产业投资有限公司

太仓市科技创业投资有限公司

太仓衍盈壹号投资管理中心（有限合伙）

泰兴润创新材料创业投资合伙企业（有限合伙）

泰州华诚高新技术投资发展有限公司

泰州华健创业投资有限公司

泰州市创业风险投资有限公司

泰州市高港高新区开发投资有限责任公司

泰州市高港区凯璞庭产业投资基金合伙企业
（有限合伙）

泰州市盛鑫创业投资管理有限公司

无锡 TCL 爱思开半导体产业投资基金合伙企业
（有限合伙）

无锡 TCL 创业投资合伙企业（有限合伙）

无锡滨湖科技创业投资有限责任公司

无锡创微股权投资合伙企业（有限合伙）

无锡创业投资集团有限公司

无锡高创股权投资合伙企业（有限合伙）

无锡高新创友股权投资合伙企业（有限合伙）

无锡高新技术创业投资股份有限公司

无锡高新区新动能产业发展基金（有限合伙）

无锡国联产业投资有限公司

无锡国联厚泽创业投资企业（有限合伙）　　　无锡新区领航创业投资有限公司

无锡国联浚源创业投资中心（有限合伙）　　　无锡新投丰源创业投资合伙企业（有限合伙）

无锡国联卓成创业投资有限公司　　　　　　　无锡新投领庆创业投资合伙企业（有限合伙）

无锡航天国华物联网投资企业（有限合伙）　　无锡源清创业投资有限公司

无锡红杉恒业股权投资合伙企业（有限合伙）　无锡源清盛华创业投资有限公司

无锡红杉兴业股权投资合伙企业（有限合伙）　无锡源鑫创业投资企业（有限合伙）

无锡厚泽成长创业投资企业（有限合伙）　　　无锡耘杉创业投资中心（有限合伙）

无锡厚泽创新创业投资企业（有限合伙）　　　无锡正海联云创业投资合伙企业（有限合伙）

无锡华软投资管理有限公司　　　　　　　　　无锡中电海康慧海产业投资合伙企业（有限合伙）

无锡华映文化产业投资企业（有限合伙）　　　无锡中科汇盈二期实业投资有限责任公司

无锡汇新众达科技合伙企业（有限合伙）　　　无锡中科汇盈实业投资有限责任公司

无锡惠开正合投资管理有限公司　　　　　　　无锡中科赛新投资合伙企业（有限合伙）

无锡江溪科技创业投资有限公司　　　　　　　无锡众合投资发展有限公司

无锡金吴创业投资合伙企业（有限合伙）　　　吴江东方创富创业投资企业（有限合伙）

无锡金源产业投资发展集团有限公司　　　　　吴江东方国发创业投资有限公司

无锡均衡企业管理有限公司　　　　　　　　　吴江东方融富创业投资管理企业（有限合伙）

无锡钧溪股权投资合伙企业（有限合伙）　　　吴江华业创业投资管理中心（有限合伙）

无锡浚源资本管理中心（有限合伙）　　　　　梧桐树基金管理有限公司

无锡力合清源创业投资合伙企业（有限合伙）　徐州淮海红土创业投资有限公司

无锡临创志芯股权投资合伙企业（有限合伙）　徐州经济技术开发区金润产业投资有限公司

无锡领汇创业投资中心（有限合伙）　　　　　徐州开宏创业投资有限公司

无锡七酷投资管理有限公司　　　　　　　　　徐州中金创业投资有限公司

无锡清研投资有限公司　　　　　　　　　　　盐城创业投资有限公司

无锡群英股权投资合伙企业（有限合伙）　　　盐城创咏新能源投资有限公司

无锡润创投资管理有限公司　　　　　　　　　盐城高创投资发展有限公司

无锡赛天投资管理有限公司　　　　　　　　　盐城高新区创业投资有限公司

无锡市金程高新创业投资管理有限公司　　　　盐城高新区咏信融资租赁有限公司

无锡市金惠创业投资有限责任公司　　　　　　盐城恒远投资发展有限公司

无锡市金融创业投资集团有限公司　　　　　　盐城泓才创业投资有限公司

无锡市新达创投合伙企业（有限合伙）　　　　盐城新咏投资发展有限公司

无锡市新吴区新投金硕创投合伙企业（有限合伙）　盐城盐高教育投资有限公司

无锡太湖云和正奇科技成果转化创业投资企业　盐城咏恒投资发展有限公司

（有限合伙）　　　　　　　　　　　　　　　盐城智能终端产业园区开发运营有限公司

无锡锡山科技创业园有限公司　　　　　　　　盐城中小企业创业投资实业有限公司

无锡芯和私募基金管理有限公司　　　　　　　盐城中咏投资发展有限公司

扬中市创新投资有限公司

扬中市金融控股集团有限公司

扬州保盈投资基金合伙企业（有限合伙）

扬州产权综合服务市场有限责任公司

扬州长晟安众创业投资基金合伙企业（有限合伙）

扬州长晟创业投资基金合伙企业（有限合伙）

扬州长晟创业投资有限公司

扬州富海和创企业服务创业投资基金（有限合伙）

扬州富海三七互联网文化投资中心（有限合伙）

扬州富海扬帆互联网文化投资中心（有限合伙）

扬州海圣创业投资中心（有限合伙）

扬州邗江高新创业投资有限公司

扬州经信新兴产业创业投资中心（有限合伙）

扬州平衡宜创创业投资基金中心（有限合伙）

扬州润宝投资基金合伙企业（有限合伙）

扬州神居客众创空间管理有限公司

扬州市创业投资有限公司

扬州市富海永成股权投资合伙企业（有限合伙）

扬州市教投科技股权投资基金合伙企业（有限合伙）

扬州市金创京杭创业投资基金中心（有限合伙）

扬州市金创邮城创业投资基金中心（有限合伙）

扬州万福星城创业投资基金中心（有限合伙）

扬州运河之帆投资基金中心（有限合伙）

宜兴环保科技创新创业投资有限公司

宜兴江南天源创业投资企业（有限合伙）

宜兴杰宜投资管理有限公司

怡和联创（无锡）创业投资企业（有限合伙）

张家港市金茂创业投资有限公司

镇江高科创业投资有限公司

镇江高投创业投资有限公司

镇江高新创业投资有限公司

镇江国投创业投资有限公司

镇江红土创业投资有限公司

镇江嘉瑞彤泰投资中心（有限合伙）

镇江君鼎协立创业投资有限公司

镇江君舜协立创业投资中心（有限合伙）

镇江康成亨创业投资合伙企业（有限合伙）

镇江力合天使创业投资企业（有限合伙）

镇江领军人才创新创业股权投资有限公司

镇江磐云投资管理合伙企业（有限合伙）

镇江朴卓瑞诚投资中心（有限合伙）

镇江乾鹏创业投资基金企业（有限合伙）

镇江亿致能源科技孵化器有限公司

镇江银河创业投资有限公司

镇江盈地投资管理合伙企业（有限合伙）

镇江中科金山创业投资企业（有限合伙）

中航联创信科（无锡）股权投资中心（有限合伙）

紫荆清转投资管理（苏州）有限公司

赣州赣晟领骏创业投资合伙企业（有限合伙）

赣州恒浩创业投资合伙企业（有限合伙）

赣州善善创业投资有限公司

赣州中科融合创业投资基金管理有限公司

共青城稷微创业投资合伙企业（有限合伙）

井冈山新流域创业投资合伙企业（有限合伙）

南昌创业投资有限公司

新余方略德睦创业投资管理中心（有限合伙）

新余纳新紫薇创业投资合伙企业（有限合伙）

鹰潭汇菁企业管理中心（有限合伙）

鞍山激光产业股权投资基金合伙企业中心（有限合伙）

大连创业工坊科技服务有限公司

大连海融高新创业投资管理有限公司

大连海融高新创业投资基金有限公司

大连航天半岛创业投资基金合伙企业（有限合伙）

大连天使创业投资有限公司

大连万融天使投资有限公司

大连银信创业投资有限公司

德晟创业投资有限公司

辽宁诚泰投资有限公司

沈阳禾诚科技项目投资合伙企业（有限合伙）

沈阳恒信安泰股权投资基金管理有限公司

沈阳科技风险投资有限公司	莱芜创业投资有限公司
中天辽创投资管理有限公司	莱芜科融投资管理合伙企业（有限合伙）
内蒙古生产力促进中心有限公司	莱芜瑞德投资有限公司
宁夏谷旺投资管理有限公司	聊城国泰创业投资有限公司
宁夏国投基金管理有限公司	青岛财通创业投资管理有限公司
宁夏和鑫基金管理有限公司	青岛创盈股权投资基金管理有限公司
宁夏穆坤投资基金管理有限公司	青岛大有私募基金管理有限公司
宁夏泰昇祥投资管理有限公司	青岛迪凯投资管理有限公司
宁夏挚信资产管理有限公司	青岛高创澳海股权投资管理有限公司
宁夏中财高新投资管理有限公司	青岛高创科技资本运营有限公司
青海国科创业投资基金（有限合伙）	青岛高新创业投资有限公司
青海汇富科技成果转化投资基金（有限合伙）	青岛光控低碳新能股权投资有限公司
滨州北海创业投资有限公司	青岛海尔创业投资有限责任公司
滨州市创业发展投资有限公司	青岛红土资本管理有限公司
滨州市慧立创业投资有限公司	青岛华仁创业投资有限公司
城发集团（青岛）产业资本管理有限公司	青岛华商汇通资本管理有限公司
德州财金基金管理有限公司	青岛华耀资本创业投资企业（有限合伙）
德州市创业投资有限公司	青岛吉鸿志新一号创业投资中心（有限合伙）
东营经济开发区斯博特创业投资有限公司	青岛简鸣创业投资合伙企业（有限合伙）
东营市金凯高新投资有限公司	青岛金水金融控股有限公司
广饶观由金元创业投资中心（有限合伙）	青岛京铭资产管理有限公司
海邦创智碳中和（枣庄）股权投资合伙企业（有限合伙）	青岛静远创业投资有限公司
菏泽创新风险投资有限公司	青岛科创金奕投资管理有限公司
黄河三角洲产业投资基金管理有限公司	青岛蓝色海洋新兴产业创业投资管理有限公司
黄河三角洲投资管理有限公司	青岛乐通产融合创基金投资中心（有限合伙）
济南华科创业投资合伙企业（有限合伙）	青岛乐通合创股权投资有限公司
济南金控海投新旧动能转换股权投资合伙企业（有限合伙）	青岛乐通华资智慧产业基金（有限合伙）
	青岛里程碑创业投资管理有限公司
济南科技创业投资集团有限公司	青岛里程碑砥砺创业投资中心（有限合伙）
济南科信创业投资有限公司	青岛里程碑人才创业投资企业（有限合伙）
济南胜悦轨道交通产业投资基金合伙企业（有限合伙）	青岛砺丰海盈投资管理合伙企业（有限合伙）
济南云海创业投资有限公司	青岛迈通创业投资管理有限公司
济宁英飞尼迪创业投资管理有限公司	青岛普维合运创业投资基金（有限合伙）
济宁英飞尼迪创业投资中心（有限合伙）	青岛普维均和创业投资基金合伙企业（有限合伙）
坤元智金（山东）投资有限公司	青岛清控高创投资管理有限公司

青岛荣泉创业投资管理有限公司

山东蓝色云数创业投资合伙企业（有限合伙）

青岛融誉资本管理有限公司

山东浪潮创新创业科技有限公司

青岛如星创业投资有限公司

山东聊城智点股权投资基金管理股份有限公司

青岛少海高创天地投资管理有限公司

山东领锐股权投资基金管理有限公司

青岛十方智汇投资管理有限公司

山东领新创业投资中心（有限合伙）

青岛市科技风险投资有限公司

山东磐玉创业投资管理有限责任公司

青岛水木紫荆创业投资管理有限公司

山东旗城科技创业投资股份有限公司

青岛协同创新股权投资管理有限公司

山东启荣创业投资管理有限公司

青岛信中利少海汇高创投资管理有限公司

山东融裕金谷创业投资有限公司

青岛英飞中润投资管理有限公司

山东润富股权投资管理有限公司

青岛源创节能环保创业投资基金合伙企业（有限合伙）

山东省方正创业投资有限责任公司

青岛知灼创业投资有限公司

山东省乐通科产融新动能产业发展基金中心

青岛中科育成投资管理有限公司

（有限合伙）

日照常春藤小派创业投资合伙企业（有限合伙）

山东省人力资本产业创业投资有限公司

日照蓝海创投科技服务有限公司

山东舜盈股权投资基金管理有限公司

山东昌润创业投资股份有限公司

山东泰通私募（投资）基金管理有限公司

山东城资国有资产运营（集团）有限公司

山东天齐创业投资有限公司

山东多盈节能环保产业创业投资有限公司

山东同科晟华股权投资基金管理有限公司

山东工研院股权投资基金合伙企业（有限合伙）

山东同硕股权投资管理有限公司

山东恒发创业投资有限公司

山东亿盛资产管理有限公司

山东弘利创业投资有限公司

山东赢昊投资发展有限公司

山东红桥创业投资有限公司

山东云海盛蓝创业投资合伙企业（有限合伙）

山东红桥股权投资管理有限公司

山东云银盛泰创业投资合伙企业（有限合伙）

山东红土创业投资有限公司

山东智邦创业投资有限公司

山东汇益创业投资有限公司

山东中泰天使创业投资基金企业（有限合伙）

山东吉富创业投资合伙企业

泰安开发区泰山创业投资有限公司

山东嘉华盛裕创业投资股份有限公司

威海创新投资有限公司

山东江诣创业投资有限公司

威海红土创业投资合伙企业（有限合伙）

山东捷成创业投资有限责任公司

威海金子元股权投资管理有限公司

山东矜浩股权投资基金管理有限公司

威海威高股权投资管理有限公司

山东京德资产管理有限公司

潍坊红土资本管理有限公司

山东开来资本管理股份有限公司

潍坊鲁信厚源创业投资中心（有限合伙）

山东康大恒远投资管理股份有限公司

潍坊齐风文化发展投资基金合伙企业（有限合伙）

山东科创投资有限公司

潍坊市国维创业投资有限公司

山东科融天使创业投资合伙企业（有限合伙）

潍坊万通创业投资有限公司

烟台安芙兰创业投资中心（有限合伙）　山西国电创业投资有限公司

烟台创新创业投资有限公司　山西国金股权投资管理有限公司

烟台红土创业投资管理有限公司　山西国盈富通股权投资管理有限公司

烟台昆吾祥盛九鼎投资中心（有限合伙）　山西红土创新创业投资有限公司

烟台市金质科创投资中心（有限合伙）　山西惠百川创业投资有限公司

烟台市蓝海创业投资有限公司　山西佳信德股权投资管理有限公司

烟台泰达生物及新医药产业创业投资中心（有限合伙）　山西金丰承树投资管理有限公司

烟台文化发展创业投资基金有限公司　山西金通创业投资有限公司

烟台盈智创业投资有限公司　山西景融文化创意创业投资合伙企业（有限合伙）

烟台源创科技投资中心（有限合伙）　山西龙城燕园创业投资管理有限公司

烟台源创现代服务业创业投资合伙企业（有限合伙）　山西省创业风险投资引导基金有限责任公司

烟台昭宣元泰九鼎创业投资中心（有限合伙）　山西省科技基金发展有限公司

倚锋十四期（枣庄）创业投资中心（有限合伙）　山西省文化产业股权投资管理有限公司

元芯创业投资（枣庄）合伙企业（有限合伙）　山西省中小企业创业投资有限公司

枣庄红崖信如创业投资管理中心（有限合伙）　山西首赫私募股权投资基金管理有限公司

枣庄金点五号创业投资合伙企业（有限合伙）　山西太钢创业投资有限公司

淄博鉴睿创业投资中心（有限合伙）　山西中盈洛克利创业投资有限公司

淄博盛世九号创业投资合伙企业（有限合伙）　山西转型综改示范区股权投资有限公司

淄博市高新技术创业投资有限公司　太原海信汇峰资产管理有限公司

淄博盈科阳光蓝一号创业投资合伙企业（有限合伙）　太原晋阳私募股权投资基金管理有限公司

淄博张店区国盈创业投资合伙企业（有限合伙）　太原科创嘉德创业投资中心（有限合伙）

大同市财汇基金管理有限公司　太原科创兴业创业投资中心（有限合伙）

大同市创业投资基金管理有限公司　太原科伟科技创业投资管理有限公司

临汾市创业投资基金管理有限公司　太原清控科创投资基金管理有限公司

灵石县同信投资合伙企业（有限合伙）　太原市海信小微企业创业基金管理有限公司

山西澳华加德投资有限责任公司　天安地恒资产管理有限公司

山西百川兴晋私募基金有限公司　魏都基金管理有限公司

山西佰世投资管理有限公司　阳泉市众科高新技术产业股权投资有限公司

山西财惠资本管理有限公司　宝鸡雍德创盈股权基金合伙企业（有限合伙）

山西晨皓创业投资有限公司　长安汇通私募基金管理有限公司

山西大地控股股权投资基金管理有限公司　汉中投资基金管理有限公司

山西大正元投资咨询有限公司　汉中众合创业投资管理有限公司

山西典石股权投资管理有限公司　陕西半导体先导基金管理有限公司

山西丰创股权投资管理有限公司　陕西创文投资管理有限公司

山西高新产业投资基金管理有限公司　陕西德同福方投资管理有限公司

陕西电子信息产业投资管理有限公司	西安浐灞基金管理有限公司
陕西敦敏投资合伙企业（有限合伙）	西安创新投资管理有限公司
陕西高端装备高技术创业投资基金（有限合伙）	西安创业园投资管理有限公司
陕西航天红土创业投资有限公司	西安德同迪亚士投资管理有限公司
陕西和灵投资管理有限公司	西安敦成投资管理有限公司
陕西宏信创业投资有限公司	西安高新技术产业风险投资有限责任公司
陕西鸿创投资管理有限公司	西安高新盈峰创业投资管理有限公司
陕西金河科技创业投资有限责任公司	西安关天创新投资管理有限公司
陕西金控知守基金管理有限公司	西安关天西咸投资管理有限公司
陕西金资基金管理有限公司	西安航创基金管理有限公司
陕西久毅投资管理有限公司	西安航空城产业基金管理有限公司
陕西科技创业投资管理有限公司	西安航天基地创新投资有限公司
陕西科控启元创业投资管理合伙企业（有限合伙）	西安恒信资本管理有限公司
陕西科控协同创业投资管理合伙企业（有限合伙）	西安红土创新投资有限公司
陕西科迈投资管理合伙企业（有限合伙）	西安环大学创新创业投资有限公司
陕西空港金控资产管理有限公司	西安军融电子卫星基金投资有限公司
陕西空港临空产业投资管理有限公司	西安科睿投资管理有限公司
陕西空天宏远创业投资管理有限公司	西安镭融私募基金管理有限公司
陕西秦商投资管理有限公司	西安霖禾创业投资管理合伙企业（有限合伙）
陕西青年创业投资管理有限公司	西安鲁信股权投资管理有限公司
陕西融媒投资管理有限公司	西安迈朴资本管理有限公司
陕西省产业投资有限公司	西安青实资本管理有限公司
陕西省创业投资引导基金管理中心	西安曲江唐人文化科技创业投资有限公司
陕西省高新技术产业投资有限公司	西安曲江文化产业风险投资有限公司
陕西省现代能源创业投资基金有限公司	西安润沣资本管理有限公司
陕西省新材料高技术创业投资基金（有限合伙）	西安上恩创业投资管理有限公司
陕西铜川飞龙资本投资管理有限公司	西安同泽投资有限公司
陕西文化产业投资基金（有限合伙）	西安微纳点石投资管理有限公司
陕西西咸沣东产业投资管理有限公司	西安未来宇航资产管理有限公司
陕西希达大同创业投资有限公司	西安西交科创股权投资合伙企业（有限合伙）
陕西义禧投资管理有限公司	西安西交一八九六资本管理有限公司
陕西中海创业投资有限公司	西安西旅创新投资管理有限公司
神木金益基金管理有限公司	西安熙信科创资本管理合伙企业（有限合伙）
唐兴天下投资管理（西安）有限责任公司	西安现代服务业发展基金合伙企业（有限合伙）
西安产业投资基金管理有限公司	西安雍德基金管理有限公司

西安云杉私募基金管理有限公司

西安韵杰投资管理有限公司

西安知守创业投资管理有限公司

西安智信投资管理有限公司

西安中辰伟业投资有限公司

西安中科创星创业孵化企业管理咨询合伙企业（有限合伙）

西咸新区金控资本资产管理有限公司

亚联民加（西安）股权投资有限公司

杨凌农科股权投资基金有限合伙企业

杨凌众创田园天使企业管理有限合伙企业

榆林能源产业基金管理有限公司

榆林市煤炭转化基金投资管理有限公司

中大兴业投资有限公司

中兴众创（西安）投资管理有限公司

戈壁创赢（上海）创业投资管理有限公司

戈壁盈智（上海）创业投资合伙企业（有限合伙）

上海艾云慧信创业投资有限公司

上海贝琛创业投资管理有限公司

上海贝琛网森创业投资合伙企业（有限合伙）

上海成为创伴创业投资合伙企业（有限合伙）

上海创业接力泰礼创业投资中心（有限合伙）

上海创业投资有限公司

上海大学生创业投资有限公司

上海德丰杰龙升创业投资合伙企业（有限合伙）

上海鼎嘉创业投资管理有限公司

上海复旦医疗产业创业投资有限公司

上海戈壁企灵创业投资合伙企业（有限合伙）

上海国盛古贤创业投资管理有限公司

上海国盛古贤创业投资合伙企业（有限合伙）

上海含泰创业投资合伙企业（有限合伙）

上海和君欣盛创业投资管理合伙企业（有限合伙）

上海和君欣盛创业投资合伙企业（有限合伙）

上海旌卓投资管理有限公司

上海景嘉创业接力创业投资中心（有限合伙）

上海科技创业投资有限公司

上海利彤创业投资有限公司

上海联升承业创业投资有限公司

上海联升创业投资有限公司

上海尼罗创业投资管理有限公司

上海欧奈而创业投资有限公司

上海欧奈尔创业投资中心（有限合伙）

上海浦东科技投资有限公司

上海七鹏创业投资中心（有限合伙）

上海七鹏乙皓创业投资中心（有限合伙）

上海起沧点海创业投资管理合伙企业（有限合伙）

上海起沧点海创业投资合伙企业（有限合伙）

上海起乾点坤创业投资管理合伙企业（有限合伙）

上海起乾点坤创业投资合伙企业（有限合伙）

上海汽车创业投资有限公司

上海千骥创业投资管理有限公司

上海千骥创业投资中心（有限合伙）

上海千骥诺格医药创业投资管理有限公司

上海千骥生物医药创业投资有限公司

上海千骥星鹤创业投资管理有限公司

上海千骥星鹤创业投资中心（有限合伙）

上海乾莳资产管理有限公司

上海商投创业投资有限公司

上海上实创业投资有限公司

上海盛今创业投资有限公司

上海盛山兴钱创业投资中心（有限合伙）

上海盛山渝英创业投资中心（有限合伙）

上海市北科技创业投资有限公司

上海肆祺创业投资中心（有限合伙）

上海泰礼创业投资管理有限公司

上海探针创业投资管理有限公司

上海天地人和创业投资有限公司

上海沃燕创业投资合伙企业（有限合伙）

上海萧商创业投资合伙企业（有限合伙）

上海昕朴创业投资合伙企业（有限合伙）

上海星中如意智能科技集团有限公司

上海杏泽兴源创业投资中心（有限合伙）

上海徐汇科技创业投资有限公司

上海英诺众连创业投资中心（有限合伙）

上海原禾创业投资中心（有限合伙）

上海源子创业投资中心（有限合伙）

上海蕴朴创业投资合伙企业（有限合伙）

上海责祥投资管理有限公司

上海闸北创业投资有限公司

上海张江火炬创业园投资开发有限公司

上海张江科技创业投资有限公司

上海张江生物医药产业创业投资有限公司

上海真金创业投资管理有限公司

上海真金高技术服务业创业投资中心（有限合伙）

上海正海聚弘创业投资中心（有限合伙）

探针（上海）创业投资合伙企业（有限合伙）

天翼科技创业投资有限公司

天云睿海（上海）创业投资企业

成都博源投资管理有限公司

成都春垒科技创业投资合伙企业（有限合伙）

成都鼎祥创业投资合伙企业（有限合伙）

成都禾睿创业投资有限公司

成都合力蓉信股权投资基金管理有限公司

成都技转智石股权投资基金管理有限公司

成都阶梯创业投资合伙企业（有限合伙）

成都阶梯创业投资有限公司

成都科创动力投资发展有限公司

成都晟华创合投资管理合伙企业（有限合伙）

成都同德创客投资管理合伙企业（有限合伙）

成都盈创德弘创业投资合伙企业（有限合伙）

成都盈创德弘股权投资基金管理有限公司

成都盈创动力投资管理有限公司

成都盈创世纪股权投资基金管理有限公司

成都盈创泰富股权投资基金管理有限公司

成都盈创兴科创业投资合伙企业（有限合伙）

成都盈创兴科股权投资基金管理有限公司

东方三峡（成都）股权投资基金管理有限公司

合之力蓉盛成都创业投资中心（有限合伙）

洪泰天创投成都创业投资中心（有限合伙）

绵阳高新旗胜投资基金管理有限公司

绵阳金慧通股权投资基金管理有限公司

绵阳久盛科技创业投资有限公司

绵阳市金慧丰股权投资基金管理中心（有限合伙）

四川创新发展投资管理有限公司

四川鼎祥股权投资基金有限公司

四川天河生物医药产业创业投资基金合伙企业

（有限合伙）

真友成都股权投资基金管理企业（有限合伙）

华控（天津）投资管理有限公司

菁英汇投资管理（天津）有限责任公司

菁英科创（天津）创业投资合伙企业（有限合伙）

日亚（天津）创业投资管理有限公司

日亚（天津）创业投资企业

上创普盛（天津）创业投资管理有限公司

天创博盛（天津）股权投资基金合伙企业（有限合伙）

天津北洋海棠创业投资合伙企业（有限合伙）

天津滨海财富股权投资基金有限公司

天津滨海创投投资管理有限公司

天津滨海高新技术产业开发区科鑫创业投资有限公司

天津滨海海胜股权投资基金管理有限公司

天津滨海天创众鑫股权投资基金有限公司

天津财富嘉绩投资合伙企业（有限合伙）

天津陈塘海天创业投资合伙企业（有限合伙）

天津迪恩投资管理有限公司

天津东虹科技创业投资发展有限公司

天津蜂巢投资管理合伙企业（有限合伙）

天津海达创业投资管理有限公司

天津海量重度大数据企业孵化器有限公司

天津海泰滨海创业投资有限公司

天津海泰戈壁创业投资管理有限公司

天津海泰资本投资管理有限公司

天津虹桥天使投资有限公司

天津华慧泰有电子信息投资合伙企业（有限合伙）

天津汇鑫创富股权投资基金管理有限公司

天津金海胜创业投资管理有限公司

天津科创天使投资有限公司

天津科技融资控股集团有限公司

天津科技投资集团有限公司

天津立龙菁英企业管理中心（有限合伙）

天津南开区苑鑫创业投资有限公司

天津普银创业投资合伙企业（有限合伙）

天津普银天使创业投资有限公司

天津奇安菁英创业投资合伙企业（有限合伙）

天津清研陆石投资管理有限公司

天津市武清区信邦科技创业投资发展有限公司

天津泰达恒鼎创业投资合伙企业（有限合伙）

天津泰达科技投资股份有限公司

天津泰达盛林创业投资合伙企业（有限合伙）

天津天创华鑫现代服务产业创业投资合伙企业
（有限合伙）

天津天创荣鑫创业投资合伙企业（有限合伙）

天津天地酬勤创业投资合伙企业（有限合伙）

天津天地酬勤股权投资管理有限公司

天津天地酬勤天使创业投资有限公司

天津天富创业投资有限公司

天津天以生物医药股权投资基金有限公司

天津天雨满盈股权投资基金管理有限公司

天津浔渡创业投资合伙企业（有限合伙）

天津宜科天创智能制造产业创业投资合伙企业
（有限合伙）

天津沅渡创业投资合伙企业（有限合伙）

天津中科达创业投资管理有限公司

天津中汽瑷睿创业投资有限公司

天津中睿海天创业投资合伙企业（有限合伙）

天津中知创富创业投资合伙企业（有限合伙）

万联道一（天津）创业投资合伙企业（有限合伙）

允能众创投资管理（天津）有限公司

中丽（天津）产城融合发展基金管理有限公司

曲水普特创业投资合伙企业（有限合伙）

霍尔果斯嘉泽创业投资有限公司

喀什新昆创业投资有限公司

乌鲁木齐新奇康医药健康产业股权投资有限合伙企业

新疆创投资本管理有限责任公司

新疆红山基金管理股份有限公司

新疆火炬创业投资有限公司

新疆融汇鑫创业投资管理有限公司

新疆新科源科技风险投资管理有限公司

新疆中科援疆创新创业私募基金管理有限公司

新疆中企股权投资管理有限公司

红塔创新投资股份有限公司

云南南天盈富泰克创业投资基金管理有限公司

云南文产创业投资有限责任公司

安丰创业投资有限公司

长兴贝达股权投资合伙企业（有限合伙）

长兴迭代股权投资合伙企业（有限合伙）

长兴君盈股权投资合伙企业（有限合伙）

长兴科商创业投资合伙企业（有限合伙）

长兴科威创业投资合伙企业（有限合伙）

淳安润哲涵夏股权投资合伙企业（有限合伙）

淳安润哲九域股权投资合伙企业（有限合伙）

淳安润哲诸华股权投资合伙企业（有限合伙）

淳安三仁腾兴股权投资合伙企业（有限合伙）

淳安三仁望岳股权投资合伙企业（有限合伙）

德清奇锦股权投资合伙企业（有限合伙）

鄂尔多斯市嘉富泽力绿色发展基金合伙企业
（有限合伙）

国振资产管理（杭州）有限公司

海宁力合天使创业投资合伙企业（有限合伙）

海宁启真毓金创业投资合伙企业（有限合伙）

杭实资产管理（杭州）有限公司

杭州安丰宸元创业投资合伙企业（有限合伙）	杭州慈山创业投资合伙企业（有限合伙）
杭州安丰创健创业投资合伙企业（有限合伙）	杭州大头投资管理有限公司
杭州安丰富盛创业投资合伙企业（有限合伙）	杭州道生初阳科创股权投资基金合伙企业（有限合伙）
杭州安丰杭盈创业投资合伙企业（有限合伙）	杭州道生灵境股权投资基金合伙企业（有限合伙）
杭州安丰慧元创业投资合伙企业（有限合伙）	杭州道生投资管理有限公司
杭州安丰玖号创业投资合伙企业（有限合伙）	杭州道生元力投资合伙企业（有限合伙）
杭州安丰上盈创业投资合伙企业（有限合伙）	杭州道昇投资合伙企业（有限合伙）
杭州安丰盛科创业投资合伙企业（有限合伙）	杭州德石灵动投资合伙企业（有限合伙）
杭州安丰新干投创业投资合伙企业（有限合伙）	杭州德石驱动投资合伙企业（有限合伙）
杭州安丰鑫元创业投资合伙企业（有限合伙）	杭州德石速动投资合伙企业（有限合伙）
杭州翱鹏投资管理有限公司	杭州德石悦动投资合伙企业（有限合伙）
杭州翱谱投资合伙企业（有限合伙）	杭州德同创业投资合伙企业（有限合伙）
杭州帮创投资合伙企业（有限合伙）	杭州德同投资管理有限公司
杭州帮实投资管理有限公司	杭州迭代创氪投资管理合伙企业（有限合伙）
杭州葆光投资管理有限公司	杭州迭代夸克投资管理合伙企业（有限合伙）
杭州贝达投资管理有限公司	杭州迭代升集投资管理合伙企业（有限合伙）
杭州倍达广聚创业投资合伙企业（有限合伙）	杭州迭代投资管理有限公司
杭州倍达广顺创业投资合伙企业（有限合伙）	杭州鼎聚芥园创业投资合伙企业（有限合伙）
杭州本坚私募基金管理有限公司	杭州鼎聚景盛创业投资合伙企业（有限合伙）
杭州滨江普华天晴股权投资合伙企业（有限合伙）	杭州鼎聚景远创业投资合伙企业（有限合伙）
杭州滨江众创投资合伙企业（有限合伙）	杭州鼎聚坤华创业投资合伙企业（有限合伙）
杭州伯乐圣赢股权投资合伙企业（有限合伙）	杭州鼎聚茂华创业投资合伙企业（有限合伙）
杭州博观丰年投资合伙企业（有限合伙）	杭州鼎聚投资管理有限公司
杭州畅知投资合伙企业（有限合伙）	杭州鼎霖投资合伙企业（有限合伙）
杭州辰弘投资合伙企业	杭州东创汇富投资合伙企业（有限合伙）
杭州丞富股权投资合伙企业（有限合伙）	杭州东方嘉富资产管理有限公司
杭州承富投资管理合伙企业（有限合伙）	杭州东方嘉奇投资合伙企业（有限合伙）
杭州诚和创业投资有限公司	杭州东汇创智投资合伙企业（有限合伙）
杭州诚和鸿熙股权投资合伙企业（有限合伙）	杭州敦钧资产管理有限公司
杭州诚和西元投资合伙企业（有限合伙）	杭州枫惠投资管理有限公司
杭州驰富投资管理合伙企业（有限合伙）	杭州福生创业投资管理有限公司
杭州崇石投资合伙企业（有限合伙）	杭州福余投资合伙企业（有限合伙）
杭州穿越投资合伙企业（有限合伙）	杭州复朴共进投资合伙企业（有限合伙）
杭州创潮汇投资管理有限公司	杭州复朴康临股权投资合伙企业（有限合伙）
杭州创客加速投资管理有限公司	杭州复朴投资管理有限公司

杭州富海银涛投资管理合伙企业（有限合伙）　　杭州浩瀚星空股权投资合伙企业（有限合伙）

杭州富阳泽直股权投资合伙企业（有限合伙）　　杭州浩宣投资合伙企业（有限合伙）

杭州赋实投资管理合伙企业（有限合伙）　　杭州河创投资合伙企业（有限合伙）

杭州高特佳睿安投资合伙企业（有限合伙）　　杭州弘翔金投投资合伙企业（有限合伙）

杭州高特佳睿海投资合伙企业（有限合伙）　　杭州鸿富股权投资合伙企业（有限合伙）

杭州工创股权投资基金合伙企业（有限合伙）　　杭州鸿翌股权投资合伙企业（有限合伙）

杭州固海投资合伙企业（有限合伙）　　杭州厚初创业投资合伙企业（有限合伙）

杭州冠丰投资合伙企业（有限合伙）　　杭州厚达茂硕股权投资合伙企业（有限合伙）

杭州广润创业投资有限公司　　杭州厚达瑞择投资合伙企业（有限合伙）

杭州广赢投资管理有限公司　　杭州厚达顺网股权投资合伙企业（有限合伙）

杭州贵巨创业投资合伙企业（有限合伙）　　杭州厚达元奥股权投资合伙企业（有限合伙）

杭州海邦博源创业投资合伙企业（有限合伙）　　杭州湖畔山南资本管理有限公司

杭州海邦沣华数智股权投资合伙企业（有限合伙）　　杭州湖畔英汇股权投资合伙企业（有限合伙）

杭州海邦沣华投资管理有限公司　　杭州虎跃永沃投资管理合伙企业（有限合伙）

杭州海邦巨擎创业投资合伙企业（有限合伙）　　杭州虎跃悦夏投资管理合伙企业（有限合伙）

杭州海邦投资管理有限公司　　杭州花贝投资管理合伙企业（有限合伙）

杭州海邦新湖人才创业投资合伙企业（有限合伙）　　杭州花云股权投资合伙企业（有限合伙）

杭州海邦药谷从正创业投资合伙企业（有限合伙）　　杭州华旦丹阳投资管理有限公司

杭州海邦羿谷创业投资合伙企业（有限合伙）　　杭州华旦投资管理合伙企业（有限合伙）

杭州海邦引智投资管理有限公司　　杭州华方柏晟投资管理合伙企业（有限合伙）

杭州汉洋友创投资合伙企业（有限合伙）　　杭州华方创量投资管理有限公司

杭州翰风股权投资合伙企业（有限合伙）　　杭州华方和颐投资管理合伙企业（有限合伙）

杭州瀚臻投资管理有限公司　　杭州华媒泽商创业投资合伙企业（有限合伙）

杭州杭商大承投资管理合伙企业（有限合伙）　　杭州华睿嘉银股权投资合伙企业（有限合伙）

杭州杭实创汇股权投资合伙企业（有限合伙）　　杭州华薇创业投资合伙企业（有限合伙）

杭州杭实格林达股权投资合伙企业（有限合伙）　　杭州华夏八维股权投资合伙企业（有限合伙）

杭州杭实进取股权投资合伙企业（有限合伙）　　杭州华夏创盈股权投资合伙企业（有限合伙）

杭州杭实友创九智创业投资合伙企业（有限合伙）　　杭州华夏科发股权投资合伙企业（有限合伙）

杭州好望角车航投资合伙企业（有限合伙）　　杭州华夏绿合股权投资合伙企业（有限合伙）

杭州好望角奇点投资合伙企业（普通合伙）　　杭州华夏粟捷股权投资合伙企业（有限合伙）

杭州好望角启航投资合伙企业（有限合伙）　　杭州华夏云亿投资管理合伙企业（有限合伙）

杭州好望角投资管理有限公司　　杭州怀记投资管理有限公司

杭州好望角苇航投资合伙企业（有限合伙）　　杭州汇孚智创投资合伙企业（有限合伙）

杭州好望角引航投资合伙企业（有限合伙）　　杭州汇鑫城股权投资基金有限公司

杭州好望角越航投资合伙企业（有限合伙）　　杭州汇颐投资管理合伙企业（有限合伙）

杭州慧全投资管理有限公司

杭州铠鹏投资合伙企业（有限合伙）

杭州慧逸投资合伙企业（有限合伙）

杭州科发创业投资合伙企业（有限合伙）

杭州慧涌投资合伙企业（有限合伙）

杭州科发金鼎创业投资合伙企业（有限合伙）

杭州基实股权投资合伙企业（有限合伙）

杭州科发天使投资合伙企业（有限合伙）

杭州绩优汀兰股权投资合伙企业（有限合伙）

杭州科发相湖创业投资合伙企业（有限合伙）

杭州绩优投资管理有限公司

杭州蓝贝壳帮实创业投资合伙企业（有限合伙）

杭州绩优悦泉创业投资合伙企业（有限合伙）

杭州澜拓投资合伙企业（有限合伙）

杭州绩优卓源创业投资合伙企业（有限合伙）

杭州朗健投资合伙企业（有限合伙）

杭州吉年投资合伙企业（有限合伙）

杭州朗月照人股权投资合伙企业（有限合伙）

杭州济实生物医药股权投资合伙企业（有限合伙）

杭州浪淘沙势弘投资合伙企业（有限合伙）

杭州嘉富天堂硅谷二号股权投资合伙企业（有限合伙）

杭州浪淘沙投资管理有限公司

杭州嘉富泽地投资管理合伙企业（有限合伙）

杭州浪淘沙智选创业投资合伙企业（有限合伙）

杭州嘉富泽君投资管理合伙企业（有限合伙）

杭州立晟佳悦创业投资合伙企业（有限合伙）

杭州嘉富泽枢股权投资合伙企业（有限合伙）

杭州立晟投资管理有限公司

杭州嘉富泽甬投资合伙企业（有限合伙）

杭州立元宸皓投资合伙企业（有限合伙）

杭州嘉富泽玉股权投资合伙企业（有限合伙）

杭州立元创业投资股份有限公司

杭州见和投资管理合伙企业（有限合伙）

杭州立元熙茂投资合伙企业（有限合伙）

杭州戒和投资管理合伙企业（有限合伙）

杭州立元熙润投资合伙企业（有限合伙）

杭州金投智和创业投资合伙企业（有限合伙）

杭州利海互联创业投资合伙企业（有限合伙）

杭州金投智业创业投资合伙企业（有限合伙）

杭州联创投资管理有限公司

杭州金投智远创业投资合伙企业（有限合伙）

杭州联创永津创业投资合伙企业（有限合伙）

杭州锦聚投资管理有限公司

杭州联创永荣股权投资合伙企业（有限合伙）

杭州锦聚新能源壹号投资合伙企业（有限合伙）

杭州联创永溢创业投资合伙企业（有限合伙）

杭州锦薇股权投资合伙企业（有限合伙）

杭州联创永源股权投资合伙企业（有限合伙）

杭州锦杏谷创业投资合伙企业（有限合伙）

杭州链反应投资合伙企业（有限合伙）

杭州锦杏云创业投资合伙企业（有限合伙）

杭州凌赛投资合伙企业（有限合伙）

杭州锦元资产管理有限公司

杭州龙庆长阜股权投资合伙企业（有限合伙）

杭州劲健投资合伙企业（有限合伙）

杭州龙庆长泰智慧产业投资管理有限公司

杭州君富股权投资合伙企业（有限合伙）

杭州龙庆地信股权投资合伙企业（有限合伙）

杭州君汇创业投资合伙企业（有限合伙）

杭州隆启浩宇股权投资合伙企业（有限合伙）

杭州君品科技有限公司

杭州隆启投资管理有限公司

杭州君青投资合伙企业（有限合伙）

杭州隆启云辰股权投资基金合伙企业（有限合伙）

杭州君远投资管理合伙企业（有限合伙）

杭州马不停蹄股权投资合伙企业（有限合伙）

杭州君知投资合伙企业（有限合伙）

杭州美和林企业管理咨询有限公司

杭州君志投资合伙企业（有限合伙）

杭州梦定投资管理合伙企业（有限合伙）

杭州梦飞投资管理合伙企业（有限合伙）	杭州容胜投资合伙企业（有限合伙）
杭州珉澜股权投资基金合伙企业（有限合伙）	杭州榕环股权投资基金合伙企业（有限合伙）
杭州明烨资产管理有限公司	杭州如山创业投资有限公司
杭州鸣弦投资管理有限公司	杭州睿泓投资合伙企业（有限合伙）
杭州纳泽投资合伙企业（有限合伙）	杭州赛滨投资管理合伙企业（有限合伙）
杭州普华博帆投资合伙企业（有限合伙）	杭州赛伯乐伽利略投资合伙企业（有限合伙）
杭州普华博谊投资合伙企业（有限合伙）	杭州赛宸吉盛投资合伙企业（有限合伙）
杭州普华帆顺投资合伙企业（有限合伙）	杭州赛硅银投资合伙企业（有限合伙）
杭州普华锐昆创业投资合伙企业（有限合伙）	杭州赛航投资合伙企业（有限合伙）
杭州普华顺程投资合伙企业（有限合伙）	杭州赛珩投资合伙企业（有限合伙）
杭州普华硕阳春日股权投资合伙企业（有限合伙）	杭州赛久投资合伙企业（有限合伙）
杭州普华硕阳股权投资合伙企业（有限合伙）	杭州赛连贰期投资合伙企业（有限合伙）
杭州普华韬辰创业投资合伙企业（有限合伙）	杭州赛智珩科投资合伙企业（有限合伙）
杭州普华天勤私募基金管理有限公司	杭州赛智君锐投资合伙企业（有限合伙）
杭州普华昱辰股权投资合伙企业（有限合伙）	杭州赛智云昇投资合伙企业（有限合伙）
杭州普华泽同股权投资合伙企业（有限合伙）	杭州三花弘道创业投资合伙企业（有限合伙）
杭州普阳投资管理有限公司	杭州昇远投资合伙企业（有限合伙）
杭州启势私募基金管理有限公司	杭州盛水渊投资管理有限公司
杭州启真未来创新股权投资合伙企业（有限合伙）	杭州盛水渊源头投资合伙企业（有限合伙）
杭州启真毓星股权投资合伙企业（有限合伙）	杭州盛元茗溪投资合伙企业（有限合伙）
杭州启征投资管理合伙企业（有限合伙）	杭州盛元行稳股权投资合伙企业（有限合伙）
杭州牟海创业投资合伙企业（有限合伙）	杭州十棱投资管理有限公司
杭州钱江浙商创业投资合伙企业（有限合伙）	杭州十维创业投资合伙企业（有限合伙）
杭州钱塘创业投资合伙企业（有限合伙）	杭州十维天使股权投资基金合伙企业（有限合伙）
杭州钱塘和港创业投资合伙企业（有限合伙）	杭州实硕股权投资合伙企业（有限合伙）
杭州钱投产融股权投资合伙企业（有限合伙）	杭州树兰俊杰医景创业投资有限公司
杭州乾曜投资合伙企业（有限合伙）	杭州数创创业投资合伙企业（有限合伙）
杭州倾力助合创业投资合伙企业（有限合伙）	杭州水木泽华创业投资合伙企业（有限合伙）
杭州擎名股权投资合伙企业（有限合伙）	杭州硕石投资合伙企业（有限合伙）
杭州擎同股权投资合伙企业（有限合伙）	杭州四祥股权投资合伙企业（有限合伙）
杭州擎宇股权投资基金合伙企业（有限合伙）	杭州泰恒投资管理有限公司
杭州擎在股权投资基金合伙企业（有限合伙）	杭州滕华卓睿股权投资合伙企业（有限合伙）
杭州庆诚投资合伙企业（有限合伙）	杭州滕华卓优股权投资合伙企业（有限合伙）
杭州仁财创业投资合伙企业（有限合伙）	杭州滕华卓越股权投资合伙企业（有限合伙）
杭州戎富投资管理合伙企业（有限合伙）	杭州媞文投资管理合伙企业（有限合伙）

杭州天帮投资合伙企业（有限合伙）　　　　杭州新筹投资合伙企业（有限合伙）

杭州天联投资管理合伙企业（有限合伙）　　杭州新兹投资管理合伙企业（有限合伙）

杭州天璞创业投资合伙企业（有限合伙）　　杭州鑫康健创业投资有限公司

杭州天使湾投资管理股份有限公司　　　　　杭州鑫信希创业投资有限公司

杭州天堂硅谷长实股权投资合伙企业（有限合伙）　杭州鑫悦动创业投资有限公司

杭州天堂硅谷杭实股权投资合伙企业（有限合伙）　杭州信倍股权投资合伙企业（有限合伙）

杭州天堂硅谷嘉富一号股权投资合伙企业（有限合伙）　杭州信得宝投资管理有限公司

杭州天堂硅谷领创股权投资合伙企业（有限合伙）　杭州信玥股权投资合伙企业（有限合伙）

杭州天堂硅谷新弈股权投资合伙企业（有限合伙）　杭州兴富投资管理合伙企业（有限合伙）

杭州同辉股权投资合伙企业（有限合伙）　　杭州兴绎投资合伙企业（有限合伙）

杭州同心众创投资合伙企业（有限合伙）　　杭州星榕湾股权投资合伙企业（有限合伙）

杭州头头是道投资合伙企业（有限合伙）　　杭州宣富投资管理合伙企业（有限合伙）

杭州万豪碧扬投资合伙企业（有限合伙）　　杭州璿石投资合伙企业（有限合伙）

杭州万豪投资管理有限公司　　　　　　　　杭州言和投资管理合伙企业（有限合伙）

杭州惟和资产管理有限公司　　　　　　　　杭州仰健投资合伙企业（有限合伙）

杭州惟康企业管理合伙企业（有限合伙）　　杭州一公医正创业投资合伙企业（有限合伙）

杭州文辰友创投资合伙企业（有限合伙）　　杭州以弘投资合伙企业（有限合伙）

杭州文诚创业投资有限公司　　　　　　　　杭州逸岩股权投资基金合伙企业（有限合伙）

杭州文广创业投资有限公司　　　　　　　　杭州银瀚创业投资合伙企业（有限合伙）

杭州文广股权投资管理有限公司　　　　　　杭州银江智慧产业创业投资合伙企业（有限合伙）

杭州五角星一号股权投资合伙企业（有限合伙）　杭州银杏堡股权投资合伙企业（有限合伙）

杭州西创股权投资合伙企业（有限合伙）　　杭州银杏橙股权投资合伙企业（有限合伙）

杭州矽芯股权投资有限公司　　　　　　　　杭州银杏果股权投资合伙企业（有限合伙）

杭州羲合股权投资合伙企业（有限合伙）　　杭州银杏海创业投资合伙企业（有限合伙）

杭州禧筠朝旭创业投资合伙企业（有限合伙）　杭州银杏湖股权投资合伙企业（有限合伙）

杭州禧筠股权投资基金管理合伙企业（有限合伙）　杭州银杏坚股权投资合伙企业（有限合伙）

杭州禧筠康辰股权投资合伙企业（有限合伙）　杭州银杏数股权投资合伙企业（有限合伙）

杭州祥晖翎裕股权投资基金合伙企业（有限合伙）　杭州银杏源股权投资合伙企业（有限合伙）

杭州祥晖深富股权投资基金合伙企业（有限合伙）　杭州银章天悦创业投资合伙企业（有限合伙）

杭州萧山熙泽创业投资合伙企业（有限合伙）　杭州英选投资合伙企业（有限合伙）

杭州小兄第投资管理合伙企业（有限合伙）　杭州盈动投资管理有限公司

杭州协同创新投资合伙企业（有限合伙）　　杭州盈动悦创创业投资合伙企业（有限合伙）

杭州芯富微股权投资合伙企业（有限合伙）　杭州赢欣谷投资合伙企业（有限合伙）

杭州芯岚微创业投资合伙企业（有限合伙）　杭州硬科股权投资合伙企业（有限合伙）

杭州芯盛微股权投资合伙企业（有限合伙）　杭州永宣永铭股权投资合伙企业（有限合伙）

杭州友创天辰投资合伙企业（有限合伙）	杭州浙欣投资合伙企业（有限合伙）
杭州友创天晟股权投资合伙企业（有限合伙）	杭州真和投资管理合伙企业（有限合伙）
杭州友创天使投资合伙企业（有限合伙）	杭州臻安投资管理合伙企业（有限合伙）
杭州友创天泰投资合伙企业（有限合伙）	杭州臻立投资管理合伙企业（有限合伙）
杭州元弘投资管理有限公司	杭州臻农股权投资合伙企业（有限合伙）
杭州元弈投资合伙企业（有限合伙）	杭州臻祥投资管理合伙企业（有限合伙）
杭州原质连客创业投资合伙企业（有限合伙）	杭州正前方投资有限公司
杭州原质投资管理有限公司	杭州志云创业投资合伙企业（有限合伙）
杭州源聚丰创业投资合伙企业（有限合伙）	杭州智特股权投资合伙企业（有限合伙）
杭州远实股权投资合伙企业（有限合伙）	杭州中寰领创投资管理合伙企业（有限合伙）
杭州远瞩股权投资合伙企业（有限合伙）	杭州中寰领鑫投资管理合伙企业（有限合伙）
杭州越骏股权投资合伙企业（有限合伙）	杭州中寰投资管理有限公司
杭州云博丰创业投资合伙企业（有限合伙）	杭州中寰梓恩股权投资合伙企业（有限合伙）
杭州云创创业投资合伙企业（有限合伙）	杭州中寰梓焜股权投资合伙企业（有限合伙）
杭州云达丰创业投资合伙企业（有限合伙）	杭州中来锦聚投资管理有限公司
杭州云栖创投股权投资合伙企业（有限合伙）	杭州中来锦聚新能源合伙企业（有限合伙）
杭州云祥创新投资合伙企业（有限合伙）	杭州中翎股权投资合伙企业（有限合伙）
杭州云卓二期投资合伙企业（有限合伙）	杭州中榕科创股权投资合伙企业（有限合伙）
杭州云卓投资合伙企业（有限合伙）	杭州中赢复朴仁股权投资合伙企业（有限合伙）
杭州凿凿股权投资合伙企业（有限合伙）	杭州中赢复朴投资管理有限公司
杭州兆恒投资管理有限公司	杭州助创天使创业投资合伙企业（普通合伙）
杭州浙创春晓创业投资合伙企业（有限合伙）	红榕创业投资股份有限公司
杭州浙创夏繁股权投资合伙企业（有限合伙）	湖州翔鹏仁安股权投资合伙企业（有限合伙）
杭州浙大未来创新投资管理有限公司	湖州翔信股权投资合伙企业（有限合伙）
杭州浙丰宏胜创业投资合伙企业（有限合伙）	湖州铖祥股权投资合伙企业（有限合伙）
杭州浙丰悦享创业投资合伙企业（有限合伙）	湖州创客有邦投资管理合伙企业（有限合伙）
杭州浙科厚合创业投资合伙企业（有限合伙）	湖州海邦数湖创业投资合伙企业（有限合伙）
杭州浙科汇福创业投资合伙企业（有限合伙）	湖州河安股权投资合伙企业（有限合伙）
杭州浙科汇经创业投资合伙企业（有限合伙）	湖州见丰股权投资有限公司
杭州浙科汇庆企业管理咨询合伙企业（有限合伙）	湖州健宜股权投资合伙企业（有限合伙）
杭州浙科盛元创业投资合伙企业（有限合伙）	湖州聚呈鼎钧股权投资合伙企业（有限合伙）
杭州浙农科业投资管理有限公司	湖州聚大鼎华股权投资合伙企业（有限合伙）
杭州浙农科众创业投资合伙企业（有限合伙）	湖州聚纳鼎睿股权投资合伙企业（有限合伙）
杭州浙农鑫科创业投资合伙企业（有限合伙）	湖州晟裕元启股权投资合伙企业（有限合伙）
杭州浙农鑫翔创业投资合伙企业（有限合伙）	湖州盛元兰芯股权投资合伙企业（有限合伙）

湖州盛元宁化股权投资合伙企业（有限合伙）

嘉兴敏实定向股权投资合伙企业（有限合伙）

湖州盛元腾越股权投资合伙企业（有限合伙）

嘉兴明兔投资合伙企业（有限合伙）

湖州盛元兴汇股权投资合伙企业（有限合伙）

嘉兴檏盛安家股权投资合伙企业（有限合伙）

湖州盛元酉鹏股权投资合伙企业（有限合伙）

嘉兴檏盛乐意股权投资合伙企业（有限合伙）

湖州市鑫农股权投资合伙企业（有限合伙）

嘉兴青莲乡村振兴股权投资合伙企业（有限合伙）

湖州滕华晖泰创业投资合伙企业（有限合伙）

嘉兴十棱创业投资合伙企业（有限合伙）

湖州滕华源鸿创业投资合伙企业（有限合伙）

嘉兴十维启航创业投资合伙企业（有限合伙）

湖州银江智慧产业投资合伙企业（有限合伙）

嘉兴市领汇创业投资管理有限公司

湖州源来科技产业投资合伙企业（有限合伙）

嘉兴泰如股权投资合伙企业（有限合伙）

湖州泽安股权投资合伙企业（有限合伙）

嘉兴友创启真创业投资合伙企业（有限合伙）

湖州泽源投资合伙企业（有限合伙）

嘉兴元亚创业投资合伙企业（有限合伙）

湖州宙石股权投资有限公司

嘉兴致海投资合伙企业（有限合伙）

华夏恒天资本管理有限公司

江山市恒创投资合伙企业（有限合伙）

嘉兴斐昱永淳投资管理合伙企业（有限合伙）

金华普华君跻投资合伙企业（有限合伙）

嘉兴斐昱悦柏投资管理合伙企业（有限合伙）

金华普华天勤股权投资基金合伙企业（有限合伙）

嘉兴蜂巢创业投资合伙企业（有限合伙）

金华融嘉富金投资管理合伙企业（有限合伙）

嘉兴福宝股权投资合伙企业（有限合伙）

金华市博观科华股权投资合伙企业（有限合伙）

嘉兴福多股权投资合伙企业（有限合伙）

金华市普华海纳股权投资合伙企业（有限合伙）

嘉兴福锐股权投资合伙企业（有限合伙）

金华市普华济帆股权投资合伙企业（有限合伙）

嘉兴福云股权投资合伙企业（有限合伙）

金华市普华济兴股权投资合伙企业（有限合伙）

嘉兴硅谷天堂辉正投资管理合伙企业（有限合伙）

金华市天勤科华股权投资合伙企业（有限合伙）

嘉兴杭实毓澄创业投资合伙企业（有限合伙）

金控天勤（杭州）创业投资合伙企业（有限合伙）

嘉兴豪真投资合伙企业（有限合伙）

金库（杭州）创业投资管理有限公司

嘉兴鸿御股权投资合伙企业（有限合伙）

兰溪普华灏阳股权投资合伙企业（有限合伙）

嘉兴华睿布谷鸟创业投资合伙企业（有限合伙）

兰溪普华晖阳投资合伙企业（有限合伙）

嘉兴华睿盛银创业投资合伙企业（有限合伙）

兰溪普华晖赢投资合伙企业（有限合伙）

嘉兴华睿志德股权投资合伙企业（有限合伙）

兰溪普华凌聚创业投资合伙企业（有限合伙）

嘉兴华腾华宇股权投资合伙企业（有限合伙）

兰溪普华普曜股权投资合伙企业（有限合伙）

嘉兴绩优投资合伙企业（有限合伙）

兰溪普华硕阳夏星创业投资合伙企业（有限合伙）

嘉兴锦舟投资合伙企业（有限合伙）

兰溪普华同润创业投资合伙企业（有限合伙）

嘉兴康晶半导体产业投资合伙企业（有限合伙）

兰溪普华欣盛创业投资合伙企业（有限合伙）

嘉兴联创汉德投资合伙企业（有限合伙）

兰溪普华壹晖投资合伙企业（有限合伙）

嘉兴龙庆股权投资管理有限公司

兰溪普华臻宜股权投资合伙企业（有限合伙）

嘉兴绿合创业投资有限公司

兰溪哲铎投资合伙企业（有限合伙）

嘉兴米硕股权投资基金合伙企业（有限合伙）

丽水诚和维佳股权投资合伙企业（有限合伙）

丽水龙庆长旭股权投资合伙企业（有限合伙）

丽水绿谷信息产业投资合伙企业（有限合伙）

丽水仁海股权投资合伙企业（有限合伙）

丽水天机股权投资合伙企业（有限合伙）

临安绩优青岚创业投资合伙企业（有限合伙）

龙泉市科技创投基金合伙企业（有限合伙）

隆启同盛（杭州）投资管理合伙企业（有限合伙）

隆启星路（杭州）投资管理合伙企业（有限合伙）

隆启轩成（杭州）投资管理合伙企业（有限合伙）

宁波安丰和众创业投资合伙企业（有限合伙）

宁波安丰汇群创业投资合伙企业（有限合伙）

宁波安丰领先创业投资合伙企业（有限合伙）

宁波安丰添富创业投资合伙企业（有限合伙）

宁波安丰众盈创业投资合伙企业（有限合伙）

宁波邦柯创业投资合伙企业（有限合伙）

宁波保税区链上股权投资合伙企业（有限合伙）

宁波北岸智谷海邦创业投资合伙企业（有限合伙）

宁波北远创业投资中心（有限合伙）

宁波创典投资管理合伙企业（有限合伙）

宁波创业风险投资有限公司

宁波东元创业投资有限公司

宁波奉化诚臻创业投资合伙企业（有限合伙）

宁波复旦创新中心有限公司

宁波富国金源创业投资合伙企业（有限合伙）

宁波海邦人才创业投资合伙企业（有限合伙）

宁波海达鼎兴投资管理有限公司

宁波海达睿盈股权投资管理有限公司

宁波华桐创业投资管理有限公司

宁波金硕投资有限公司

宁波君润恒众创业投资合伙企业（有限合伙）

宁波开云融汇创业投资合伙企业（有限合伙）

宁波科发宝鼎创业投资合伙企业（有限合伙）

宁波科发富鼎创业投资合伙企业（有限合伙）

宁波科发海鼎创业投资合伙企业（有限合伙）

宁波联合创新新能源投资管理合伙企业（有限合伙）

宁波联利共达投资管理合伙企业（有限合伙）

宁波联利中芯投资管理合伙企业（有限合伙）

宁波梅山保税港区道通好合股权投资合伙企业
（有限合伙）

宁波梅山保税港区敦君疏影建武投资合伙企业
（有限合伙）

宁波梅山保税港区敦钧万乘洪武投资合伙企业
（有限合伙）

宁波梅山保税港区敦骏香叶天宝投资合伙企业
（有限合伙）

宁波梅山保税港区海健瑞投资合伙企业（有限合伙）

宁波梅山保税港区华旦碧峰投资管理合伙企业
（有限合伙）

宁波梅山保税港区兰石投资合伙企业（有限合伙）

宁波梅山保税港区普华天跻创业投资合伙企业
（有限合伙）

宁波梅山保税港区普华至晖投资合伙企业（有限合伙）

宁波梅山保税港区普续润鑫投资合伙企业（有限合伙）

宁波梅山保税港区万乘轻勇骑投资合伙企业
（有限合伙）

宁波梅山保税港区万乘游骑兵投资合伙企业
（有限合伙）

宁波梅山保税港区苑博惠丰投资合伙企业（有限合伙）

宁波梅山保税港区苑博新启航投资合伙企业
（有限合伙）

宁波梅山保税港区苑博哲源投资合伙企业（有限合伙）

宁波梅山保税港区苑博智富投资合伙企业（有限合伙）

宁波梅山保税区普华天跻创业投资合伙企业
（有限合伙）

宁波民和风险投资有限公司

宁波铭韬投资合伙企业（有限合伙）

宁波鹏源东方创业投资合伙企业（有限合伙）

宁波鹏源青年创业投资合伙企业（有限合伙）

宁波普华友实股权投资合伙企业（有限合伙）

宁波普华元顺股权投资合伙企业（有限合伙）

宁波杉杉望新科技创业投资有限公司

宁波市伯乐开图创业投资合伙企业（有限合伙）

宁波市科发二号股权投资基金合伙企业（有限合伙）

宁波市科发股权投资基金合伙企业（有限合伙）

宁波市鹏源青芯创业投资合伙企业（有限合伙）

宁波市天使投资引导基金有限公司

宁波首科东方股权投资合伙企业（有限合伙）

宁波思得成长创业投资合伙企业（有限合伙）

宁波天堂硅谷合众股权投资合伙企业（有限合伙）

宁波天堂硅谷和慧创业投资合伙企业（有限合伙）

宁波天堂硅谷科创股权投资合伙企业（有限合伙）

宁波天堂硅谷融创股权投资合伙企业（有限合伙）

宁波天堂硅谷融合股权投资合伙企业（有限合伙）

宁波天堂硅谷融龙股权投资合伙企业（有限合伙）

宁波天堂硅谷融正股权投资合伙企业（有限合伙）

宁波天堂硅谷新风股权投资合伙企业（有限合伙）

宁波天堂硅谷新健股权投资合伙企业（有限合伙）

宁波天堂硅谷新力股权投资合伙企业（有限合伙）

宁波天堂硅谷元德股权投资合伙企业（有限合伙）

宁波天堂硅谷元丰股权投资合伙企业（有限合伙）

宁波天堂硅谷元正股权投资合伙企业（有限合伙）

宁波天堂硅谷正汇股权投资合伙企业（有限合伙）

宁波万豪铭辉投资合伙企业（有限合伙）

宁波万豪铭锐投资合伙企业（有限合伙）

宁波万豪铭山投资合伙企业（有限合伙）

宁波万豪铭轩投资合伙企业（有限合伙）

宁波新以创业投资管理有限公司

宁波新以创业投资合伙企业（有限合伙）

宁波银流创业投资合伙企业（有限合伙）

宁波英飞伯乐创业投资管理有限公司

宁波英飞伯乐创业投资合伙企业（有限合伙）

宁波云扬股权投资合伙企业（有限合伙）

宁波浙金首科股权投资合伙企业（有限合伙）

宁波浙科汇聚创业投资合伙企业（有限合伙）

宁波浙科永强创业投资合伙企业（有限合伙）

宁波浙鑫博远股权投资合伙企业（有限合伙）

平湖华睿嘉银创业投资合伙企业（有限合伙）

平湖嘉创智谷一号创业投资合伙企业（有限合伙）

平湖绿合股权投资基金合伙企业（有限合伙）

平湖绿合金凰展平二号创业投资合伙企业（有限合伙）

平湖绿合金凰展平一号创业投资合伙企业（有限合伙）

平阳凯星股权投资合伙企业（有限合伙）

平阳维度军科股权投资基金中心（有限合伙）

平阳维度中唐投资中心（有限合伙）

平阳维度中夏投资中心（有限合伙）

平阳友创九禧创业投资合伙企业（有限合伙）

平阳友创友新创业投资合伙企业（有限合伙）

衢州氟达股权投资合伙企业（有限合伙）

衢州立元天投壹号投资合伙企业（有限合伙）

衢州翎翔股权投资合伙企业（有限合伙）

衢州隆启润泽股权投资合伙企业（有限合伙）

衢州仁安股权投资合伙企业（有限合伙）

绍兴海邦才智创业投资合伙企业（有限合伙）

绍兴海邦人才创业投资合伙企业（有限合伙）

绍兴凯泰投资管理有限公司

绍兴柯桥翱鹏投资中心（有限合伙）

绍兴柯桥宸鹏投资合伙企业（有限合伙）

绍兴柯桥锦聚创业投资合伙企业（有限合伙）

绍兴柯桥天堂硅谷领新股权投资合伙企业（有限合伙）

绍兴柯桥天堂硅谷远光股权投资合伙企业（有限合伙）

绍兴柯桥天堂硅谷云创股权投资合伙企业（有限合伙）

绍兴普华震元创业投资合伙企业（有限合伙）

绍兴上虞乾邦股权投资合伙企业（有限合伙）

绍兴上虞乾泰股权投资合伙企业（有限合伙）

绍兴上虞乾信股权投资合伙企业（有限合伙）

绍兴市柯桥区天堂硅谷先进制造产业投资合伙企业
（有限合伙）

绍兴市上虞区安丰康元创业投资合伙企业（有限合伙）

绍兴市上虞区安丰盈元创业投资合伙企业（有限合伙）

绍兴天堂硅谷恒煜股权投资合伙企业

绍兴天堂硅谷新材料产业投资合伙企业

深圳市帮而为实天使投资企业（有限合伙）

遂昌县科技创新创业投资基金合伙企业（有限合伙）

遂昌壹佰科一期股权投资合伙企业（有限合伙）

台州华睿沣收股权投资合伙企业（有限合伙）

台州华睿石药丰收股权投资合伙企业（有限合伙）

台州汇明股权投资合伙企业（有限合伙）

天堂硅谷资产管理集团有限公司

桐庐富嘉产业发展股权投资合伙企业（有限合伙）

桐庐富嘉泽汇股权投资合伙企业（有限合伙）

桐庐富嘉泽越股权投资合伙企业（有限合伙）

桐庐浙富桐君股权投资基金合伙企业（有限合伙）

桐乡市新豪投资合伙企业（有限合伙）

桐乡浙商乌镇壹号互联网产业投资合伙企业（有限合伙）

万向创业投资股份公司

温州健朔股权投资合伙企业（有限合伙）

温州联创永润创业投资合伙企业（有限合伙）

温州瓯瑞股权投资合伙企业（有限合伙）

温州瓯泰投资企业（有限合伙）

温州市青峰创业投资合伙企业（有限合伙）

温州维度科创股权投资基金合伙企业（有限合伙）

温州维度投资管理有限公司

温州维度维壹投资中心（有限合伙）

温州维度智联投资中心（有限合伙）

温州维盛投资中心（有限合伙）

温州源大创业服务股份有限公司

温州逐陆投资管理合伙企业（有限合伙）

武义农升产业投资合伙企业（有限合伙）

新昌华宇浙鑫博远人才创业投资合伙企业（有限合伙）

新昌普华京新固周健康管理合伙企业（有限合伙）

新昌鑫远创业投资合伙企业（有限合伙）

兴产逐鹿（湖州）创业投资合伙企业（有限合伙）

义乌科发创业投资合伙企业（有限合伙）

义乌钱塘体育文化投资合伙企业（有限合伙）

义乌浙科汇富企业管理咨询合伙企业（有限合伙）

永康市天堂硅谷智能制造投资合伙企业（有限合伙）

浙江安丰进取创业投资有限公司

浙江澳兴投资管理有限公司

浙江贝达乾嘉投资合伙企业（有限合伙）

浙江比丘私募基金管理有限公司

浙江春晖创业投资有限公司

浙江大晶创业投资有限公司

浙江大学科技创业投资有限公司

浙江德石投资管理有限公司

浙江鼎鸿股权投资基金管理有限公司

浙江东翰高投长三角投资合伙企业（有限合伙）

浙江菲达股权投资基金合伙企业（有限合伙）

浙江沣华投资管理有限公司

浙江富国创新投资有限公司

浙江富国投资管理有限公司

浙江富华睿银投资管理有限公司

浙江富浙战配股权投资合伙企业（有限合伙）

浙江海邦创智投资管理有限公司

浙江海邦人才创业投资合伙企业（有限合伙）

浙江海邦投资管理有限公司

浙江海洋经济创业投资有限公司

浙江浩誉创业投资有限公司

浙江合力创业投资有限公司

浙江恒晋同盛创业投资合伙企业（有限合伙）

浙江恒晋投资管理有限公司

浙江弘日宝玺创新投资管理有限公司

浙江弘翔创业投资有限公司

浙江红石创业投资有限公司

浙江红土创业投资有限公司

浙江宏城创业投资有限公司

浙江厚达股权投资基金管理有限公司

浙江华瓯创业投资有限公司

浙江华瓯股权投资管理有限公司

浙江华睿北信源数据信息产业投资合伙企业
（有限合伙）

浙江华睿布谷鸟创业投资合伙企业（有限合伙）

浙江华睿产业互联网股权投资合伙企业（有限合伙）

浙江华睿德银创业投资有限公司

浙江华睿点金创业投资有限公司

浙江华睿点石投资管理有限公司

浙江华睿富华创业投资合伙企业（有限合伙）

浙江华睿海越光电产业创业投资有限公司

浙江华睿海越现代服务业创业投资有限公司

浙江华睿弘源智能产业创业投资有限公司

浙江华睿胡庆余堂健康产业投资基金合伙企业
（有限合伙）

浙江华睿火炬创业投资合伙企业（有限合伙）

浙江华睿金石投资合伙企业（有限合伙）

浙江华睿控股有限公司

浙江华睿蓝石投资有限公司

浙江华睿庆余投资有限公司

浙江华睿如山创业投资有限公司

浙江华睿如山装备投资有限公司

浙江华睿睿银创业投资有限公司

浙江华睿盛银创业投资有限公司

浙江华睿泰信创业投资有限公司

浙江华睿泰银投资有限公司

浙江华睿祥生环境产业创业投资有限公司

浙江华睿兴华股权投资合伙企业（有限合伙）

浙江华睿医疗创业投资有限公司

浙江华睿中科创业投资有限公司

浙江汇孚资本管理有限公司

浙江嘉海创业投资有限公司

浙江嘉豪铭泰投资管理有限公司

浙江嘉庆投资有限公司

浙江金控创业投资合伙企业（有限合伙）

浙江金控资本管理有限公司

浙江军合投资管理有限公司

浙江科发资本管理有限公司

浙江蓝源投资管理有限公司

浙江联盛创业投资有限公司

浙江临海永强股权并购投资中心（有限合伙）

浙江领庆创业投资有限公司

浙江明圣龙庆股权投资管理有限公司

浙江瓯联创业投资有限公司

浙江瓯盛创业投资有限公司

浙江樸盛樸华投资管理有限公司

浙江乾正资产管理合伙企业（有限合伙）

浙江如山成长创业投资有限公司

浙江如山高新创业投资有限公司

浙江如山汇金资本管理有限公司

浙江如山汇鑫创业投资合伙企业（有限合伙）

浙江如山新兴创业投资有限公司

浙江赛珩投资合伙企业（有限合伙）

浙江赛盛投资合伙企业（有限合伙）

浙江赛智伯乐股权投资管理有限公司

浙江绍兴普华兰桥文化投资合伙企业（有限合伙）

浙江绍兴普华兰亭文化投资合伙企业（有限合伙）

浙江省创业投资集团有限公司

浙江省科技风险投资有限公司

浙江省浙创启元创业投资有限公司

浙江盛元股权投资基金管理有限公司

浙江泰银创业投资有限公司

浙江滕华资产管理有限公司

浙江天使湾创业投资有限公司

浙江天堂硅谷晨曦创业投资有限公司

浙江天堂硅谷合丰创业投资有限公司

浙江天堂硅谷合胜创业投资有限公司

浙江天堂硅谷合顺股权投资合伙企业（有限合伙）

浙江天堂硅谷合行至臻股权投资合伙企业（有限合伙）

浙江天堂硅谷合众创业投资有限公司

浙江天堂硅谷和翔股权投资合伙企业（有限合伙）

浙江天堂硅谷久和股权投资合伙企业（有限合伙）

浙江天堂硅谷久融股权投资合伙企业（有限合伙）

浙江天堂硅谷久盈至臻股权投资合伙企业（有限合伙）

浙江天堂硅谷鲲诚创业投资有限公司	浙江浙科汇盈创业投资有限公司
浙江天堂硅谷乐通至臻股权投资合伙企业（有限合伙）	浙江浙科美林企业管理咨询有限公司
浙江天堂硅谷七弦股权投资合伙企业（有限合伙）	浙江浙科投资管理有限公司
浙江天堂硅谷台州合盈股权投资有限公司	浙江浙科银江创业投资有限公司
浙江天堂硅谷天晟股权投资合伙企业（有限合伙）	浙江浙农产融投资管理有限公司
浙江天堂硅谷阳光创业投资有限公司	浙江浙商长海创业投资合伙企业（有限合伙）
浙江天堂硅谷银泽股权投资合伙企业（有限合伙）	浙江浙商创业投资股份有限公司
浙江天堂硅谷盈丰股权投资合伙企业（有限合伙）	浙江浙商利海创业投资合伙企业（有限合伙）
浙江天堂硅谷盈通创业投资有限公司	浙江浙商诺海创业投资合伙企业（有限合伙）
浙江天堂硅谷众实股权投资合伙企业（有限合伙）	浙江臻弘股权投资基金管理有限公司
浙江万安投资管理有限公司	浙江中简尚略股权投资管理有限公司
浙江悟源股权投资合伙企业（有限合伙）	浙江舟洋创业投资有限公司
浙江祥晖资产管理有限公司	浙江诸暨惠风创业投资有限公司
浙江协同创新投资管理有限公司	浙江诸暨头头是道投资合伙企业（有限合伙）
浙江新安创业投资有限公司	浙江诸暨万泽股权投资基金合伙企业（有限合伙）
浙江新干世业投资管理有限公司	浙商创投股份有限公司
浙江新干线传媒投资有限公司	浙银鸿绅（杭州）资产管理有限公司
浙江鑫海资产管理有限公司	中简尚壹股权投资（杭州）合伙企业（有限合伙）
浙江信海创业投资合伙企业（有限合伙）	舟山浙科东港创业投资合伙企业（有限合伙）
浙江亿诚创业投资有限公司	诸暨大联股权投资合伙企业（有限合伙）
浙江亿都创业投资有限公司	诸暨鼎信创业投资有限公司
浙江亿品创业投资有限公司	诸暨富华产业转型升级基金合伙企业（有限合伙）
浙江银江股权投资管理有限公司	诸暨富华睿银投资管理有限公司
浙江银江辉皓创业投资合伙企业（有限合伙）	诸暨高特佳瑞程投资合伙企业（有限合伙）
浙江银杏谷投资有限公司	诸暨高特佳睿安投资合伙企业（有限合伙）
浙江银杏云股权投资基金合伙企业（有限合伙）	诸暨贵银投资有限公司
浙江盈瓯创业投资有限公司	诸暨恒晋融汇创业投资合伙企业（有限合伙）
浙江苑博投资管理有限公司	诸暨鸿睿股权投资合伙企业（有限合伙）
浙江浙创好雨新兴产业股权投资合伙企业（有限合伙）	诸暨鸿旺股权投资合伙企业（有限合伙）
浙江浙大联合创新投资管理合伙企业（有限合伙）	诸暨鸿毓股权投资合伙企业（有限合伙）
浙江浙大友创投资管理有限公司	诸暨华睿嘉银创业投资合伙企业（有限合伙）
浙江浙富资本管理有限公司	诸暨华睿金钻股权投资合伙企业（有限合伙）
浙江浙科汇利创业投资有限公司	诸暨华睿聚银股权投资合伙企业（有限合伙）
浙江浙科汇涛创业投资合伙企业（有限合伙）	诸暨华睿聚智股权投资合伙企业（有限合伙）
	诸暨华睿庆丰创业投资合伙企业（有限合伙）

诸暨华睿同道股权投资合伙企业（有限合伙）　　重庆德同领航创业投资中心（有限合伙）

诸暨华睿文华股权投资合伙企业（有限合伙）　　重庆东方恒益股权投资基金管理有限公司

诸暨华睿新锐投资合伙企业（有限合伙）　　重庆富坤新智能交通投资合伙企业（有限合伙）

诸暨华睿信汇股权投资合伙企业（有限合伙）　　重庆富坤智通投资管理有限公司

诸暨华睿钻石投资合伙企业（有限合伙）　　重庆高技术创业中心

诸暨华夏赢科投资合伙企业（有限合伙）　　重庆高新创投红马资本管理有限公司

诸暨华越投资有限公司　　重庆汉能科技创业投资中心（有限合伙）

诸暨嘉维创业投资合伙企业（有限合伙）　　重庆和亚化医投资管理有限公司

诸暨磐合银科创业投资合伙企业（有限合伙）　　重庆弘远渝富股权投资基金管理有限公司

诸暨磐沃创业投资合伙企业（有限合伙）　　重庆鸿曜股权投资基金管理有限公司

诸暨普华安盛股权投资合伙企业（有限合伙）　　重庆华犇创业投资管理有限公司

诸暨普华荣拓创业投资合伙企业（有限合伙）　　重庆华夏博大股权投资基金管理有限公司

诸暨普华信泰创业投资合伙企业（有限合伙）　　重庆皇极股权投资基金管理有限公司

诸暨千荷创业投资合伙企业（有限合伙）　　重庆汇涌金股权投资基金管理有限公司

诸暨如山汇安创业投资合伙企业（有限合伙）　　重庆九方股权投资基金管理中心（有限合伙）

诸暨如山汇盈创业投资合伙企业（有限合伙）　　重庆巨鹏股权投资基金管理有限公司

诸暨盛水渊锦鲤投资合伙企业（有限合伙）　　重庆开创高新技术创业投资有限公司

诸暨市暨阳高层次人才创业投资合伙企业（有限合伙）　　重庆科技风险投资有限公司

诸暨市文晨股权投资合伙企业（有限合伙）　　重庆科兴股权投资管理有限公司

诸暨天虫富华股权投资合伙企业（有限合伙）　　重庆科兴乾健创业投资有限公司

诸暨同君投资管理有限公司　　重庆两江新区创新创业投资发展有限公司

诸暨万安智行创业投资合伙企业（有限合伙）　　重庆清研股权投资基金管理中心（有限合伙）

诸暨鑫石股权投资合伙企业（有限合伙）　　重庆三屋领行投资有限公司

诸暨浙科乐英创业投资合伙企业（有限合伙）　　重庆三屋领秀创业投资有限公司

诸暨浙银鸿绅股权投资合伙企业（有限合伙）　　重庆市虹陶投资股份有限公司

诸暨中寰梓焜股权投资合伙企业（有限合伙）　　重庆市江北嘴股权投资基金管理有限公司

国本股权投资基金管理（重庆）有限公司　　重庆天使科技创业投资有限公司

西证重庆股权投资基金管理有限公司　　重庆同趣控股有限公司

圆基（重庆）股权投资基金管理有限公司　　重庆万业美科股权投资基金管理有限公司

中新互联互通投资基金管理有限公司　　重庆西证渝富股权投资基金管理有限公司

重庆北斗卫星导航投资管理有限公司　　重庆英飞恒信投资管理有限公司

重庆贝信投资有限公司　　重庆英飞尼迪创业投资中心（有限合伙）

重庆德弘创新投资有限公司　　重庆英飞尼迪投资管理有限公司

重庆德同创业投资中心（有限合伙）　　重庆正银广惠股权投资基金管理有限公司

重庆德同股权投资基金管理有限公司　　重庆中冶泊达股权投资基金管理有限公司